JN087539

SOCIAL PSYCHOLOGY

心理系公務員
試験対策 実践演習問題集

3

特訓式

試験にでる心理学
社会心理学編

髙橋 美保 [著]

北大路書房

はじめに

　本書は，『試験にでる心理学』（通称「シケシン」）シリーズのいわばスピンオフ版である。公務員試験（国家総合職，家庭裁判所調査官補，法務省専門職員，東京都，特別区）の過去十年分の社会心理学の問題に，解答と詳しい解説を付した。

　「過去問を徹底して解くことが試験対策の基本となる」。これは，20年以上公務員心理職の受験指導をしてきて今も変わらない。毎年，出題された問題を入手し，解説や解答例を作成するたびに，ある年度の問題が，過去のある問題の変奏であることに気づかされる。また，同じテーマが同じような言い回しで繰り返し出てくる。他方，新しいテーマが一度出題されれば，それ以降，出題頻度が徐々にあるいは急に上がったりもする（たまに一度きりのものもあるが）。

　「実践力をつけるために過去問を解く」，これは誰もが同意するだろう。ただし，この場合の実践力ということばには，テスト・リテラシー，つまり内田樹氏がしばしば言うところの「自分が参加するゲームのルールを知る」というメタレベルのスキルや能力が含まれる。筆記試験を高得点でパスするという，小さいけれども重要な最初の目標を達成するには，心理学の知識だけではなく，見えない「ルール」を知ることが肝要であり，それは自ら過去問と付き合って徐々に身につけるしかない。問題を数多く解くほどに，出題されやすいトピック，問い方のパターン，正答の出し方が見えてくる。自分が受験するときに出題されそうな問題も見当がつくようになる。記述問題では，小問ごとのウェイトの配分など，解答を書くコツがわかってくる。

　心理職公務員志望者の中には，「まだ問題を解けるほど力がついていないから」と過去問に触れることを避けたがる人がいるが，それは学習方略として間違っている。まずは問題を見てほしい。受験しようと思ったら，なるべく早く過去問に触れ，試験で求められる知識がどのようなものかを知るべきである。その後の計画が立てやすくなるし，場合によっては「自分とは無縁の世界だ」と受験を諦めて別の進路に変更してもよい。

　前著にあたる『増補改訂　試験にでる心理学　社会心理学編』（2009年，北大路書房）では，平成20年度以前の問題が中心であったが，本書では，平成21年度から令和元年度までの問題を取り上げた。社会心理学領域の択一，記述問題を分析し，頻出度の高い順の章立てとしている。問題は，択一問題92問，記述問題38問，合わせて120問である。読者には，できるだけ多くの問題を解いてほしい。それがこの新シリーズの「特訓式」という名称に込められている。

　　　　　　　　　　　　　　　　　　　　　　　　　　　　　　高橋　美保

本書の使い方

　本書は「問題編」と「解答・解説編」の二分冊となっており，それぞれ以下の内容から構成される。

問題編（本冊子）

構成　各章，**例題とポイント解説，実践問題**（択一問題・記述問題）からなる。平成21〜令和元年度までの国家I種および総合職，平成24〜令和元年度までの法務省専門職員の心理学の専門択一試験と専門記述試験，東京都，特別区，警視庁の専門記述試験の出題傾向の分析から，出題頻度の高い心理学領域の順に問題を配列した。なお，地方自治体がいっせいに行う心理職（いわゆる「地方上級心理職」略して「地上心理」）の択一専門試験問題は原則的に非公開であり正しい形（全問揃い）で入手することが難しいため，本シリーズでは扱わない（地上心理の問題の傾向については，「あとがき」で触れているのでそちらも読んでほしい）。出題年度は問題の末尾にカッコ書きで付した。年度が付されていないものは，筆者が作成した類題（予想問題）である。

　また，問題編は問題のみの掲載である。正答と解答例は別冊子の「解答・解説編」にまとめている。

　例題とポイント解説の「例題」は，各領域ごとに，過去の択一問題より，頻出またはその領域の代表的な概念や理論を多く含んだ良問を一問ないし二問選び，正答と解説をつけた。また，「ポイント解説」は，各章が扱う領域で頻出のテーマや理論について，何がどのような形で出題されるかを簡単に解説した。さらに「覚えておきたい基礎知識」は，問題を解くために最低限知っておきたい基本的な理論や概念，研究を簡潔に説明した。

　実践問題では，章ごとに択一問題と記述問題を配した。「択一問題」は，国家I種および総合職，法務省専門職員の平成21〜令和元年度までの社会心理学のほぼすべての問題を取り上げ，正答と解説を付した。本書で扱う択一問題は全部で92問である。中には，社会心理学の枠内で出題された問題であっても，内容によっては認知心理学など他領域に分類されるものもある。そうしたイレギュラーな問題については，別途，本シリーズの一般心理学編等で扱っている。解説では，選択肢の正誤を識別するのに必要な知識を説明した。またこの10年間に新たに出題されるようになったテーマについては，そのことを指摘し，今後出題される可能性について注意を促した。「記述問題」は，国家I種および総合職，家裁調査官補，法務省専門職員，東京都，特別区，警視庁の社会心理学の語句説明，長文論述の問題を，入手できる範囲ですべて取り上げ，解答例と記述のポイントを示した。本書で扱う記述問題は，語句説明と長文論述

を合わせて 38 問である。なお，家裁調査官補の試験では，令和 2 年度より，一次試験における語句説明は廃止されることになったが，本書では過去の家裁の語句説明の問題を扱っている。東京都や特別区では，語句説明の小問で社会心理学が出題される可能性があり，その参考になると考えたためである。

　記述対策については，p.163 に「記述問題についての追加情報」としてまとめている。そちらも必ず読んでほしい。

（使い方）学習がまだ十分に進んでいない人，急いで全体的な傾向を把握したい人は，全章について一通り，「例題」を解き，「覚えておきたい基礎知識」を確認すること。「覚えておきたい基礎知識」に，最低限必要な知識をまとめているので，まずはここを押さえることである。これは，記述問題が中心の家裁調査官補や東京都，特別区を受験する人も同様である。社会心理学の基礎教養となる必須の知識は幅広く押さえておくことが望ましい。試験は記述だけだからと，記述対策に絞ると，必然的に知識に「抜け」ができるリスクが高くなるからである。実際にあった話だが，令和元年度の試験で，家裁の二次に「A-B-X モデル」をテーマとした問題が出た。択一対策を意識して普通に勉強していれば楽勝の問題である。ところが，家裁に絞って対策をしていたある受験者は，論述が上手で実力は十分にあると思われたのだが，「A-B-X モデル」がたまたま知識から漏れていて，その年，社会心理学を選択できなかった。家裁は試験本番で 2 科目選択すればよいので，リスクヘッジは容易であるかにみえるが，自分が選択する予定の科目が，知識の漏れで選べないとなると，本番ゆえに動揺とストレスは大きい。できるだけ手を抜かずに対策をすべきという教訓である。

　実力を試したい人，じっくり取り組みたい人は，さらに実践問題を一問ずつ解き，解説とあわせて知識を確実にすること。

解答・解説編（別冊子）

　「問題編」に掲載した**実践問題**の「択一問題」の正答・解説，「記述問題」の解答例・記述のポイントは，すべて別冊子の「解答・解説編」にまとめた。

　また，「解答・解説編」の択一問題の各章末には，問題を解き解説を書くために筆者が用いた「文献」を一覧にした。記述問題の方では各解答例ごとに「文献」を挙げている。これらの文献のほとんどは，図書館や書店で容易に入手できるものばかりである。同時に，択一問題や記述問題の出題者（試験委員）の先生方が，問題作成に使っていると思われるものもある。「学習のための参考図書」とともに，これらの文献を活用すれば，読者の勉強は確実にはかどる。大いに活用されることを願う。

※問題に付された「国総」は国家総合職，「国Ⅰ」は国家Ⅰ種，「法専」は法務省専門職員，「家裁」は家庭裁判所調査官補の試験問題であることを示す。
　なお，問題文と解説文とで表記が一致しない箇所があるが，これは問題を原文のままにしたためである。

目　次

●●●

第 1 章

態度・説得

例題とポイント解説

【例題】 コミットメント

対人的影響におけるコミットメント（commitment）に関する記述として最も
妥当なのはどれか。（国総　H24）

1. 他者からの承諾を引き出しやすくするために，コミットメントを利用した方
   法としてドア・イン・ザ・フェイス法（door-in-the-face technique）を挙げるこ
   とができる。この方法においては，受け手が相手からの要請を拒否するように，
   受け手にとって承諾することのコストが小さい要請を最初に行うことが重要で
   ある。このとき，受け手に拒否させることがコミットメントに相当すると捉え
   ることができる。
2. ロー・ボール法（low-ball technique）は，受け手が承諾しやすいような魅力
   的な条件を設定して，受け手の承諾を引き出した後，その魅力的な部分を取り
   除き，与え手に有利な条件で受け手の承諾を得る方法である。このとき，魅力
   的な条件を提示して受け手に一旦，承諾させることがコミットメントに相当す
   る。
3. ある判断（例えば，どの商品を購入することが自分にとって望ましい結果を
   もたらすか）を下す際に，我々は他者の反応を参考にすることがある。なぜな
   らば，我々は，他者の選んだ選択肢，あるいは，多くの他者がとっている行動
   は社会的に見て正しい，もしくは，望ましいことに違いないと判断するからで
   ある。このように他者の反応に影響されることを社会へのコミットメントとい
   う。
4. 商品の対面販売において，時間限定や数量限定のように，消費者の自由を制
   限する形で商品を提示すると，主として消費者の商品に対するコミットメント
   が高まり，その影響を受けて商品を手に入れようとする欲求が高まる。その結果，
   時間限定や数量限定のような状態を意図的に作ると，商品の売り上げを伸ばせ
   る可能性が高くなる。
5. 対人的影響においての受け手のコミットメントを高めるには，次のような方
   法がある。できるだけ実行コストの大きい行動を実行させること，他者の面前
   で自分の決意を述べさせたり，ある行動をとらせたりすること，ある行動を開
   始したら途中でやめさせること，ある行動を複数回ではなく一度だけ実行させ
   ることなどである。

POINT! ポイント解説

　本章では，要請の技法（連続的影響手段），精緻化見込みモデル，認知的斉合性理論等の態度や説得のテーマを扱う。「はじめに」で述べたとおり，本書の章立ては，過去10年間の出題頻度順である。つまり，この領域が最頻出というわけだが，これには次のような理由が考えられる。

　態度は，行動の個人差を説明する基本かつ代表的な心理学的構成概念である。また，20世紀を通して研究数が多かった（三井，1989）。そのためか，特に認知的斉合性理論は今も社会心理学テキストの定番知識となっている。認知的斉合性理論や要請の技法は，態度変容や説得の理論としていずれもシンプルで素朴であり，日常の社会的事象の説明と相性がよい。こうしたことが公務員試験としての出題のしやすさにつながり，出題頻度が高くなるのであろう。

　態度・説得の領域では，何より要請の技法が頻出である。択一でも記述でも繰り返し出題されている（筆者の受験した昭和63年にも国Iで出題されていた）。基本的な3技法を理解しておけば得点源にしやすい。認知的斉合性理論やCialdini, R. B. の社会的影響もコンスタントに出題されている。また，精緻化見込みモデルは，実験を題材として，結果を表す妥当な図を選ぶというパターンが典型的である。なお，認知的斉合性理論は，大学で必ず学ぶ，受験者にとってなじみのある理論であるが，試験では一歩進んだ深い理解が求められることも多い。過去問を解きながら知識を確実にしてほしい。

！ 覚えておきたい基礎知識

■要請の技法（連続的説得技法）

　相手の承諾を引き出す技法である。フット・イン・ザ・ドア法（foot-in-the-door technique），ドア・イン・ザ・フェイス法（door-in-the-face technique），ロー・ボール法（low-ball technique）の3つは最低限，押さえておくこと。

▶**フット・イン・ザ・ドア法（foot-in-the-door technique）**：段階的要請法とも訳される。最初に誰でも受け入れるような小さな要請（第一要請）を承諾させた後，本来の目的である比較的大きな要請（第二要請）を行うという方法。第二要請のみ行う条件よりも承諾率が高くなる。承諾率が高くなる理由は，自己知覚理論，認知的一貫性等によって説明される。様々な実験的検証より，段階的要請法では以下のことが明らかにされている（川名，1989）。
・第一要請と第二要請のテーマが違っていても第二要請の承諾率は上がる。
・第一要請と第二要請を異なる人物が行っても，第二要請の承諾率は上がる。
・第一要請と第二要請の時間間隔*が空いても，第二要請の承諾率は上がる。
　* FreedmanとFraser（1966）の実験では時間間隔は2週間であった。

▶**ドア・イン・ザ・フェイス法（door-in-the-face technique）**：譲歩的要請法とも訳される。最初に誰もが断るような負担の大きい要請（第一要請）をして，相手に即座に断ってもらう。相手が断ったところですかさず，本来の目的である比較的小さい要請

（第二要請）を行う。この手続きでは，第二要請のみを行う条件よりも承諾率が高くなる。承諾率が高くなる理由は，譲歩の返報性や罪悪感の軽減によって説明される。様々な実験的検証により，譲歩的要請法では以下のことが明らかにされている（川名，1989）。

・第一要請と第二要請は同一人物でなければ効果がない。

・第二要請は，第一要請が拒絶された直後でなければならない。

▶ロー・ボール法（low-ball technique）：承諾先取り法，特典除去法とも訳される。最初によい条件をつけて，相手の承諾を得る。その後何らかの理由をつけてそのよい条件を取り除き，そのうえでもう一度要請を行う。この場合，もはや得にならない条件でも相手は最初の承諾を破棄せず，そのまま受諾する傾向が高くなる。承諾率が高くなる理由は，コミットメントと一貫性によって説明される。

■ Cialdini の社会的影響の 6 つの原理

Cialdini（2001）は，社会的影響が働く原理を 6 つに分けて論じた。

①返報性：何かをしてもらったら同等のものを返そうとすること（ドア・イン・ザ・フェイス法の効果の説明原理の 1 つ）。

②コミットメントと一貫性：自分の下した決定や選択に態度や行動を一貫させるようになること（フット・イン・ザ・ドア法，ロー・ボール法の効果の説明原理の 1 つ）。

③社会的証明：他者が何を正しいと考えているかに基づいてものごとの正しさを判断すること（「今年大学生に一番読まれた本」のような宣伝。特に「不確かな」状況で，人は自分と「類似した」他者の行動を取り入れやすくなる）。

④好意：好意を感じる相手の要求に応えたくなること。

⑤権威：権威がある（と思われる）相手に従いやすくなること。

⑥希少性：手に入りにくい物はその入手機会が貴重なものに思えてくること（「限定100 個の販売」，「今から 1 時間のタイムセール」のような宣伝）。

■精緻化見込みモデル

Petty, R. E. と Cacioppo, J. T. による態度変容のモデル（図 1-1）。説得メッセージに対する態度変容の 2 つのプロセス（中心ルートと周辺ルート）がどのように生じるかを説明する。

▶精緻化見込みモデルの 2 つのプロセス

①中心ルート▶▶▶　メッセージ内容の吟味を行う精緻な認知過程。説得メッセージの論拠の質をよく吟味する。吟味の結果，メッセージに納得すればメッセージの方向に態度変容が起こるが，そうでなければ態度変容は起こらない。また，中心ルートによって生じた態度変容は，頑健で，態度と行動の一貫性もある。

②周辺ルート▶▶▶　周辺的な手がかりを利用する簡便な認知過程。「感情的な好悪」，「情報源の専門性」，「送り手の魅力」，「論拠の多さ」等を手掛かりとして態度変化が生じる（あるいは元の態度が維持される）。周辺ルートによる態度変容は一時的なもので，変化しやすく，態度と行動の一貫性に乏しい。

▶**精緻化の見込みを決めるポイント**：①メッセージについて考えようとする動機づけ，②メッセージについて考える能力。動機づけと能力の双方があれば中心ルート，一方でも欠けると周辺ルートの処理になる。

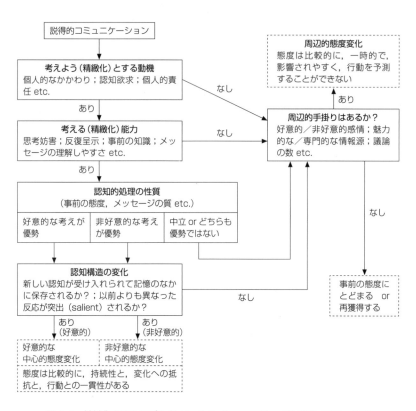

図 1-1　精緻化見込みモデル（Petty & Cacioppo, 1986, p.126；川名, 1989, p.239）

■認知的斉合性理論

　認知的斉合性理論は，以下の３つの理論を代表とする理論の総称。いずれのモデルも，人は認知的一貫性を求める存在であることを前提とし，一貫性がない場合の不快感を低減しようと動機づけられるとする。以下，酒井（2001）に基づいて各理論のポイントを示す。

　▶ **Heider の均衡理論**：バランス理論とも呼ばれる。事物 X と二者 P と O からなる P-O-X モデルを想定し，P-O，P-X，O-X の三者関係におけるセンチメント関係ならびにユニット関係の正・負の組み合わせで均衡・不均衡を表す（図1-2）。

　　　センチメント関係▶▶▶ 好き・嫌い，賛成・反対といった評価的感情で表される関係。肯定的な評価は正（＋），否定的な評価は負（－）で表す。

　　　ユニット関係▶▶▶ 親・子，所属，所有，近接，類似など，ひとまとまりのものとして知覚される関係。まとまりがあると見なされれば正（＋），まとまりがなければ負（－）で表す。

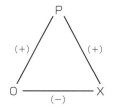

図1-2　P-O-Xモデル（不均衡状態の一例）

三者の符号の積が正（＋）のとき，均衡状態となる。符号の積が負（－）のとき，不均衡状態となる。均衡は快であり，安定しているが，不均衡は不快であり，不安定で変化しやすい。

ゆえに，不均衡状態の場合は，PまたはOが認知を変化させることで，均衡状態へ向かうよう動機づけられる。

▶ **NewcombのA-B-X理論**：対称性理論とも呼ばれる。事物Xと二者AとBとからなるA-B-Xシステムを想定し，Xに対するAおよびBの態度が非対称の場合に緊張が生じる。緊張状態は不快であるため，緊張を低減し，対称性を回復しようと動機づけられる（図1-3）。

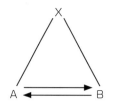

図1-3　A-B-Xモデルの例

緊張の強さはAにとってXが重要であるほど，またBが魅力的であるほど強い。

緊張を低減する最も重要な手段がコミュニケーション行動である。すなわち，Aが，Xに対するBの態度が同じになるようにコミュニケーションを行うか，Bからのコミュニケーションによってxに対する自己の態度を変えることで，A－B－Xの構造を対称にしようとする。このようにして対称性が達成されない場合，AがBに対する好意度を下げることによっても緊張は低減される。

▶ **Festingerの認知的不協和理論**：2つの認知要素の間に矛盾がある状態を認知的不協和と呼ぶ。認知的不協和は不快な緊張を引き起こすため，人はその不協和を低減ないしこれ以上増やさないように動機づけられる。そこで人は，行動の変化，認知の変化，新たな認知の付加，新たな情報への選択的接触等によってその低減を図る。

【例題】の正答：　2

頻出度：★★☆　　難易度：★★☆

解　説：コミットメントとは，個人が行動に言質を与え，行動に束縛されること（中島，1999）である。日常的に用いられるコミットメントとは若干意味が異なることに注意すること。Cialdiniの社会的影響の原理の1つ（「コミットメントと一貫性」）にも挙げられている。

1.　×　1文目，ドア・イン・ザ・フェイス法は，コミットメントを利用した承諾の技法ではない。2文目，ドア・イン・ザ・フェイス法では，最初に，「受け手にとって承諾することのコストが大きい要請」をすることが重要である。

2.　○　要請の技法については，「覚えておきたい基礎知識」p.3を参照のこと。

3.　×　これはコミットメントではなくCialdiniの社会的影響の6つの原理の1つ，「社会的証明（social proof）」にあたる。DeutschとGerardの「情報的影響」ともいえる。なお，Cialdiniの社会的影響の6つの原理につい

ては、「覚えておきたい基礎知識」p.4を参照のこと。

4. ×　高まるのはコミットメントではなく、「希少性」（Cialdiniの原理の１つ）である。

5. ×　２文目、Cialdiniによれば、コミットメントを作り出すには、行動を実行させることが有効であるが、「コストの大きい行動」である必要はない。些細なコミットメントであっても、一度コミットメントをすれば人はそれと一貫した行動を取るからである。また、「自分の決意を述べさせる」のではなく、「自分の決意を書かせる」ことが有効である。単に口頭で述べるだけでは、忘れたり取り消すことができるが、文章として残されていれば、忘れることも取り消しもできないうえ、他人に見せることもできるからである（Cialdini, 2001／社会行動研究会（訳），2007）。

文　献

Cialdini, R. B.　2001　*Influence: Science and Practice 4th ed.　Allyn & Bacon*.　社会行動研究会（訳）　2007　影響力の武器［第二版］　誠信書房

Freedman, J. L. & Fraser, S. C.　1966　Compliance without pressure: The foot-in-the-door technique. *Journal of Personality and Social Psychology*, **4**, 195-202.

今井芳昭　2006　依頼と説得の心理学　サイエンス社

川名好裕　1989　要請技法と承諾技法　大坊郁夫・安藤清志・池田謙一（編）　社会心理学パースペクティブ1　誠信書房　pp.272-290.

三井宏隆　1989　社会心理学の歴史　大坊郁夫・安藤清志・池田謙一（編）　社会心理学パースペクティブ1　誠信書房　pp.1-3.

中島義明（編）　1999　心理学辞典　有斐閣

Petty, R. E., & Cacioppo, J. T.　1986　The elaboration likelihood model of persuasion. *Advances in Experimental Social Psychology*, **19**, 123-205.

酒井春樹　2001　認知的斉合性理論　中島義明（編）　現代心理学［理論］辞典　朝倉書店　pp.524-562.

実践問題
【択一】

(1) 要請の技法（連続的説得技法）①

説得技法に関する記述 A ～ D のうち，妥当なもののみを挙げているのはどれか。
（法務教官　H21）

A. フット・イン・ザ・ドア・テクニックとは，なかなか承諾が得にくい大きな要請をする前に，小さな要請をして，一度承諾を得て遂行してもらった後で，本来の要請をする方法である。相手は一度承諾をしたために，次の要請も承諾しやすくなる。

B. ドア・イン・ザ・フェイス・テクニックとは，一度要請し，要請された相手が応じるか断るかの意思表示をする前に，好条件を付け足す方法である。商売の場面では，おまけをつける方法と値引きをする方法がある。

C. ロー・ボール・テクニックとは，要請をする前に，好条件や特典をつけて，一度承諾を取り付け，その後，好条件や特典を取り払い，再度要請する方法である。相手は，一度承諾してしまった返事を取り消しにくくなる。

D. ザッツ・ノット・オール・テクニックとは，最終的に承諾させたい要請よりも大きな要請をして，相手に拒絶させ，その後，本来の要請をする方法である。相手は大きな承諾を断った罪悪感から，小さな要請を承諾しやすくなる。

    1. A，B
    2. A，C
    3. A，D
    4. B，C
    5. B，D

(2) 要請の技法（連続的説得技法）②

ロー・ボール・テクニック（low-ball technique）により態度変容が起こることを示した実験の記述として最も妥当なのはどれか。（国Ⅰ　H23）

1. ドイッチュとジェラード（Deutsch, M., & Gerard, H. B., 1955）の研究では，実験協力者に線分を見せ，その長さを心の中で評定させた後に三つの群に分け，第1群には，最初の判断を書き留めて署名し実験協力者に渡すように指示し，第2群には，判断を書き留めるように指示し，第3群には何も指示しなかった。その後，最初の判断が間違っているという情報を受けると，第1群は最初の判断を容易に変化させるが，第3群は最初の判断に固執し，第2群はその中間程

度であることが示された。

2. フェスティンガーとカールスミス（Festinger, L., & Carlsmith, J. M., 1959）の研究では，退屈な課題に従事させられた実験参加者に対して，別の学生にその作業が面白かったと伝えるように要請し，その報酬として1ドル支払われた条件群と20ドル支払われた条件群とに分けて，実際にはその作業について面白かったかどうかを尋ねた。その結果，1ドル支払われた条件群の方が，20ドル支払われた条件群よりも，その作業を退屈でつまらないものであったと評価した。

3. フリードマンとフレイザー（Freedman, L., & Fraser, S. C., 1966）の研究では，ボランティアと称して住宅地に住む家主を戸別訪問し，家の前庭に大きくて体裁の悪い公共事業の看板を設置させてほしいと要請したところ，大多数の住人（83%）はその要請を断ったが，その要請を受ける2週間前により小さな要請（ごく小さな安全運転シールを貼るというもので，ほとんどすべての人が同意した）を受諾した住人の場合は，多数（76%）が公共事業の看板の設置という大きな要請を承諾することが示された。

4. パラックら（Pallak, M. S. et al., 1980）の研究では，ランダムに選ばれた住民に「省エネを実行した住民は公共精神にあふれており，省エネを実行している市民としてその氏名は新聞に載る」と伝えて節約を要請したところ，1か月後，選ばれた住民はかなりの節約を達成した。ここで住民に「新聞に氏名を掲載することはできなくなるだろう」という手紙を出したが，その後も住民は節約を続け，節約量は一層増加した。

5. 榊と中島（2000）の研究では，T大学の受験生のために週に2回2か月間，キャンパスツアーのガイドをやって欲しいという大きな要請（要請1）を断った学生に対して，学業とアルバイトの両立についての自分の考えを100字から200字位の字数で書いてほしいと小さな要請（要請2）をしたところ，70%の学生が要請2を承諾した。一方で，最初から要請2のみを依頼された学生は30%しか要請2を承諾しなかった。

（3）要請の技法（連続的説得技法）③

次は，1975年に報告されたある社会心理学の実験に関する記述であるが，A，Bに当てはまるものの組合せとして最も妥当なのはどれか。（法専　H26）

＜実験概要＞

手続：この実験は，昼間，大学のキャンパスを一人で歩いていた72人の大学生を対象に行われた。実験では三つの実験条件を設定し，各条件に参加者を24人ずつ振り分けた。実験者は，大学生に近づき，地域の青少年カウンセリング・プログラムのメンバーであると自己紹介した後，以下の条件に基づいて依頼

第1章
態度・説得

択一問題
記述問題

第2章
集団過程・集合現象

択一問題
記述問題

第3章
自己過程・集団と自己

択一問題
記述問題

第4章
社会的認知

択一問題
記述問題

第5章
社会的影響

択一問題
記述問題

第6章
組織・リーダーシップ

択一問題
記述問題

第7章
攻撃・援助

択一問題
記述問題

第8章
対人魅力・対人行動

択一問題
記述問題

第9章
犯罪・非行

択一問題
記述問題

を行った。

〔条件①〕第一依頼を行い，実験参加者がそれを拒否したら，実は別のプログラムもあると言って第二依頼を提示した。
〔条件②〕最初から第二依頼のみを提示した。
〔条件③〕第一依頼，第二依頼の順で両方を提示した後，どちらのプログラムに参加してくれるかを実験参加者に尋ねた。

依頼内容：

〔第一依頼〕現在，地域の非行少年の施設でボランティアとして活動してくれる大学生を募集していること，週に2時間，少なくとも2年間活動してほしいこと，施設で一人の少年少女に対して指導員として活動してほしいことを伝えた。
〔第二依頼〕地域の非行少年の施設にいる少年少女を動物園に連れて行く付き添い役を募っており，ある1日の午後か夕方の2時間ほど，ボランティアとしてお願いしたいことを伝えた。

実験結果：第一依頼に応諾した大学生は一人もいなかった。第二依頼に応諾した大学生の人数比率は，条件①が50.0%，条件②が25.0%，条件③が16.7%であった。

＜実験に関する記述＞
　この実験において，条件①における第二依頼への応諾率（50.0%）と他の二つの条件を合わせた第二依頼への応諾率（20.8%）を比較したところ，前者の方が高いことが認められた。この結果は，応諾獲得方略の一つである（　A　）の有効性を示すものであり，応諾が生じる背景について，依頼者が譲歩したので，依頼の受け手も譲歩せざるを得ない気分になったという譲歩の（　B　）に基づく解釈がなされている。

	A	B
1.	ドア・イン・ザ・フェイス法	返報性
2.	ドア・イン・ザ・フェイス法	対等性
3.	フット・イン・ザ・ドア法	対等性
4.	ロー・ボール法	返報性
5.	ロー・ボール法	対等性

（4）要請の技法（連続的説得技法）④

次の記述のうち A，B，C に当てはまるものの組み合わせとして最も妥当なのはどれか。（国総　H28）

The 　A　 technique illustrates that one way to influence people's attitude is through their behavior. If you can induce people to act in a way that is consistent with the attitude you'd like them to adopt, then they will eventually justify their behavior by adopting the sought-after attitude. The most influential explanation of this sequence of events is Leon Festinger's cognitive dissonance theory.

Although cognitive dissonance theory addresses several kinds of inconsistency, it has been most provocative in predicting the aftermath of behaving in ways that run counter to one's attitudes. One label we have for attitude-behavior discrepancies is hypocrisy. For instance, we call the fundamentalist preacher who frequents strip bars a hypocrite. The sheer negativity of this label offer insight into the discomfort caused by any discrepancies between what we do and what we believe. A core idea within cognitive dissonance theory is that when attitude and behavior are at odds, we take the easiest route to ridding ourselves of the unpleasant state of dissonance. That is, we create consonance or consistency by 　B　 .

Past behavior, after all, cannot be changed. And changing a line of action already undertaken— like stopping the shocks in the Milgram experiment or quitting smoking— can produce even more dissonance because it introduces the idea that your initial judgment was poor, a thought that is inconsistent with your generally favorable view of yourself. So, the behavior is maintained or justified by changing or adding new consonant cognitions. 　C　 is another term for this process of self-justification. In the case of the Milgram experiment, some participants were likely to tell themselves, "At least I'm following orders, unlike that unruly guy who won't learn these word pairs." If you smoke cigarettes, you may reduce dissonance by telling yourself and others something like, "I know smoking is bad for my health in the long-run, but it relax me so much, and that's more important to me."

	A	B	C
1.	door-in-the-face	changing our attitudes	Reaction formation
2.	door-in-the-face	changing our attitudes	Repression
3.	door-in-the-face	taking new action	Rationalization
4.	foot-in-the-door	changing our attitudes	Rationalization
5.	foot-in-the-door	taking new action	Reaction formation

第1章
態度・説得
択一問題
記述問題

第2章
集団過程・集合現象
択一問題
記述問題

第3章
自己過程・集団と自己
択一問題
記述問題

第4章
社会的認知
択一問題
記述問題

第5章
社会的影響
択一問題
記述問題

第6章
組織・リーダーシップ
択一問題
記述問題

第7章
攻撃・援助
択一問題
記述問題

第8章
対人魅力・対人行動
択一問題
記述問題

第9章
犯罪・非行
択一問題
記述問題

(5) 要請の技法（連続的説得技法）⑤

ドア・イン・ザ・フェイス・テクニック（door-in-the-face technique）に関する記述として最も妥当なのはどれか。（法専　H29）

1. This technique is a procedure for creating resistance to persuasion by exposing people to weak persuasive attacks that are easily refused. This helps people to practice defending their attitudes, as well as making them aware that their attitudes can be challenged, and thereby creates resistance to subsequent stronger messages.

2. This technique is a procedure for enhancing compliance by first obtaining agreement to a request and then revealing the hidden costs of this request. Compliance to the target request is greater than would have been the case if these costs had been made clear at the time of the initial request.

3. This technique is a two-step procedure for enhancing compliance in which an extreme initial request is presented immediately before the more moderate target request. Rejection of the initial request makes people more likely to accept the target request than would have been the case if the latter had been presented on its own.

4. This technique is a two-step procedure for enhancing compliance in which a minor initial request is presented immediately before the more substantial target request. Agreement to the initial request makes people more likely to agree to the target request than would have been the case if the latter had been presented on its own.

5. This technique is a two-step procedure for enhancing the consists of presenting an initial, large request and then, before the person can respond, immediately reducing it to a more modest target request. The target request is sometimes made more attractive by offering some additional benefit. Compliance with the target request is greater following the initial request than would have been the case if the target request had been presented on its own.

(6) 態度変容の理論①

次は，態度変容に関する問題である。A，B，C に当てはまるものの組み合わせとして最も妥当なのはどれか。（国Ⅰ　H21）

Hovland, C. I. らは，　A　理論の立場から，態度の変化に及ぼす様々な要因の影響を系統的に研究した。その一つである Hovland, C. I. と Weiss, W.（1951）では，

説得的コミュニケーションにおける送り手の信憑性が，受け手の態度に及ぼす影響について検証した。

　この研究では，信憑性の程度が異なる送り手からの同一メッセージを提示し，提示直後と4週間後に受け手の態度を測定した。その結果，　B　　に示したように，測定時点によってメッセージの影響は明らかに異なり，送り手の信憑性の影響は，受け手がメッセージを受領してからの経過時間に依存することが明らかとなった。そこで，これを　C　　効果と名づけた。

第1章
態度・説得

択一問題
記述問題

第2章
集団過程・集合現象

択一問題
記述問題

第3章
自己過程・集団と自己

択一問題
記述問題

第4章
社会的認知

択一問題
記述問題

第5章
社会的影響

択一問題
記述問題

第6章
組織・リーダーシップ

択一問題
記述問題

第7章
攻撃・援助

択一問題
記述問題

第8章
対人魅力・対人行動

択一問題
記述問題

第9章
犯罪・非行

択一問題
記述問題

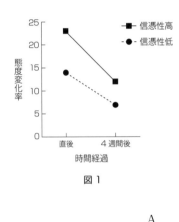

図1

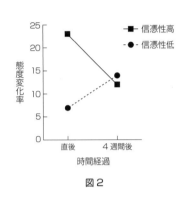

図2

	A	B	C
1.	強化	図1	スリーパー
2.	強化	図1	接種
3.	強化	図2	スリーパー
4.	均衡	図1	接種
5.	均衡	図2	スリーパー

(7) 態度変容の理論②

　態度に関する記述として最も妥当なのはどれか。（国Ⅰ　H22）

1. Osgood, C. E. と Tannenbaum, P. H.（1955）は，ある個人（P）が，他者（S）からある事柄又は別の他者（C）に関するコミュニケーションを受けたときの，SとCへの態度変容を数量的に予測した。SがCについて肯定的な主張をしたとき，PのSに対する態度とCに対する態度の方向と強度が同じならPは適合状態となり，SがCについて否定的な主張をしたときにはPのSに対する態度とCに対する態度が逆方向で，絶対値が同じであれば，不適合状態となり態度変化が生じるとした。

2. Festinger, L.（1957）は，ある個人と対象（物，事象），他者の三者関係を理論化した。対人関係は，センチメント関係とユニット関係に分けられるが，い

13

ずれの関係においても，「個人と他者」，「個人と対象」，「対象と他者」の積が正となる状態（協和状態）に向かう傾向があるとした。そして，不協和な状態のときは協和状態に向かおうとして，個人は知覚や態度を変化させるとした。

3. Newcomb, T. M.（1959）は，二人の人物及び対象（物，事象）からなるシステムを想定し，人と人との相互作用の発現過程を理論化した。対象に対する態度に不一致や食い違いがあるときなどシステムが不均衡となる場合，緊張が生じ，再び均衡を得る方向へ力が働くと考え，緊張を解消する重要な手段の一つとしてコミュニケーション行動を挙げた。

4. Heider, F.（1958）は，個人が外界の対象に対してもっているあらゆる知識を認知要素と呼び，認知要素の相互関係のなかでも特に不均衡の関係に注目した。不均衡は緊張状態をもたらすため，個人はこれを低減しようとして，不均衡な認知要素の過小評価や均衡状態の認知要素の過大評価等をするほか，不均衡な状況に積極的に関与し，不均衡状態を均衡状態に変えようとするため，態度変化が生じると主張した。

5. Bem, D. J.（1967, 1972）は，人は，自分の行動とその行動が生起した状況の自己観察・分析から，自分自身の態度や内的状態を知るようになると主張した。自己の行動を，外部からの強い命令や金銭的報酬がある状態で生じたとみなすと，行動内容とは反対の態度，内的状態を推測する。反対に命令や金銭的報酬が弱い状態で生じたとみなすと，行動内容と一致した態度，内的状態を推測する。行為者自身が行うこの自己知覚プロセスは，他者知覚プロセスとは基本的に異なるとした。

(8) 態度変容の理論③

認知的不協和理論や態度変容に関する研究についての記述として最も妥当なのはどれか。（国総　R元）

1. ブレーム（Brehm, J. W., 1956）は，実験参加者に，あらかじめ八つの品物の魅力を評定させ，そのうち提示された二つから報酬としてもらえるものを一つ選択させた。選択実施後に当該二つの選択肢の魅力を再評価させたところ，実験参加者は，当初に評定した魅力が拮抗しているときほど，再評定時に，自らが選択したものの魅力をより高く，選択しなかったものの魅力をより低く見積もる傾向があることが示された。

2. アロンソンとミルズ（Aronson, E. & Mills, J., 1959）は，討論クラブへの入会儀礼として厳しい入会儀礼を受けた実験参加者は，緩い入会儀礼を受けた実験参加者よりも，入会後に当該クラブがつまらないことが判明した時，当該クラブの魅力を低く見積もる傾向があることを示した。

3. フェスティンガーとカールスミス（Festinger, L. & Carlsmith, J. M., 1959）は，

実験参加者に退屈な課題を行わせた後，まだ課題を行っていない実験参加者に対し，当該課題は面白かったと嘘をつかせた。その後，課題の面白さを評定させたところ，実験への参加に対する報酬が多い実験参加者は，報酬が少ない実験参加者よりも当該課題が実際に面白かったと評定する傾向があることが示された。

4. アロンソンとカールスミス（Aronson, E. & Carlsmith, J. M., 1963）は，魅力的であるにもかかわらず遊ぶことが禁止されたおもちゃと実験参加者を部屋に残したとき，仮に当該おもちゃで遊んでしまった場合に大きい罰が与えられるとされた実験参加者は，比較的小さい罰を与えられるとされた実験参加者よりも，当該おもちゃへの執着を低減させやすいことを示した。

5. ブロックとバルーン（Brock, T. C. & Balloun, J. E., 1967）は，実験参加者に，喫煙は肺がんの原因であるという主張①と，喫煙と肺がんは無関係であるという主張②のテープを聞かせ，各主張が再生されている間に混入された雑音を除くためのボタンを押した回数を記録した。その結果，主張①においては，積極的に主張を聞こうとする指標とされたボタン押しの回数と実験参加者の一日に吸う煙草の本数との間に正の相関が，主張②においては負の相関がみられた。

(9) 精緻化見込みモデル①

ペティとカシオッポ（Petty, R. E. & Cacioppo, J. T.）は，精緻化見込みモデル（精査可能性モデル；Elaboration Likelihood Model）を提唱した。これは，人は説得的メッセージを提示された場合，その情報処理に対する動機づけの程度などによってメッセージの精緻化（精査）の程度が異なるという考えに基づいている。

次は，ペティ，カシオッポとゴールドマンが行った実験（Petty, R. E., Cacioppo, J. T., & Goldman, R., 1981）を示したものである。この実験の結果が精緻化見込みモデルを支持する結果であったとするとき，実験結果を示す図の組合せとして最も妥当なのはどれか。（国総　H25）

＜実験の目的＞

自分の態度と反対の方向へと導く説得的メッセージを受けた際，その話題に対する自我関与の程度によって，メッセージの性質が態度に与える影響がどのように異なるかを調べる。

＜実験手続＞

実験参加者は，大学の学部生の男女 145 名。

実験計画は，2（話題に対する関与度：高／低）× 2（送り手の専門性：高／低）× 2（論拠の質：強／弱）の参加者間要因計画であった。

実験参加者は，「卒業のための要件として，大学 4 年生に専攻領域における卒業認定試験を課すべきである」という主旨のメッセージを与えられた。その際，

第 1 章
態度・説得

択一問題
記述問題

第 2 章
集団過程・集合現象

択一問題
記述問題

第 3 章
自己過程・集団と自己

択一問題
記述問題

第 4 章
社会的認知

択一問題
記述問題

第 5 章
社会的影響

択一問題
記述問題

第 6 章
組織・リーダーシップ

択一問題
記述問題

第 7 章
攻撃・援助

択一問題
記述問題

第 8 章
対人魅力・対人行動

択一問題
記述問題

第 9 章
犯罪・非行

択一問題
記述問題

独立変数として以下の三つの要因が設けられ，実験参加者に割り当てられた。

（1）自我関与

「これは来年この大学で実施しようという話である」という教示が告げられた群（高自我関与群）と，「これは10年後にこの大学で実施しようという話である」という教示が告げられた群（低自我関与群）が設けられた。

（2）メッセージの送り手の専門性

「メッセージの内容は，地元の高校のレポートに基づくものである」という教示が告げられた群（低専門性群）と，「メッセージの内容は，プリンストン大学の教育分野の教授が委員長を務めるカーネギー高等教育委員会のレポートに基づくものである」という教示が告げられた群（高専門性群）が設けられた。

（3）論拠の質

2群とも卒業認定試験制度を支持するメッセージが与えられたが，強論拠メッセージ群では，統計や研究結果などの説得的な証拠が示された。一方，弱論拠メッセージ群では，個人的な意見をはじめとする根拠薄弱なものが示された。なお，メッセージの長さは両群ともほぼ同じであり，それぞれ八つの論拠が含まれていた。

　その後，質問紙を用いて，この卒業認定試験制度についての賛否や印象など，卒業認定試験に対する態度を測定し，その評定点の平均値（標準得点変換後）を従属変数とした。結果の図においては，縦軸の「態度得点」として示す。

＜結果の図＞

結果（1）　態度得点に関する自我関与と送り手の専門性の関係

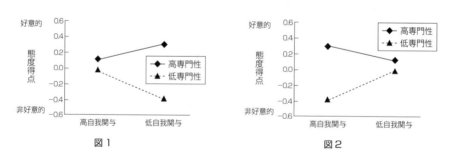

図1　　　　　　　　　　　　　　　　　図2

結果（2）　態度得点に関する自我関与と論拠の質の関係

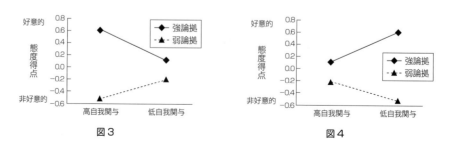

図3　　　　　　　　　　　　　　　　　図4

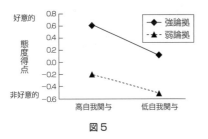

図5

	結果(1)	結果(2)
1.	図1	図3
2.	図1	図4
3.	図2	図3
4.	図2	図4
5.	図2	図5

(10) 精緻化見込みモデル②

　次は，精緻化見込みモデル（elaboration likelihood model）を実証した実験に関する記述であるが，A～Dに当てはまるものの組合せとして最も妥当なのはどれか。（国総　H30）

　In this study, undergraduates were asked to examine a booklet containing 12 magazine advertisements. Each of the ads was preceded by a brief description of the purpose of the ad. A variety of both familiar and unfamiliar ads appeared in the booklet, but the crucial ad was for a fictitious new product, "Edge disposable razors." All subjects were told before examining any ads that at the end of the experiment they would be given a free gift for their participation. In the high relevance groups, they were told that they would be allowed to choose among several brands of disposable razors. In the low relevance groups, they were told that they would be selecting among brands of toothpaste (an ad for toothpaste appeared in the ad booklet).

　Four different versions of the razor ad were constructed. Two featured photographs of two well-known and well-liked sports celebrities, and two featured middle-aged citizens described as Californians. The product endorsers served as the manipulation of the ☐ A ☐ . Finally, two of the ads contained six persuasive statements about the product and two ads contained six specious or vague statements.

　Following examination of the ad booklet, subjects indicated their attitude about the products depicted, including of course, Edge razors. In addition to

第1章
態度・説得
択一問題
記述問題

第2章
集団過程・集合現象
択一問題
記述問題

第3章
自己過程・集団と自己
択一問題
記述問題

第4章
社会的認知
択一問題
記述問題

第5章
社会的影響
択一問題
記述問題

第6章
組織・リーダーシップ
択一問題
記述問題

第7章
攻撃・援助
択一問題
記述問題

第8章
対人魅力・対人行動
択一問題
記述問題

第9章
犯罪・非行
択一問題
記述問題

main effects for argument quality and relevance, two significant interactions paralleled the results of our previous study. A relevance × message quality interaction revealed that the arguments in the ad were a more important determinant of product attitudes for ☐ B ☐ than ☐ C ☐ relevance subjects, but a relevance × endorser interaction revealed that the status of the product endorsers was a more important determinant of attitudes for ☐ C ☐ than ☐ B ☐ relevance subjects. Thus, as motivation to process arguments is decreased, ☐ D ☐ relatively more important determinants of persuasion. Conversely, as argument scrutiny is increased, ☐ D ☐ relatively less important determinants of persuasion.

	A	B	C	D
1.	peripheral cue	high	low	peripheral cues become
2.	peripheral cue	low	high	peripheral cues become
3.	peripheral cue	high	low	argument quality becomes
4.	argument quality	low	high	peripheral cues become
5.	argument quality	high	low	argument quality becomes

(11) 計画的行動理論

エイゼン（Ajzen, I., 1991）は，個人の意図的な行動の発現に影響を与える要因を挙げ，計画的行動理論（theory of planned behavior）を提唱したが，その理論に関する記述として最も妥当なのはどれか。（国総　H25）

1. 計画的行動理論において，個人の意図的な行動の発現に影響を与えている要因として挙げられているのは，当該の行動に対する行為者の態度，行為者が当該の行動をとることに関する主観的規範，当該の行動をとることのコントロール感（行動統制感）である。これらのうち，主観的規範のみは行動意図に影響を与えるとともに，実際の行動の発現にも影響を与えると捉えられている。

2. 計画的行動理論によれば，個人の意図的な行動の発現に影響を与えている要因の一つは，当該の行動に対する行為者の態度である。この理論における態度とは，当該の行動に対する行為者の評価であり，行為者が当該の行動に対してポジティブな態度を持っているほど，当該の行動を実行しようとする意図が高まり，実際の行動の発現につながると考えられている。

3. 健康増進のためのウォーキングを例にとると，計画的行動理論によれば，行為者がウォーキングという行動の実行度を高める要因の一つは，周囲にいる他者からの期待である。それは，主観的規範と呼ばれ，他者からの期待が大きいと行為者が認知しているほど，ウォーキングの実行度は高くなる。このときの

他者として，初対面の人も重視されている。

4. 計画的行動理論において，個人の意図的な行動の発現に影響を与えている要因の一つは，コントロール感である。これは，当該の行動を実行するための知識やスキルなどを行為者が保持して，その行動をどの程度容易に実行できるかに関する認知である。これはロッター（Rotter, J.）のローカス・オブ・コントロールと同じ概念である。

5. アーミティジとコナー（Armitage, C. J., & Conner, M., 2001）は，計画的行動理論に関するメタ分析を行った。健康関連行動，献血，レジャー行動などに関する諸研究のデータを分析した結果，態度，主観的規範，コントロール感という3要因によって行動意図の約9割，実際の行動の約8割を説明可能なことが見出され，計画的行動理論の妥当性の高さが明らかにされた。

（12）潜在連合テスト（IAT）

次は，コンピュータを用いた潜在連合テスト（Implicit Association Test: IAT）の説明であるが，IAT に関する記述として最も妥当なのはどれか。（国総　H29）

図1と図2は，IAT の画面例である。図1および図2の×の位置には，A国に関連する刺激，B国に関連する刺激，良い意味の刺激，悪い意味の刺激のいずれかが提示される。実験参加者に課される課題は，図1や図2の画面において，キーボードの左側または右側の指定されたキーをできるだけ素早く押して，画面の×の位置に次々と提示される刺激を「A国」，「B国」，「良い」，「悪い」の四つのいずれかに分類することである。例えば，図1又は図2の×の位置に，実験者があらかじめ良い意味の刺激として用意した「平和」という言葉が提示されれば，実験参加者は左のキーを押して「平和」を「良い」に分類することが求められる。

図1

図2

1. IAT によって測定されるのは，ふだん実験参加者自身は内省によって把握できているが，他者からは把握できていない態度である。

2. 例として挙げた「平和」のような刺激を実験参加者が分類することで，それぞれの国と「良い」又は「悪い」の相対的な連合の強さが測定される。

3. 図1の画面における反応時間が図2における反応時間よりも長ければ，その実

験参加者は「B 国」より「A 国」に対して好意的な態度を持っていると判断できる。

4. グリーンワルド（Greenwald, A. G.）らによれば，質問紙で測定した態度の方が図1や図2のような IAT で測定した態度よりも，常に現実の行動をよりよく予測できる。

5. IAT は人種やジェンダーなどに対する潜在的偏見の測定に使用されており，感情やパーソナリティの測定はできない。

（13）社会心理学の領域横断的問題①

社会的認知や社会的行動に関する記述として最も妥当なのはどれか。(国総　H28)

1. 教師は真面目だろう，ブラジル人はサッカーが上手だろうというように，あるカテゴリーに属する人のイメージが過度に単純化，一般化されることをシェイピングという。シェイピングによって形成されたイメージは固定化しにくく，時代や社会情勢によって変化しやすい。

2. 人は，他者の行動の原因について解釈する際，本人の性格や態度，能力などの内的な属性要因よりも，その行動の背景にある環境や状況などの外的な要因による影響力を重視する傾向がある。これは一般に，基本的な帰属の誤り（fundamental attribution error）と呼ばれる。

3. 説得とは，他者の態度や行動を特定の方向へ変化させる目的で行われるコミュニケーション活動をいう。説得の効果は，信憑性の高さなどの送り手の属性，結論の明示の有無などのメッセージの内容，活字メディアか視聴覚メディアかといった説得の媒体などの要因によって変動する。

4. 人がある課題を行う場合，一人のときと周囲に他者がいるときとで課題遂行に差が出ることがある。集団場面において，不慣れな課題や複雑な課題の遂行が促進されることを社会的促進，習熟した課題や単純な課題の遂行が阻害されることを社会的抑制という。

5. 一人で考え意思決定するより，集団で意思決定をする方が優れた結果を導き出すことがある。凝集性の高い集団ほど，現在の望ましい関係を維持しようとして自分の意見を積極的に発言する傾向があり，集団全体としての意思決定の質が向上する。これを集団思考という。

（14）社会心理学の領域横断的問題②

次の A，B，C は，社会心理学の実験に関する記述であるが，これらの実験結果と解釈の記述として最も妥当なのはどれか。(法専　H25)

A. フェスティンガーとカールスミス（Festinger, L., & Carlsmith, J. M., 1959）

の実験では，①実験参加者に退屈でつまらない作業を1時間行わせた後，②「作業は面白かった」と次に待っている別の実験参加者（実際にはサクラ）に伝えてほしいと依頼し，実行させた。その際，その報酬として20ドルを約束された群と1ドルを約束された群とに分けられた。③その後，心理学実験の印象に関する調査と称して，先ほどの1時間の作業の面白さなどについて評定するように求めた。

B．ディーンストビアとハンター（Dienstbier, R. A., & Hunter, P. O., 1971）の実験では，①実験参加者は「サプリメントが視覚に与える影響についての研究」であるとの偽の教示を受け，偽薬を飲むように求められた。この際，副作用として心拍数の増加，手の震えや発汗などがあるかもしれないと伝えられた群（「情動的」副作用条件）と，あくびが頻繁に出る，まばたきが減る，目が疲労するなどがあるかもしれないと伝えられた群（「非情動的」副作用条件群）の2群に分けられた。②サプリメントの効果が出るまでの間として，別の「語彙力テスト」への研究協力を求めた。このテストは，実際にはかなり難しく，基準以上の正答が困難となるように仕組まれていたが，「とても簡単なテストで，一定の正答数を下回ると呼び出しを受けます。」などの嘘の情報を与えて実験参加者にプレッシャーを与えた。③サプリメントの効果を調べるとして視覚実験を実施し，自動運動を利用して薬効が出てきたと実験参加者に錯覚させた。④先ほどの「語彙力テスト」の正答を渡し，自分の解答をこっそり書き換えるという「不正行為」を行える機会を与えた。

C．ミルグラム（Milgram, S., 1965）の実験では，①くじ引きに細工をし，実際の実験参加者を教師役，サクラが生徒役になるように振り分けた。②隣室にいる生徒役が記憶再生の問題を間違えたら教師役が電気ショックを与え，さらに，誤答の都度電気ショックの強度を上げていくことが実験者から教師役に対して指示された。③生徒役（サクラ）は，電気ショックの強度が上がるにつれ，苦痛のうめき声や悲鳴を上げる，壁を叩く，解答拒否をするなどの抗議の演技をし，ついには何の反応もしなくなる。しかし，実験者は教師役に対して，無回答は誤答とみなして電気ショックを与えるように命令し，実験の続行を指示した。実験中，教師役が実験者に対して2度続けて実験の中止を申し入れた場合は，その時点で実験を終了した。

1．Aの実験結果では，20ドルの報酬を約束された群の方が作業を「面白かった」と評定する人数が多かった。この結果は，認知的不協和理論で説明することができる。すなわち，自己をより好ましくとらえたいとする自己高揚動機と，報酬のために嘘をついたという認知との間の不協和を低減させるために，自分の行動を支持する方向に態度が変化したためであると考えられる。

2．Bの実験結果では，「情動的」副作用条件群の方が，解答をこっそり正答に書き換える「不正行為」を行う人の割合が高かった。この結果は，情動の二要因

第1章
態度・説得

択一問題
記述問題

第2章
集団過程・集合現象

択一問題
記述問題

第3章
自己過程・集団と自己

択一問題
記述問題

第4章
社会的認知

択一問題
記述問題

第5章
社会的影響

択一問題
記述問題

第6章
組織・リーダーシップ

択一問題
記述問題

第7章
攻撃・援助

択一問題
記述問題

第8章
対人魅力・対人行動

択一問題
記述問題

第9章
犯罪・非行

択一問題
記述問題

理論で説明することができる。すなわち，「不正行為」によって生じる生理的喚起を，「情動的」副作用条件群では副作用に，「非情動的」副作用条件群では罪悪感に帰属したために，後者の方では「不正行為」が抑止されやすかったためであると考えられる。

3. Cの実験結果では，約6割の実験参加者が最後まで電気ショックを与え続けた。この結果は，傍観者効果で説明することができる。すなわち，自分より有能だと思われる実験者が存在したことで，電気ショックを与えないという援助行動が抑制されたために電気ショックを与え続けたものと考えられる。

4. Aの実験結果では20ドルの報酬を約束された群の方がより「面白かった」と評定し，Bの実験結果では「情動的」副作用条件の方が「不正行為」を行うことが多く，Cの実験結果では約6割の実験参加者が最後まで電気ショックを与え続けた。これは，それぞれの実験において，多額の報酬や副作用としての生理反応，実験者からの肯定的な評価が生じることの予期が，行動の強化子として働いたためであると考えられる。

5. Aの実験結果では1ドルの報酬を約束された群の方がより「面白かった」と評定し，Bの実験結果群では「非情動的」副作用条件群の方が「不正行為」を行うことが多く，Cの実験結果では約6割の実験参加者が最後まで電気ショックを与え続けた。これは，それぞれの実験において，いずれも自分自身が行動の主体であると認知しやすい状況下にあったために自己統制感が増したことが，動機づけとして作用したものと考えられる。

実践問題
【記述】

第 1 章
態度・説得

択一問題
記述問題

第 2 章
集団過程・集合現象

択一問題
記述問題

第 3 章
自己過程・集団と自己

択一問題
記述問題

第 4 章
社会的認知

択一問題
記述問題

第 5 章
社会的影響

択一問題
記述問題

第 6 章
組織・リーダーシップ

択一問題
記述問題

第 7 章
攻撃・援助

択一問題
記述問題

第 8 章
対人魅力・対人行動

択一問題
記述問題

第 9 章
犯罪・非行

択一問題
記述問題

(1) フット・イン・ザ・ドア法

フット・イン・ザ・ドア技法（foot-in-the-door technique）について具体例を挙げて 400 字以内で簡潔に説明せよ。（家裁　H22）

(2) バランス理論①

対人認知に関するバランス理論について，具体例を挙げながら 400 字以内で簡潔に説明せよ。（家裁　H21）

(3) バランス理論②

F. ハイダー（Heider, F.）の提唱したバランス理論について，P-O-X モデルを用いて説明しなさい。（警視庁　H26）

(4) 精緻化見込みモデル

ペティ，R. E. とカシオッポ，J. T. によって提唱された精緻化見込みモデルについて，次の 1. から 3. の小問に答えよ。（家裁　H21）

1. このモデルによれば，態度変化はどのような過程を経て生じるか，モデルの名称にも言及して説明せよ。
2. このモデルによれば，1 の過程を経て変化した態度はどのような性質を持つか，説明せよ。
3. 生活習慣病を改善するための日常生活の食事や運動について，医師が患者を説得するときに，医師が考慮しなければならないことを，このモデルと関連付けながら具体的に述べよ。

(5) 態度の 3 成分

態度の 3 成分について，次の 1. から 3. の小問に答えよ（問いの順に解答すること）。（家裁　H25）

1. 態度の 3 成分について簡潔に説明せよ。
2. 態度の 3 成分間の関連を説明した上で，既存の態度に対する説得効果について論ぜよ。

3. 万引きを繰り返す者に, 効果的な介入・矯正を図る上で考慮すべき点について, 2と関連づけながら論ぜよ。

(6) A-B-X モデル

A-B-X モデル (Newcomb, T. M., 1953) について, 次の 1. および 2. の小問に答えよ (問いの順に解答すること)。(家裁　R元)

1. A-B-X モデルとはどのような理論か, P-O-X モデルと比較しながら, 簡潔に説明せよ。
2. AとBの間でXに対する態度が一致しない場合に, それでも両者の間で良好な関係を作り出すためには, どのような配慮や工夫が考えられるか, 日常の具体例を挙げて論ぜよ。

(7) 認知的不協和理論

認知的不協和理論について, 次の 1. から 3. の小問に答えよ (問の順に解答すること)。(家裁　H26)

1. 認知的不協和理論について簡潔に説明せよ。
2. 人が不道徳な行為を行いたいという誘惑にかられて, それを行った後と, それを思いとどまった後のそれぞれの場合に生じる, その人の心理や行動の変化について, 認知的不協和理論に基づき, 具体例に即して論ぜよ。
   なお, 不道徳な行為の具体例については, ①試験でカンニングすること, ②違法薬物を使用すること, ③うそをつくことの中から, いずれか一つを用いること。
3. 人が不道徳な行為に対し, 寛容な態度を強化しないために, あるいは, それに対する厳格(非寛容)な態度を維持したり強化したりするために必要なことを, 認知的不協和理論に基づき, 2. で用いた具体例に即して論ぜよ。

(8) 社会的影響手段と倫理

現在の国際社会において, 地球温暖化を防止することは人類に課せられた重要な課題と認識されており, 国際・国家レベルから家庭・個人レベルに至るまで適切な対応が求められている。家庭・個人レベルで削減できる温室効果ガスの量は限定的だが, 地球温暖化対策に関する社会的な認識を高めるためにも, 環境に配慮した行動を多くの人に働きかけていくことは重要な施策の一つと考えられる。個人に環境配慮行動を取るよう働きかける方法に関して, 以下の問いに答えなさ

い。（国Ⅰ　H22）

1. 他者に影響を及ぼす（他者の行動を変容させる）ための原理には「コミットメントと一貫性」や「社会的証明（social proof）」などがある。これらの二つの原理について説明するとともに，環境配慮行動を取るように働きかけるのに，これらをどのように用いることができるか論じなさい。
2. 他者の行動を引き出すための働きかけ方として，1. の原理とは別に，フット・イン・ザ・ドア法やドア・イン・ザ・フェイス法がある。それぞれどのような方法かを述べ，両者の違いについても説明しなさい。
3. 1.，2. で挙げた原理や手段を使用することの倫理的問題について考察しなさい。倫理的な問題を回避できる方法があれば，それについても言及しなさい。

第 2 章

集団過程・集合現象

例題とポイント解説

【例題】 集団の影響

集団の影響に関する記述として最も妥当なのはどれか。(法務教官　H21)

1. 集団で作業を行うと，個人で行う場合よりも，参加する個人の個々のパフォーマンスが一般に低下しやすく，これを社会的手抜き（social loafing）という。社会的手抜きは，集団全体だけでなく個々のパフォーマンスが測定可能な場合であっても起こるが，他者がいると信じているだけで，実際には個人で作業を行っている場合には起こらない。

2. 個人の判断は，集団の判断に影響されることがあり，これを同調（conformity）という。正答が明らかな場合であっても，同席する他者が全員誤った解答をすれば，同調して誤った回答をしやすく，この傾向は同席する他者が多ければ多いほど顕著であり，たとえ正答を主張する他者がいたとしても，それが少数である限りは同調傾向は弱まらない。

3. 集団で討議した場合，個人の意思決定よりもリスキーな決定にシフトしたり，逆に慎重な決定にシフトしたりすることがあり，これを集団極性化（group polarization）という。集団極性化が起こりやすいのは，集団討議前の個人の意思決定の方向が一致している場合であり，集団で討議することによって，もともとの個人の決定よりも極端な決定に導かれる。

4. 人は，組織の一員として行動する場合，その役割にふさわしい行動を取ろうとし，その結果役割に含まれる価値観や態度が内面化することがあり，これを集団思考（group think）という。この現象が示されたのは模擬監獄実験であり，実験参加者は無作為に看守役と囚人役に分けられたにもかかわらず，看守役は次第に権威的，支配的になり，囚人役は依存的，服従的になっていった。

5. 集団の規範から逸脱した意見や態度を示す個人に対して，集団からの心理的圧力が加わり，個人の意見や態度が集団の規範に合致する方向に変容することがあり，これを服従（obedience）という。集団の凝集性が高いほど，服従が起こりやすく，もし凝集性の高い集団において，規範に服従しない場合には，集団成員とはみなされなくなる。

ポイント解説

　本章では，流言，マス・コミュニケーション，ソーシャル・キャピタル（社会関係資本），囚人のジレンマ，社会的ジレンマも広義の集合現象であるとし，ここに含む。

　集団過程の中では，集団思考と集団極性化がとりわけ頻出である。択一でも記述でも，過去に繰り返し出題されている。集団間葛藤やその解消に関する問題も，近年の社会情勢を反映しているためか，論述で近年出題されている。集団過程や集合現象に関する概念を理解し，代表的な実験・研究を確認しておくこと。なお，「内集団・外集団認知」や「社会的アイデンティティ」については，第3章（自己過程）を参照のこと。

 覚えておきたい基礎知識

■集団極性化（group polarization）

　集団場面での意思決定において，判断が当初の意見より極端になりやすいこと。集団極化，集団成極化と訳されることもある。

　▶極性化：集団極性化に関しては，当初，よりリスクの高い意見へ移行すること（リスキーシフト），続いて，よりリスクが低い意見へ移行すること（コーシャスシフト）が見出された。その後，リスク（確率）判断に限らず，集団での意思決定が極端な方向へ向かいやすいことが指摘された。これらはいずれも集団極性化と呼ばれる。

　▶集団極性化が生じるメカニズム：集団極性化がどのように生じるかについては，いくつかの説明がある。代表的なものを3つ挙げる。

　　①社会的比較▶▶▶　討議を通じ集団内の他成員の意見と自分の意見とを比較し，他成員の方がより極端な意見を持つことを知る。人は自分を集団成員としてより望ましくみられたいために，さらに極端な意見を提示する。その結果，集団の意見がより極端な方向へ移行していく。

　　②説得的論拠▶▶▶　討議を通じて成員が相互に他成員の意見の論拠を知る。各成員は自分の立場を支持する論拠を積極的に受け入れ，自分の意見の正しさを確認する。その結果，意見がより極端な方向へと移行していく。

　　③多数派主導の意見への集約▶▶▶　集団の意思決定が，討議前の多数派の意見に集約されていくために極性化が生じるとする考え方。大坪（2009）によれば，極端な意見への飛躍ばかり起こるわけではなく，討議前の個人の意見の平均と討議後の意見を比較すると，討議前の多数派の意見へとシフトすることも確かめられている。

■集団思考（groupthink）

　集団思考とはJanis, I. L. によって提唱された概念で，凝集性の高い集団において，意見の一致を重視するあまりに，客観的あるいは多様な意見を認めず，愚かな決定に至ってしまう思考様式である。

第1章
態度・説得
択一問題
記述問題

第2章
集団過程・集合現象
択一問題
記述問題

第3章
自己過程・集団と自己
択一問題
記述問題

第4章
社会的認知
択一問題
記述問題

第5章
社会的影響
択一問題
記述問題

第6章
組織・リーダーシップ
択一問題
記述問題

第7章
攻撃・援助
択一問題
記述問題

第8章
対人魅力・対人行動
択一問題
記述問題

第9章
犯罪・非行
択一問題
記述問題

集団思考に陥りやすくなる前提条件として，凝集性の高い集団であること，そのリーダーが公平でないなど集団に組織上の欠陥があること，集団が外的脅威にさらされ注目されているなど刺激の多い状況にあることが挙げられる。

集団思考の徴候（symptoms）は8つあるが，それらは，①集団への過大評価，②閉鎖的心性，③斉一性への圧力の3つのタイプに分けられる（Janis, 1982）。

▶①集団への過大評価：不敗の幻想，集団内の道徳性に対する信奉。

▶②閉鎖的心性：集合的合理化，外集団のステレオタイプ化。

▶③斉一性の圧力：自己検閲，満場一致の幻想，異議を唱える者への直接的な圧力，マインドガード（集団にとって不都合な情報を遮断する役目）の任命。

これらの徴候により，代替となる選択肢の検討が不十分となる，リスク評価に失敗する，情報選択にバイアスがかかるといったことが起こり，結果として質の低い意思決定に至る。

■ソーシャル・キャピタル（社会関係資本）

ソーシャル・キャピタルとは，社会のネットワークとその中で育まれる信頼，互恵性の規範といった目に見えない資本を意味し，共通の目的に向かって協調行動を導くものとされる。アメリカの政治学者 Putnam, R. D. が，著作『Bowling alone』において，アメリカでソーシャル・キャピタルが減退していると指摘したことから，地域コミュニティにおける社会関係の蓄積，市民参加の重要性を示す概念として注目されるようになった（柴内，2009：内閣府，2003）。

ソーシャル・キャピタルは次の2つに分類される。

▶橋渡し型（bridging）：外部とのネットワークにより開かれた関係を指向する。ネットワークを拡大させ，その多様性を高める機能を持つ。架橋型とも訳される。

▶結束型（bonding）：社会内部の等質な緊密性を強め，同時に排他性のような負の帰結をもたらす可能性もある。

■囚人のジレンマ

囚人のジレンマとは，社会における協同と競争を分析する非ゼロサム型の実験ゲームの1つである。例題の問題文にあるように，囚人をモチーフとして二者間のジレンマ状況を表す。この利得構造の特徴は次の2つである（図2-1）。

図2-1　囚人のジレンマの利得構造

①A，B 各人にとっては，相手の選択にかかわらず，非協力を選択する方が，協力を選択するよりも，利得が大きい（つまり，「懲役1年」よりも「不起訴」の方が，「無期懲役」よりも「懲役10年」の方が利得が大きい）。

②しかし，A，B の双方が，自分にとって利得が

大きいはずの非協力を選択すれば，双方が協力したときよりも利得が小さくなる。（つまり，双方が協力すれば「懲役1年」だが，双方が非協力なら「懲役10年」になる）。

このように，双方の利益を考慮して協力を選択するか，自分の利益を優先させて非協力を選択するかのジレンマに陥るという状況である。

※囚人の話に当てはめれば，非協力とは「相手を裏切って自首すること」，協力とは「二人で協力して黙秘すること」である。

■社会的ジレンマ

囚人のジレンマは協力行動を取るか否かの二者間の問題であった。社会的ジレンマは，多数者間での問題であり，多数の者が自己利益を追求する（非協力的な）行動を取ることによって，結果として社会全体にとって好ましくない事態になるような状況である。

社会的ジレンマは，以下のように定義される（山岸，2000）。

①一人ひとりが，協力行動か非協力行動かのどちらかを選ぶ。
②そして，一人ひとりにとっては，非協力行動を取る方が，望ましい結果を得られる。
③しかし，全員が自分にとって有利な非協力行動を取ると，全員が協力行動を取った場合よりも望ましくない結果になる。

なお，社会的ジレンマは，次の2つのタイプに分けることができる。

▶ **共有地の悲劇**：個人の利益追求が，他者の利益の犠牲の上に成り立つような場合。Hardin, G. は産業革命時代のイギリスの農村で生じた，個人の利益追求が牧草地を荒廃させた出来事になぞらえ，これを共有地の悲劇と呼んだ。
  例：大型娯楽施設の前の勝手な路上駐車による道路の混雑，ファストフード店でナプキンやコーヒーフレッシュを大量に持ち去る等。

▶ **ただ乗り問題**：自分は貢献しなくても他者の貢献の恩恵にあずかることが可能な場合。
  例：ゴミ出しルールを守らない住民，図書館の本・雑誌の切り取り，NHK受信料不払い等。このほか，高福祉国家で急増する移民・難民の福祉サービス受給が「ただ乗り」として問題視されているという指摘もある（NHK，2019）。

【例題】の正答： 3
頻出度：★★★　難易度：★☆☆
解　説：集団や社会的影響に関する研究についての基本知識が求められる問題。社会的手抜き，同調，集団極性化，集団思考，模擬監獄実験，服従，いずれも心理学における重要概念，重要研究である。易しい。

1．× 1文目は妥当。2文目，個々のパフォーマンスが測定可能な場合は起

第1章
態度・説得
択一問題
記述問題

第2章
集団過程・集合現象
択一問題
記述問題

第3章
自己過程・集団と自己
択一問題
記述問題

第4章
社会的認知
択一問題
記述問題

第5章
社会的影響
択一問題
記述問題

第6章
組織・リーダーシップ
択一問題
記述問題

第7章
攻撃・援助
択一問題
記述問題

第8章
対人魅力・対人行動
択一問題
記述問題

第9章
犯罪・非行
択一問題
記述問題

こりにくい。他者がいると信じているだけで実際は個人で作業を行っている場合にも起こる。

2. ×　「同席する他者が多ければ多いほど顕著」が誤り。Aschの実験によれば，多数派が3人になると斉一性への圧力がほぼ天井になり，その後，人数が増えても同調の傾向は強まらない。

3. 〇　集団極性化は特に択一問題では頻出である。

4. ×　1文目，集団思考とは，凝集性の高い集団においては異なる意見や批判を抑圧する傾向が生じ，愚かな決定をしてしまうことをいう。2文目，Zimbardoの模擬監獄実験は，社会的状況や役割が人に及ぼす影響力を示した実験であり，集団思考の現象が示された実験ではない。

5. ×　1文目，これは服従ではなく，同調などにみられる「斉一化」が妥当である。服従とは，権威からの指示や命令に従うことであり，Milgramの実験がよく知られる。

文　献

Janis, I. L.　1982　*Groupthink: Psychological studies of policy decisions and fiascoes*（2nd ed.）．Houghton Mifflin.
内閣府　2003　平成14年度 ソーシャル・キャピタル：豊かな人間関係と市民活動の好循環を求めて
　　https://www.npo-homepage.go.jp/data/report9.html（2019年12月1日閲覧）
NHK　2019　外国人"依存"ニッポン　コラム："世界一幸せな国"フィンランドと「福祉の取り合い」
　　https://www.nhk.or.jp/d-navi/izon/column/190529.html（2019年12月2日閲覧）
大坪庸介　2009　集団極化　社会心理学事典　丸善　pp.324-325.
柴内康文　2009　ソーシャル・キャピタル　日本社会心理学会編　社会心理学事典　丸善　pp.420-421.
山岸俊男　2000　社会的ジレンマ　PHP新書

実践問題
【択一】

第1章
態度・説得

択一問題
記述問題

第2章
集団過程・集合現象

択一問題
記述問題

第3章
自己過程・集団と自己

択一問題
記述問題

第4章
社会的認知

択一問題
記述問題

第5章
社会的影響

択一問題
記述問題

第6章
組織・リーダーシップ

択一問題
記述問題

第7章
攻撃・援助

択一問題
記述問題

第8章
対人魅力・対人行動

択一問題
記述問題

第9章
犯罪・非行

択一問題
記述問題

(1) 集団思考

ア～エは，ジャニス（Janis, I. L.）が指摘した集団思考（groupthink）の各徴候についての記述である。A～Dに当てはまるものの組合せとして最も妥当なのはどれか。（国総　H26）

ア．Victims of groupthink sometimes appoint themselves as ［ A ］ to protect the leader and fellow members from adverse information that might break the complacency they shared about the effectiveness and morality of past decisions.

イ．Victims of groupthink apply direct ［ B ］ to any individual who momentarily express doubts about any of the group's shared illusion or who question the validity of the arguments supporting a policy alternative favored by the majority.

ウ．Victims of groupthink share an illusion of ［ C ］ within the group concerning almost all judgements expressed by members who speak in favor of the majority view. This symptom results partly from the preceding one, whose effects are augmented by the false assumption that any individual who remains silent during any part of the discussion is in full accord with what the others are saying.

エ．Most or all of the members of the ingroup share an illusion of ［ D ］ that provides for them some degree of reassurance about obvious dangers and leads them to become over-optimistic and willing to take extraordinary risks. It also causes them to fail to respond to clear warning of danger.

	A	B	C	D
1.	mindguards	pressure	unanimity	invulnerability
2.	unanimities	mindguard	invulnerability	pressure
3.	unanimities	mindguard	pressure	invulnerability
4.	pressures	unanimity	invulnerability	mindguard
5.	pressures	invulnerability	unanimity	mindguard

(2) 集合現象

社会や集団において生じる現象に関する記述として最も妥当なのはどれか。（国総　H28）

1. 例えば，防音室の中で数秒間できるだけ大きな声を出すように指示されると，一人あたりの声の大きさは同時に声を出す人数が増えるほど減少し，人数の増加と集団全体のパフォーマンスは比例しない。こうした現象は二次的ジレンマといわれ，パフォーマンス場面を監視するシステムを導入することで解消することが可能になる。

2. シェリフ（Sherif, M.）らは，少年のサマーキャンプを利用した実験から，競争関係の導入が集団間の差別や葛藤を生み出すことを明らかにした。集団間葛藤が生じた後，二つの集団が協力しなければ達成できない目標を導入したところ，関係はかえって悪化した。一方，食事会など同じ楽しみを共有するだけの接触機会を設けたところ，集団間葛藤が解消したという結果が得られた。

3. 集団や社会の成員が互いに，他者の公的行為が当人の感情や意見をどの程度反映しているかを過小評価し，内発的動機づけではなく，外発的動機づけに基づく行為だと推測する状態をオルポート（Allport, F. H.）は多元的無知と呼んだ。この多元的無知は，緊急事態において傍観者効果が起こる理由の一つに挙げられる。

4. シボーとケリー（Thibaut, J. W. & Kelley, H. H.）は，二者間の関係を利得行列を用いて説明し，二者間の相互作用における勢力として運命統制や行動統制を挙げた。例えば，二者 A，B の相互作用において，A の行動によって B の利得が決まり，A は B に対して一方的に影響を及ぼすことができる状態を，B に対する A の運命統制という。

5. モレノ（Moreno, J. L.）は，集団間の感情的結合（魅力と排斥）や相互依存性に基づくソシオメトリック構造に着目し，これを測定するためのソシオメトリック・テストを開発した。このテストを用いた研究により，恣意的な基準で集団が構成され集団間の相互交渉もほとんどない場面においても，内集団バイアスが表れることが明らかにされている。

(3) 集団過程と集合現象

集団に関する記述ア～エのうち，妥当なもののみを挙げているのはどれか。（国総　H30）

ア．オズボーン（Osborn, A. F.）が提唱したブレイン・ストーミングは，①特定の観点・立場にこだわらず自由なアイデアを提案する，②できるだけ多くのアイデアを提案する，③提出されたアイデアの組み合わせと改善を試みる，④提

34

出されたアイデアの批判や評価をする，というルールの下でアイデアを創出する集団思考法である。一人で考えるときよりも集団でブレイン・ストーミングを行うときの方が多くのアイデアが産出されることが一貫して示されている。

イ．ジャニス（Janis, I. L.）は，集団の決定が失敗を招いたケースを収集して分析し，合理的な決定を妨げるゆがんだスタイルの思考過程から誤りが生じると考え，それを集団思考／集団浅慮（group think）と呼んだ。彼によれば，凝集性の高い集団が外部と余り接触しない状態にあるとき，強力なリーダーがある解決法を示唆すると，メンバーは他の可能な選択肢を現実的に探ろうとしなくなり，集団思考／集団浅慮に陥る可能性が高くなるという。

ウ．他者の見ている所で作業をしたり，他者と同じ行動に従事したりすることによって，個人の行動が促進される現象を社会的促進といい，特に，前者を観衆効果（audience effect），後者を共行為効果（co-action effect）という。社会的促進について霊長類以外の動物での報告例はなく，社会的促進が生じるには，他者に見られていること又は他者と同じ行動に従事していることを理解する高度な認知能力が必要であるとされている。

エ．タジフェル（Tajfel, H.）らは，最小条件集団パラダイムを用いた実験を行い，集団間に利害の対立がない状況であっても集団間差別が生起することを実証した。その後の研究では，集団間差別を解消する方法として，対立する集団どうしが一致協力しなければ達成できないような上位目標の導入や共通の敵の設定，内集団と外集団の区分の顕現性を低減させる脱カテゴリー化が有効であることが報告されている。

1．イ
2．ウ
3．ア，ウ
4．ア，エ
5．イ，エ

（4）集団研究の歴史

集団に関する記述として最も妥当なのはどれか。（国総　H29）

1．ロス（Ross, E. A.）は，『社会心理学』を著し，ダーウィン以来の進化思想の影響の下に，種としての人間に共通する数々の本能と，それに由来する情緒をリストアップして，これらを社会的行動の基礎として強調した。

2．マクドゥーガル（McDougall, W.）は，集団や社会は個人の生活の総和ではなく，それ以上のものであると論じ，個々人の主観的な意識状態を超えて集団全体に共有された意識のことを「集団心」として，集合的精神の実在性を仮定した。

第1章
態度・説得
択一問題
記述問題

第2章
集団過程・集合現象
択一問題
記述問題

第3章
自己過程・集団と自己
択一問題
記述問題

第4章
社会的認知
択一問題
記述問題

第5章
社会的影響
択一問題
記述問題

第6章
組織・リーダーシップ
択一問題
記述問題

第7章
攻撃・援助
択一問題
記述問題

第8章
対人魅力・対人行動
択一問題
記述問題

第9章
犯罪・非行
択一問題
記述問題

3. オルポート（Allport, F. H.）は，個人にパーソナリティがあるように，集団にも独自のパーソナリティがあるはずだと考え，それをシンタリティ（syntality）と名付け，因子分析的手法によって測定可能性を探ろうとした。

4. レヴィン（Lewin, K.）は，個人の心理や行動を測定の対象とするそれまでのグループ・ダイナミックス研究を批判し，集団が形成されると成員同士が互いに影響を及ぼし合って心理的「場」が生まれることを主張して，状況的要素としての集団を測定の対象とした。

5. モレノ（Moreno, J. L.）は，社会生活における模倣の役割を強調し，従来の個人的心理学に対して個人間の関係を対象とする相互心理学の必要性を説くとともに，集団のフォーマル構造からメンバーが受けている影響を測定する方法として，ソシオメトリック・テストを考案した。

(5) ソーシャル・キャピタル（社会関係資本）

　パットナム（Putnam, R. D.）が「個人間のつながり，すなわち社会的ネットワーク，及びそこから生じる互酬性（reciprocity）と信頼性の規範」と定義したソーシャル・キャピタル（social capital, 社会関係資本）に関する記述として最も妥当なのはどれか。（国総　H24）

1. パットナムは，ソーシャル・キャピタルを増加させる要因として，テレビを始めとする電子メディア的娯楽の増加，仕事時間や通勤時間の増加，世代が同じであることなどを挙げている。このうち，特に電子メディア的娯楽の要因を重視しており，世代変化が進む中でも，電子メディア的娯楽によって共通認識や相互理解の土壌が醸成されるとした。

2. 我が国の内閣府国民生活局（2003）が，以下の変数を用いて都道府県別のソーシャル・キャピタル指数を算出している。すなわち，①付き合い・交流（近隣での付き合い，友人や趣味を通した付き合い），②信頼（一般的な信頼度，友人や近隣，親戚への信頼度），③社会参加（地縁的な活動参加状況，ボランティア活動参加率，人口一人当たりの共同募金額）の変数である。その結果，ソーシャル・キャピタル指数が高かったのは奈良県，東京都，大阪府であり，逆に低かったのは島根県，鳥取県，宮崎県であった。

3. パットナムによれば，ソーシャル・キャピタルにはポジティブな側面とネガティブな側面がある。前者は，個人間の相互扶助，協力，信頼などがもたらされることである。後者は，派閥の形成，自民族中心主義，汚職などである。前者には，橋渡し型（bridging）ソーシャル・キャピタルが関連し，後者には結束型（bonding）ソーシャル・キャピタルが関連しているといえる。

4. パットナムは，複数の指標を用いて米国におけるソーシャル・キャピタルの経年変化を捉えている。所属グループの平均数をはじめとする「コミュニティ

内組織への積極的な参加」，例えば「大半の人は信頼できる」という質問項目への賛成度に基づく「社会的信頼」などの指標を用いたところ，米国のソーシャル・キャピタルが1975年から1999年にかけて増加していることが見出された。

5．ソーシャル・キャピタルという概念は，対面状況のコミュニティには当てはまるが，インターネット上のコミュニティには当てはまらないといえる。ソーシャル・キャピタルの重要な側面は，複数の個人が相互に信頼し合い，相互に助け合うという互酬性の規範に基づいた行動をとることであり，インターネット上の，直接的な対面状況にない個人間には，そうした信頼感や互酬性は醸成されないと考えられるからである。

（6）信頼・ソーシャル・キャピタル（社会関係資本）

信頼や社会関係資本に関する記述ア～エのうち，妥当なもののみを挙げているのはどれか。（国総　R元）

ア．山岸俊男によれば，信頼は，「相手の自己利益の評価に根ざした」行動への期待であり，罰せられるという自己利益に反する行為を相手は回避したがるだろうという期待に基づき，相手が悪意のある行動はしないと信じることである。

イ．山岸俊男によれば，一般的信頼の高い者は，騙されやすい「お人好し」ではなく，一般的信頼が低い者よりも他者の信頼性を示唆する情報に敏感で，他者の信頼性の欠如を正確に予測できる，すなわち社会的知性（social intelligence）が高い者である。

ウ．パットナム（Putnam, R. D.）は，社会関係資本を「人々の協調行動を活発にすることによって社会の効率性を改善できる，信頼，規範，ネットワークといった社会組織の特徴」と定義した。

エ．パットナムは，社会関係資本を，多様性の高い資源が埋め込まれた橋渡し型（bridging）と，同質性の高い資源が埋め込まれた結束型（bonding）に大別した。閉鎖的で強い紐帯から成るネットワークは，このうち橋渡し型の社会関係資本との関連が深いとされる。

1．ア，イ
2．ア，ウ
3．ア，エ
4．イ，ウ
5．ウ，エ

第1章
態度・説得

択一問題
記述問題

第2章
集団過程・集合現象

択一問題
記述問題

第3章
自己過程・集団と自己

択一問題
記述問題

第4章
社会的認知

択一問題
記述問題

第5章
社会的影響

択一問題
記述問題

第6章
組織・リーダーシップ

択一問題
記述問題

第7章
攻撃・援助

択一問題
記述問題

第8章
対人魅力・対人行動

択一問題
記述問題

第9章
犯罪・非行

択一問題
記述問題

(7) 囚人のジレンマ

　実験ゲーム研究の領域における「囚人のジレンマ」とは，重要犯罪の容疑がかかっている2人の共犯者が別件逮捕され，別々に取り調べを受けている状況で，もし2人とも黙秘すれば重要犯罪の立件ができず，別件の軽い犯罪の刑期で済む（例えば懲役3年）。2人とも自首すれば，重要犯罪の長い刑期になる（例えば懲役8年）。1人だけが黙秘した場合は，自白した人は最も短い刑期で済むが（例えば懲役1年），黙秘した人は最も長い刑期となる（例えば無期懲役），というような利得構造を持つ状況をいう。

　こうした「囚人のジレンマ」状況を表すマトリックスの例として最も妥当なのはどれか。

　なお，斜線の下側がAの，上側がBの利得の大きさを表しており，数字が大きいほど利得が大きい。(法専　H24)

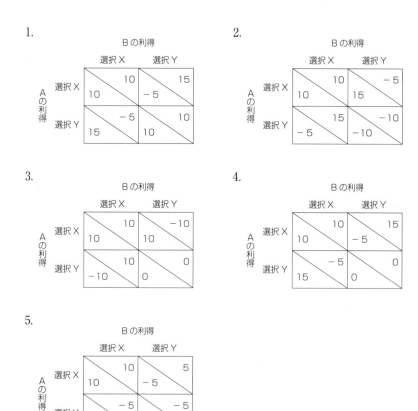

(8) 社会的ジレンマ

次は，社会的ジレンマについて論じた記述である。文中の ⬚ に当てはまる図として最も妥当なのはどれか。（国Ⅰ　H22）

さまざまな社会問題の中に社会的ジレンマの構図をみることができる。路上の迷惑駐車の問題もその一つである。例えば，あなたが交通量の多い市街地にある某商業店舗に買い物に出かけるとしよう。その店舗には付属の駐車場が設置されておらず，近辺にも駐車場が少ないことがわかっている。このような場合，本来なら不便を我慢して少し遠いところの有料駐車場に車を入れてその店舗まで歩くか，最初から車で出かけることは諦めて家から乗り合いバスを利用して店舗まで行くのが望ましい。しかし，車で出かける方が楽で時間もかからず，その店舗の近くの道路上に車を置けば便利で余計なお金は使わずに済む。そこで，あなたは毎回，その店舗の近くの道路上に駐車して買い物をする。これはあなた一人であれば大きな問題にはならないかもしれない。しかし，あなたと同様の考え方をして同じ行動をとるものが多数出現すれば，道路は迷惑な駐車車両であふれて交通渋滞に見舞われ，あなたを含む多くの道路利用者は大変な不便とストレスに悩まされることになる。接触事故の危険性は高まり，緊急車両の通行も阻害される。排気ガスで街の空気も悪くなる。結局，あなたを含む多くの人が，有料駐車場や乗り合いバスを利用した場合よりも大きな損失を被ることになる。

社会的ジレンマの考え方をこの話に当てはめた場合，協力行動は有料駐車場に入れることや乗り合いバスを利用することであり，非協力行動は路上駐車をすることとなる。協力行動あるいは非協力行動によって得られる利得は，協力行動を取る人（協力者）や非協力行動を取る人（非協力者）の人数によって変化する。

全体の人数を n とし，必ず協力行動や非協力行動のいずれかを選択するものとすると，非協力者数を横軸に，各人の利益を縦軸にして協力者及び非協力者の利得構造を模式的に図に表すとすれば，⬚ のようになる。

1. 図1
2. 図2
3. 図3
4. 図4
5. 図5

第1章
態度・説得
択一問題
記述問題

第2章
集団過程・集合現象
択一問題
記述問題

第3章
自己過程・集団と自己
択一問題
記述問題

第4章
社会的認知
択一問題
記述問題

第5章
社会的影響
択一問題
記述問題

第6章
組織・リーダーシップ
択一問題
記述問題

第7章
攻撃・援助
択一問題
記述問題

第8章
対人魅力・対人行動
択一問題
記述問題

第9章
犯罪・非行
択一問題
記述問題

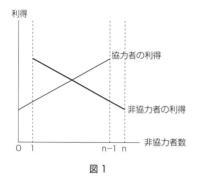

図1

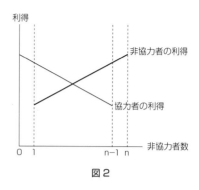

図2

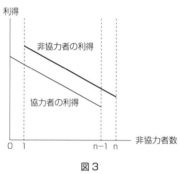

図3

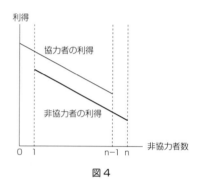

図4

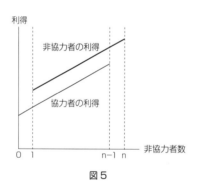

図5

(9) 社会的ジレンマと集合行動の閾値モデル

　次は，社会的ジレンマ状況における社会的影響過程を説明するモデルを記述したものである。図で示された状況及びモデルによって予測される状況に関する記述として最も妥当なのはどれか。（国総　H24）

　電力の受給が逼迫し節電を求められている状況で，単純に考えると私たちには二つの選択肢がある。すなわち節電するか，しないかである。1人，2人くらい節電せずに好きなだけ電気を使っても電力の需要全体にはほとんど影響はないだろう。そして節電しない人は節電している人よりも快適な生活を送ることができ

る。しかし，節電しない人が増えて全員あるいはほとんどの人が節電しなくなると，計画停電をせざるを得なくなったり，あるいは大停電が起きたりといった最悪の事態が生じてしまう。

この場合，「何が何でも節電する」という人や「絶対節電しない」という人はおそらくごく少数で，多くの人は自分の周りの人の行動を参考にして自分の行動を決定している。例えば「私の周りの人も結構節電しているから自分も節電しよう」という具合である。この「周りの人の〜割ぐらいが節電しているから自分も節電しよう」というときの「〜割」は人によって異なると予想される。

図1の二つの棒グラフは，10人程度の集団で様々な考えを持った人がどのように分布しているかを示している。図の横軸は，ある時点で協力している人々の人数を示している。図1の上の棒グラフの高さは，自分が協力をするためには，自分以外に少なくとも横軸に示された人数以上の人々が協力している必要がある，と考えている人の人数を示している。例えば2人以上の人が協力していれば自分も協力しようと考えている人が1人いることを示している。横軸が0の時に「1人」となっているが，これは「誰も協力していなくとも自分は協力する」と考えている人である。横軸が10の時に「2人」となっているが，この集団は10人であり，自分を除く全員が協力しても9人にしかならず，10人が協力しているということは現実にはあり得ないので，この2人は他の全員が協力しても自分は協力する意志がないことを意味する。

図1の下の棒グラフは，上の棒グラフを累積したものである。したがって，下の棒グラフの高さは，自分以外に横軸に示された数の協力者がいるならば，自分も協力しようという人の総数を表している。例えば，誰も協力していなくても自分は協力するという人が1人いて，2人協力していれば自分も協力するという人が1人いるので，協力者が自分以外に2人いるならば自分も協力しようという人は合計2人いることになる。したがって，横軸が2の場合には，棒グラフの高さも2となるわけである。また横軸が9の場合，すなわち自分以外の全員が協力している場合，自分も協力しようという人は，合計8人いることがわかる。

この下の棒グラフを一般化したものが図2である。この図に示された横軸は，ある時点で協力している人のパーセンテージを表しており，これを協力率と呼ぶ。縦軸は，それだけのパーセンテージの人が協力しているなら自分も協力しようと思っている人のパーセンテージを示している。この図は，ある集団における協力傾向の累積分布の一例にすぎず，別の場合や別の集団では異なった形になる。

第1章
態度・説得

択一問題
記述問題

第2章
集団過程・集合現象

択一問題
記述問題

第3章
自己過程・集団と自己

択一問題
記述問題

第4章
社会的認知

択一問題
記述問題

第5章
社会的影響

択一問題
記述問題

第6章
組織・リーダーシップ

択一問題
記述問題

第7章
攻撃・援助

択一問題
記述問題

第8章
対人魅力・対人行動

択一問題
記述問題

第9章
犯罪・非行

択一問題
記述問題

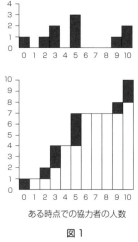

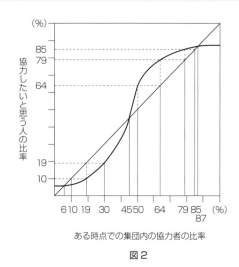

図1　　　　　　　　　　　　　　　　　　　　図2

1. 社会的ジレンマは囚人のジレンマを3人以上の集団に拡大したものと考えることができる。図2に示されるように，集団の人数が多くなればなるほど協力行動を維持することが容易になる。これは，1人の非協力的な行動の周囲に及ぼす影響が分散されるためである。

2. 図2より，協力者が新たな協力者を生み，あるいは非協力者がさらなる非協力者を生じさせるといったドミノ的プロセスの存在が予想される。特に後者のような悪循環は社会的ジレンマにおける「二次的ジレンマ（second order dilemma）」と呼ばれている。

3. 図2に示されるように，集団内の協力者が相互に影響を及ぼしあったとしても，非協力者を集団から完全になくすことはできない。図2の集団では，最も協力率が高い状態であっても全体の6％ほどの非協力者が集団内に維持され続け，一方的に集団からの利益を享受し続けると予想される。

4. 集団内における人々の協力傾向が同じ場合であっても，最初にどれだけの人が協力しているかによって，最終的な協力率が変わってくる。図2の集団では，最初に協力行動を示している人の比率が集団の45％を超えているか満たないかによって，最終的な集団の協力率は大きく変わってくると予想される。

5. 当初の協力率が高い場合でも，集団の力動によって最終的な協力率が低くなる場合がある。例えば，図2の集団では，最初に協力行動を示している人数の比率が87％の場合でも，最終的な協力率が6％になりうることが示されている。

(10) 災害行動・防災行動

　　災害行動や防災行動に関する記述 A ～ D のうち，妥当なもののみを全て挙げているのはどれか。（国総　H28）

A. 災害時にどの程度の身体的被害を受けるかについて，最も予測力があるのは，

その人の年齢である。一般に，中年層は青少年に比べて豊富な人生経験を有し，様々なリスクを回避する知識や技術を持っていること，また，高齢者と異なり身体の自由がきくことから，災害時に最も身体的な被害を受けにくいとされている。

B．火災の延焼などの危険が迫っていても，ある範囲までの異常は異常だとは感じないで，正常範囲のものとして処理してしまうことを，正常性バイアスという。日常においては精神の過重負担を防いでくれるこのメカニズムが，身に迫る危険を危険として捉えることを妨げて，危険を回避するタイミングを失わせてしまうことがある。

C．広域災害などにおいて，過酷な災禍を生き延びた人々の間に共通して，ほっと安堵する気分と，一種の幸福感にも似た喜びの感情がわき上がることがある。こうした現象を楽観主義バイアスと呼ぶ。また，楽観主義バイアスが起こりやすい時期を災害ユートピア期といい，この時期は，皆で役割分担をしながら生活していく平等主義の社会が展開される。

D．災害時に逃避パニックが起こる条件として，多くの人々が差し迫った脅威を感じていることや，危険を逃れる方法が全くないと信じていることなどが挙げられている。このため，一般に地震災害時には逃避パニックが起こりやすい。しかし，日本国内の地震災害では逃避パニックの報告例は少なく，国民性によるところが大きいと考えられている。

    1．A
    2．B
    3．A，C
    4．B，D
    5．C，D

(11) 流言

次は，流言に関する記述であるが，A～Dに当てはまるものの組合せとして最も妥当なのはどれか。（国Ⅰ　H23）

オールポートとポストマン（Allport, G. W. & Postman, L.）は，流言を，真実かどうかが証明されないままに，対面コミュニケーションを通して流れ，多くの人々に信じられていく命題と定義した。

彼らは，流言の流布に関して，その流布量は，　A　と　B　の積に比例すると定式化した。すなわち，流言の内容の　A　が高く，　B　があるほど流言の流布量は多くなるとし，また　A　と　B　が積の形で表現されているので，いずれか一方がゼロであると流言は発生しないとした。

さらに流言の内容は伝達過程でしばしば変容することがあるとし，その特徴と

第1章
態度・説得

択一問題
記述問題

第2章
集団過程・集合現象

択一問題
記述問題

第3章
自己過程・集団と自己

択一問題
記述問題

第4章
社会的認知

択一問題
記述問題

第5章
社会的影響

択一問題
記述問題

第6章
組織・リーダーシップ

択一問題
記述問題

第7章
攻撃・援助

択一問題
記述問題

第8章
対人魅力・対人行動

択一問題
記述問題

第9章
犯罪・非行

択一問題
記述問題

して，　C　，強調化，　D　の三つがあることを指摘した。　C　は，最初の伝達内容の多数の要素が少数になり，表現が簡略化され，差異が縮小されることである。強調化は，伝達内容の中の特定の要素が誇張されることである。　D　は，伝達内容が取捨選択され，人々がもっている先入観や偏見に一致する方向に再構成されることである。

	A	B	C	D
1.	重要性	あいまいさ	抽象化	内面化
2.	重要性	確かさ	抽象化	同化
3.	重要性	あいまいさ	平均化	同化
4.	娯楽性	確かさ	抽象化	内面化
5.	娯楽性	あいまいさ	平均化	同化

(12) マス・メディアの影響

マス・メディアの影響に関する記述として最も妥当なのはどれか。（国Ⅰ　H22）

1. Katz, E. と Lazarsfeld, P. F.（1955）が提唱したコミュニケーション二段の流れ仮説では，マス・メディアの影響は，二つの段階で受け手に影響を及ぼすと考えている。第一の段階は，人々の記憶や判断などの認知への影響である。第二の段階は，人々の行動への影響である。

2. McCombs, M. E. ら（1972）が提唱した議題設定機能の仮説では，マス・メディアが呈示する話題や争点の重みづけと，それらの重要性の認知との関連性が論じられている。この仮説では，マス・メディアにおいて，ある争点や話題が強調されればされるほど，それらに対する人々の重要性の認知が高まるとされている。

3. Davison, W. P.（1983）が提唱した第三者効果とは，マス・メディアが受け手の意見の確信度に及ぼす効果のことである。事実の判断に対する自分の意見が不明瞭な場合，マス・メディアから報道される第三者の意見と自分の意見が一致すればするほど，受け手はその意見に対する確信度を強める傾向がある。

4. Tichenor, P. J. ら（1970）が提唱した知識ギャップ仮説では，社会経済的地位の違いによってマス・メディアから得る知識量が異なるとされている。社会経済的地位が高い人は既に知識を持っていて新しい知識を得る動機づけが低いので，知識量は増加しない。一方，社会経済的地位が低い人は，新しい知識を得る動機づけが高いために，知識量が増加する。

5. Gerbner, G. ら（1972）による培養（教化）理論では，テレビ視聴が受け手に及ぼす影響が論じられている。培養理論によれば，テレビ視聴時間が長いほど，テレビにはフィクションが含まれていることを十分に理解する能力が養われていくので，視聴内容の影響をあまり受けなくなる。

(13) マス・コミュニケーション

マス・コミュニケーションの影響に関する記述として最も妥当なのはどれか。
（国総 H29）

1. オルポートとポストマン（Allport, G. W. & Postman, L.）は，流言の伝達過程で起こる内容の変容を，不要な部分が切り捨てられて単純化された内容になる平均化，一部だけ実際以上に誇張される強調化，意味的に一貫するように統合される同化という概念で説明した。また，話題が重要でないほど，話題の根拠が明確であるほど，流言は広がりやすくなるという流言の発生モデルを提唱した。

2. ノエレ－ノイマン（Noelle-Neumann, E.）は，少数派の意見が世論になるモデルとして沈黙の螺旋理論を提唱した。この理論では，多数派の人は，孤立への恐れがないため，あえて意見を表明せずに沈黙するのに対し，少数派の人は，孤立への恐れがあるため，自分と同意見の人を求めて積極的に意見を表明する。その内容が一貫していると，多数派の人に内的な変化が生じ，ますます沈黙するようになる。その結果，少数派の意見が優勢になって世論になるとされている。

3. インドで大地震が発生した直後に被害の少なかった地域の住民の間で将来の災害発生を予期する流言が蔓延した。このことについて，フェスティンガー（Festinger, L.）が提唱した認知的不協和理論の観点から，「地震の大きな揺れにより恐怖や不安を持続して感じている」という認知に，「自分の周りでは被害がなかった」という認知の間に不協和が生じ，これを解消するために，「将来自分が災害に遭う」という流言を信じたことで流言が蔓延した，という説明がなされた。

4. 他者の行動や態度は，必ずしもその人の感情や意見を反映したものではなく，その真意は分かりにくいことが多いが，自己の信念に反する報道を見て自己効力感が低下した状況においては，他者の行動や態度の真意と同様に，自分の行動や態度についても，必ずしも自分の感情や意見を反映したものではないと考え，その真意が分かりにくくなる。オルポート（Allport, F. H.）は，このような現象を「多元的無知」と呼んだ。

5. マス・コミュニケーションの影響についてガーブナー（Gerbner, G.）が提唱した「教化（培養）効果」とは，まず集団のオピニオンリーダーがマス・メディアからの情報を敏感にキャッチし，その情報を理解した上で集団内のフォロワーに分かりやすく伝えるというように，マス・メディアからオピニオンリーダーへ，オピニオンリーダーからフォロワーへと二段階を経ることで，マス・メディアが意図した方向へフォロワーが教化される現象を指す。

第1章
態度・説得

択一問題
記述問題

第2章
集団過程・集合現象

択一問題
記述問題

第3章
自己過程・集団と自己

択一問題
記述問題

第4章
社会的認知

択一問題
記述問題

第5章
社会的影響

択一問題
記述問題

第6章
組織・リーダーシップ

択一問題
記述問題

第7章
攻撃・援助

択一問題
記述問題

第8章
対人魅力・対人行動

択一問題
記述問題

第9章
犯罪・非行

択一問題
記述問題

（1）集団凝集性

　集団凝集性について 200 字以内で簡潔に説明せよ。（家裁　H26）

（2）内集団バイアス

　内集団と外集団について，これらを区別することによって生じる現象について触れながら，400 字以内で簡潔に説明せよ。（家裁　R 元）

（3）集団規範の生成

　シェリフ（Sherif, M.）らによる自動運動を用いた集団規範の生成の実験について，手続きと得られた結果から言えることについて 400 字以内で簡潔に説明しなさい。（類題）

（4）社会的ジレンマ

　社会的ジレンマの具体的なタイプとして，ハーディン（Hardin, G.）は「共有地の悲劇」と呼ばれるタイプ，オルソン（Olson, M.）は「ただ乗り問題」と呼ばれるタイプを提唱したが，それぞれについて具体例を挙げて解説しなさい。（警視庁　H28）

（5）集団思考

　集団思考（groupthink）について，次の 1. から 3. までの小問に答えよ（問いの順に回答すること）。（家裁　H29）

1. 集団思考に陥る一連の過程を，時間順序に沿って論ぜよ。
2. 集団思考に陥った集団又は成員にどのような問題行動が生じるか，具体例を挙げながら論ぜよ。
3. 集団思考に陥らないための対処法について，1. で記載した内容を踏まえて論ぜよ。

（6）集団における意思決定

「三人寄れば文殊の知恵」といわれるように，集団でなされる意思決定は個人による意思決定に勝ると一般に考えられている。実際，ビジネスや教育など様々な場面において，意思決定が集団でなされることは多い。

しかし，状況によっては，必ずしも複数の個人の合議による結論が最適解を導くとは限らない。特に災害後のように切迫した状況では，そうした集団意思決定の質の低下が起こりやすいと考えられる。

これに関連して，以下の1.～3.に答えなさい。（国総　H25）

1. ジャニス（Janis, I. L., 1972, 1982）の集団的浅慮（集団思考，groupthink）に基づいて，集団意思決定の質の低下に影響を及ぼす要因を三つ以上挙げ，それぞれの要因について簡潔に説明しなさい。
2. 集団極性化現象（集団分極化，group polarization）と，それをもたらす原因について説明した後，集団極性化の観点から，集団意思決定の質の低下がどのようにもたらされるかを述べなさい。
3. 現実的には，平時においても集団意思決定の質が低下することは起こり得る。そうした平時における集団意思決定の質の低下を防ぐ方策について，1.，2.を踏まえながら少なくとも三つあげ，具体的に論じなさい。

（7）集団差別の成り立ちと解消

集団差別がどのような現象であるか，またその成り立ちと解消方法について，以下の　　　　の中から三つ以上の用語を用い，具体的に説明しなさい。なお，解答に当たっては，使用した用語に下線を引くこと。（法専　H29／保護観察官・法務教官）

> 集団規範，目標葛藤理論，集団凝集性，社会的アイデンティティ，
> 同調，内集団

第1章
態度・説得

択一問題
記述問題

第2章
集団過程・集合現象

択一問題
記述問題

第3章
自己過程・集団と自己

択一問題
記述問題

第4章
社会的認知

択一問題
記述問題

第5章
社会的影響

択一問題
記述問題

第6章
組織・リーダーシップ

択一問題
記述問題

第7章
攻撃・援助

択一問題
記述問題

第8章
対人魅力・対人行動

択一問題
記述問題

第9章
犯罪・非行

択一問題
記述問題

第 3 章

自己過程・
集団と自己

例題とポイント解説

【例題1】 社会的比較過程

比較過程に関する記述として最も妥当なのはどれか。(国Ⅰ H22)

1. Festinger, L. (1954) は社会的比較理論のなかで，人には自分の能力を高めてより良く生きていこうという自己改善の動因が存在することを仮定する。その上で自分を評価するための客観的な基準が存在しない場合，自分より望ましく優れた他者を自分を向上させるための比較基準として採用すると主張している。

2. Wills, T. A. (1981) の提唱する下方比較の理論によれば，何らかの脅威にさらされている人は自分と同じように劣っている人や望ましくない状態にある人との類似性を確認することによって慰めと安心を得ようとする。がん患者に対するインタビュー研究では，病状が自分と似ている患者との比較に言及しやすいという結果が得られている。

3. Tesser, A. (1984) の自己評価維持モデルでは，他者の優れた遂行が自己評価を下げる比較過程と，逆に他者の優れた遂行が自己評価を上げる反映過程の二つの過程を区別している。どちらの過程が働くかはその他者と自分との心理的な近さによって決定されるとし，心理的に近い他者と比較する場合には比較過程が生起する。

4. 現在の自分のあり方は，こうありたいという理想自己やこうあらねばならないという義務自己を基準にして比較される。Higgins, E. T.(1987)はセルフ・ディスクレパンシー理論（self-discrepancy theory）のなかで，理想自己と現実自己のずれは恐れや不安といった感情を，義務自己と現実自己とのずれは落胆や悲しみといった感情をそれぞれ生じさせると主張している。

5. 人生の様々な望ましい出来事と望ましくない出来事が将来自分の身の上に起こる可能性を平均的な他者と比較して評価するように求めると，望ましい出来事は起こりやすく，望ましくない出来事は起こりにくいと解答する傾向がある。Taylor, S. E. (1989) は精神的に健康な人が示すポジティブ幻想（positive illusion）の一つとして，この楽観主義傾向を挙げている。

【例題2】 社会的アイデンティティ理論

　タジフェル（Tajfel, H.）らが提唱した社会的アイデンティティ理論に関する記述として最も妥当なのはどれか。（法専　H26）

1. 社会的アイデンティティは，社会的カテゴリー化の過程によって内集団と外集団の区別を明確にし，さらに，集団にとって重要な価値評価次元で内集団を外集団よりも肯定的に評価することによって達成されるとした。

2. 例えば実験場面などにおいて，便宜的・一時的にグループ分けされた集団であっても，グループ分けに用いられた特徴の類似性や接触の頻度が手がかりとなって，集団のメンバー相互に好意が生じることにより，集団カテゴリー化が起こるとした。

3. 社会的アイデンティティが十分に達成できないとき，人は，自分の属している現在の集団を去るか，現在の集団に属したまま，いつまでもアイデンティティを確立できないモラトリアムの状況に居続けることになるとした。

4. 人の集団は，それぞれの人が欲求を満足させるために相互に依存しあうことによって形成されるものであるという前提のもと，個人内あるいは対人関係に焦点をあてて，集団形成過程について説明した。

5. 内集団びいきが起こる要因の一つとして，内集団のメンバーには自分が恩恵を施す際のコストに対する報酬を期待できる一方，外集団のメンバーにはこうした期待が生じにくいことを指摘した。

POINT! ポイント解説

　自己過程では，社会的比較理論，自己評価維持モデル，セルフ・ディスクレパンシー理論，自己呈示，自己開示が頻出である。国家総合職と法務省専門職員でよく似た問題が立て続けに出題されることもある。出題されるポイントがはっきりしているので，知識を確実にしておくと得点源にできる。
　社会的アイデンティティ理論，自己カテゴリー化理論も近年出題されるようになってきた。社会的アイデンティティ理論は自尊感情との関連で出題されることがあるため，本章で扱うこととした。なお社会的アイデンティティ理論は，内集団・外集団認知や集団間葛藤等との関連でもしばしば出題される。第2章も確認のこと。

覚えておきたい基礎知識

■社会的比較理論

　Festinger, L. は，人には自己の意見や能力を正しく評価したいという自己評価の動機があること，そのうえで，自分を評価する客観的な基準がない場合，他者を比較の

第1章
態度・説得
択一問題
記述問題

第2章
集団過程・集合現象
択一問題
記述問題

第3章
自己過程・集団と自己
択一問題
記述問題

第4章
社会的認知
択一問題
記述問題

第5章
社会的影響
択一問題
記述問題

第6章
組織・リーダーシップ
択一問題
記述問題

第7章
攻撃・援助
択一問題
記述問題

第8章
対人魅力・対人行動
択一問題
記述問題

第9章
犯罪・非行
択一問題
記述問題

基準として採用すると仮定した。その際，比較する対象は自分に意見や能力が類似した他者が選ばれるとした。

Festinger 以後，能力や意見以外に感情や心理的な諸特性も社会的比較の対象として含むようになった。

- ▶ **上方比較**：自分より優れた他者と比較すること。自己向上動機がはたらく場合，比較他者は自分の成功モデルとしての意味を持つ。一方で，優れた他者との比較は，自尊感情の低下につながる。しかしそれだけでなく，優れた他者に近づこうと自己を鼓舞する機能も持つ。

- ▶ **下方比較**：自分より劣った他者と比較すること。否定的な気分や自尊感情が脅かされる状況で，自己高揚動機がはたらくことで生じる。一方で，自己が脅威にさらされた人が常に下方比較をするわけではないことも指摘されている。たとえば，がんやその他の重い病気の患者は，下方比較により主観的幸福を得ることもあるが，他方で，症状の軽い人との交流を好むなど上方比較もしばしば生じるという（高田，2011）。

  Wills, T. A. の下方比較説 ▶▶▶ 人は自分より不運な他者と比較することで，主観的な幸福感を増す。

■自己評価維持モデル

Tesser, A. により提出されたモデル。人には自己評価を維持・高揚しようとする動機があること，自己と他者との関係が自己評価に大きく影響することを前提に，社会的比較の結果としての行動まで含めて予測・説明するモデルである。自己評価維持（self-evaluation maintenance）の頭文字から SEM モデルとも呼ばれる。

このモデルでは，「他者の遂行レベル（performance）」，活動の「自己関連性（relevance）」，自己と他者の「心理的近接度（closeness）」の 3 つの要因から，自己評価維持の 2 つの過程を説明する。

- ▶ **比較過程**：他者の遂行が自分より優れる場合，それが自己関連性の高い課題であり，その他者が心理的に近いほど，自己評価は脅威にさらされる。

- ▶ **反映過程**：他者の遂行が自分より優れる場合，それが自己関連性の低い課題であり，その他者が心理的に近いほど，その成功を誇る気持ちが強くなり，自己評価も引き上げられる（＝栄光浴）。

■セルフ・ディスクレパンシー理論

Higgins, E. T. により提出された理論。自己表象間の不一致（ずれ）が様々なネガティブ感情につながることを説明する。

- ▶ **自己表象**：自己表象とは人が持つ様々な自己概念のことである。3 つの自己領域と 2 つの視点からなり，全部で 6 種類の自己表象がある（表 3-1）。

表3-1　6種類の自己表象（尾崎，2009，p.42を改変）

	自分自身の視点	重要他者の視点
現実自己	自分で捉えた現実の自己像	重要他者が捉えているであろう自己像
理想自己	自分自身がこうありたいと思う自己像	重要他者がこうあってほしいと思っているであろう自己像
義務自己 （当為自己）	自分自身がこういう人であるべきと思う自己像	重要他者がこうあるべきと思っているであろう自己像

▶自己指針：理想自己と義務自己は「自己指針」となる。人は自己指針と現実自己を近づけようと動機づけられる。さらに，自己指針と現実自己の不一致は，次のような様々なネガティブ感情を引き起こす。

①理想自己と現実自己の不一致は，失望や悲嘆と関連する。

理想（自分）と現実（自分）の不一致→落胆や失意

理想（他者）と現実（自分）の不一致→恥やみじめさ

②義務自己と現実自己の不一致は，不安や緊張と関連する。

義務（自分）と現実（自分）の不一致→自己軽蔑や罪悪感

義務（他者）と現実（自分）の不一致→恐れ・不安や脅威

■社会的アイデンティティ理論

社会的アイデンティティとは，自己が所属する集団の成員性に基づいた自己定義のこと。

Tajfel, H. と Turner, J. C. は，最小条件集団実験の結果から社会的アイデンティティ理論を提出し，人は外集団に対する内集団の優位性を確認することで，望ましい社会的アイデンティを維持し自己評価をするとした。

▶最小条件集団実験：些細な条件（たとえば，スクリーン上の黒点の数を推定させ，過大視したか過小視したか）から実験参加者を2つの集団に分けた。そのうえで，実験参加者は，匿名の内集団成員と外集団成員に対し，ある分配マトリクスに従って報酬分配をする課題を行った。結果，多くの実験参加者が一貫して内集団成員が有利になる分配を選択した。

実験参加者は，その場限りの些細な条件で集団に割り振られただけであり，集団間に利害関係はなく，集団としての実質性もないのに内集団びいきが生じた。このことから，Tajfel らは，カテゴリー化自体が内集団・外集団の成員認知に違いをもたらすこと，それが内集団びいき（内集団バイアス）につながることを指摘した。

■自己カテゴリー化理論

Turner らにより提唱された，個人的アイデンティティから社会的アイデンティティを連続的に捉える理論である。

人は複数の集団（社会的カテゴリー）に所属しており，自己を示す社会的カテゴリーは状況ごとに変化する*。人はメタ・コントラスト比**に基づいて，状況ごとに最適な社会的アイデンティティを付与してくれる社会的カテゴリーを自己の内集団として

第1章
態度・説得
択一問題
記述問題

第2章
集団過程・集合現象
択一問題
記述問題

第3章
自己過程・集団と自己
択一問題
記述問題

第4章
社会的認知
択一問題
記述問題

第5章
社会的影響
択一問題
記述問題

第6章
組織・リーダーシップ
択一問題
記述問題

第7章
攻撃・援助
択一問題
記述問題

第8章
対人魅力・対人行動
択一問題
記述問題

第9章
犯罪・非行
択一問題
記述問題

意識する。

＊外国人と一緒にいるときは「日本人」，他大学の学生と一緒にいるときは「○○大学生」，大学では「○○学部の学生」，同じ学部のいろいろな学生がいる場では「○○コース専攻の学生」，といったように変化する。

＊＊
$$\text{メタ・コントラスト比} = \frac{\text{他のカテゴリー成員との差異性}}{\text{当該カテゴリー内の成員間の差異性}}$$

すなわち，メタ・コントラスト比を最大にするようなレベルで内集団と外集団を区別することが，与えられた状況において最も意味的情報価値の高いカテゴリー化となる（唐沢，2009）。

【例題1】の正答：　5

頻出度：★★★　　難易度：★★☆

解　説：基本知識を問う標準的な問題。社会的比較理論の概念，下方比較，自己評価維持モデル，セルフ・ディスクレパンシー理論，ポジティブ幻想，いずれも試験では定番の概念や理論である。

1.　×　社会的比較理論については「覚えておきたい基礎知識」p.51 を参照のこと。
2.　×　Wills の下方比較の理論は，何らかの脅威にさらされている人は，自分よりもより不運な他者と比較することで，主観的幸福感を増すことができるというものである。
3.　×　1文目は妥当。2文目，どちらの過程がはたらくかは，心理的な近さではなく，自己関連性（relevance）によって決定される。自己評価維持モデルについては「覚えておきたい基礎知識」p.52 を参照のこと。
4.　×　1文目は妥当。2文目，自己表象のずれによって生じる感情が逆である。理想自己と現実自己のずれは落胆や悲しみを，義務自己（当為自己）と現実自己のずれは恐れや不安をそれぞれ生じさせる。セルフ・ディスクレパンシー理論については「覚えておきたい基礎知識」p.52 を参照のこと。
5.　○　ポジティブ幻想とは，自分を実際以上にポジティブに認知する傾向であり，自己高揚動機に基づくとされる。Taylor は，ポジティブ幻想を，①自分を非現実的なまでに肯定的に捉えること，②統制に対する幻想，③非現実的な楽観主義，の3方向から整理しており，適応的に生きていくためにはポジティブ幻想が必要であると主張する（遠藤，2008）。

【例題2】の正答：　1

頻出度：★★☆　　難易度：★★★

解　説：社会的アイデンティティについて詳しい知識が必要。やや難。

1.　○　社会的アイデンティティ理論については「覚えておきたい基礎知識」p.53 を参照のこと。
2.　×　「便宜的・一時的にグループ分けされた集団」とは最小条件集団のことを指しており，最小条件集団実験を想起すれば本選択肢は妥当でないとわ

かる。つまり，グループ分けの手がかり等によって内集団メンバーに好意が生じるからではなく，グループ分けそれ自体が，分けられたメンバーの中で集団カテゴリー化を生じさせるという説明がなされる。

3. ×　Erikson によるモラトリアムの概念は個人的なアイデンティティに関する概念であり，社会的アイデンティティとは別のものである。

4. ×　社会的アイデンティティ理論は，個人内あるいは対人関係に焦点を当てるのではなく，社会的カテゴリー化に着目して集団形成過程を説明しようとする理論である。

5. ×　これは，Tajfel の考えではなく，Tajfel の最小条件集団実験以前に行われた最小条件集団実験と同様の実験の解釈である（村田，2010）。Tajfel の社会的アイデンティティ理論では，内集団びいき（ingroup favoritism）が起こる要因として，内集団びいきにより，より好ましい社会的アイデンティティを得，それを通じて自尊感情を高揚させようという動機があることが挙げられる。

文　献

遠藤由美　2008　自己と動機づけ　池上知子・遠藤由美　グラフィック社会心理学第2版　サイエンス社　p.162.
池上知子・遠藤由美　2008　グラフィック社会心理学第2版　サイエンス社
唐沢　穣　2009　自己カテゴリー化　日本社会心理学会（編）　社会心理学事典　丸善　pp.16-17.
村田光二　2010　集団間認知とステレオタイプ　複雑さに挑む社会心理学［改訂版］　有斐閣　pp.203-238.
尾崎由佳　2009　セルフ・ディスクレパンシー理論　日本社会心理学会（編）社会心理学事典　丸善　p.42.
高田利武　2011　新版 他者と比べる自分―社会的比較の心理学　サイエンス社

(1) 自己認知

自己認知に関する記述ア～エのうち，妥当なもののみを全て挙げているのはどれか。（法専　H29）

ア．自己概念とは，自らが自己を対象（客体）として把握した概念である。ジェームズ（James, W.）は，自己を知るという観点から自己を「知る者としての自己（self as knower）」又は「主我（I）」と「知られる者としての自己（self as known）」又は「客我（me）」の二つに分類し，後者については，更に「物質的自己」，「社会的自己」，「精神的自己」の三つの領域に分類した。

イ．自己効力感とは，自分が行為の主体であり，自分の行為が自己の統制下にあり，外界の要請に応じて適切な対応を生み出しているという確信や感覚である。バンデューラ（Bandura, A.）は，自己効力感は実際の成功体験によって形成されるのであり，他者の行動を観察するなどの代理経験では形成されないとした。

ウ．フェニグスタインら（Fenigstein, A. et al., 1975）は，自己意識を自己に注意を向けやすい性格特性と定義した。この自己意識には，公的自己意識と私的自己意識の二つの側面があり，公的自己意識の高い人は自分を分析し，自己の感情や思考を内的基準に合わせることで，公的に一貫した自己として見られようとする傾向があるとされる。

エ．現実自己が理想自己や当為自己と食い違っている場合，ネガティブな感情が生起する。ヒギンズ（Higgins, E. T., 1987）は，そのようなずれをセルフ・ディスクレパンシーと呼び，比較する自己の違いにより生じるネガティブな感情の質が異なると考えた。例えば，現実自己と当為自己とのずれが大きい場合は，肯定的な結果が得られないことを意味するため，落胆や失望感情を経験しやすいとした。

1．ア
2．ウ
3．ア，イ
4．イ，エ
5．ウ，エ

(2) 社会的比較

他者との比較に関する記述として最も妥当なのはどれか。(法専　H24)

1. 社会的比較過程の理論では，人間には自己評価への欲求があり，自分と能力や意見が類似した他者との比較を行うが，能力や成績に自信のある者は，自分より劣る他者と比較する傾向が強いとされている。
2. 自己評価維持モデルでは，他者との比較過程で，自己関与度の高い課題における心理的に近い他者の優れた遂行は自己評価を上昇させるとされており，これは一般に栄光浴（basking in reflected glory）と呼ばれている。
3. 社会的比較過程の理論では，自分より不運な他者と自己を比較することで主観的な安定感を得ようとする傾向を下方比較（downward comparison）と呼び，時には他者への非難や中傷，社会的弱者への攻撃行動が生じるとしている。
4. 自己評価維持モデルによれば，人は，誰にも負けたくない科目で自分より優れ，負けても気にならない科目で自分よりも劣る者を「一緒にいたい人」として選択する傾向があるものと考えられる。
5. 社会的比較過程の理論によれば，テストの成績が良くなかった者は，他の者の成績が悪いと告げられた時よりも，他の者の成績が良いと告げられた時の方が，他の者の成績を知りたがると考えられる。

(3) 自己評価維持モデル

テッサー（Tesser, A.）の自己評価維持モデルに関する記述として最も妥当なのはどれか。(国総　H25)

1. 自己評価維持モデルは，人が自己評価を高く維持しようとするメカニズムをモデル化したものであり，①自己評価が他者への共感性によって影響を受ける，②人は自己評価を維持し，増大するように行動する，という二つの前提を基にして作られている。
2. 自己評価維持モデルにおける自己評価とは，個人が自分自身に対して抱いている，あるいは，他者が自分に対して抱いているとその個人が認知している相対的な良さ（goodness）のことであり，比較的安定的なパーソナリティ特性である自尊心とほぼ等しい概念であるとされる。
3. 自己評価維持モデルにおいては，個人にとって心理的に近い他者の優れた遂行によって，自己評価の上がる場合と自己評価の下がる場合があると想定されている。一般に，前者は比較過程によって生じやすく，後者は反映過程によって生じやすいと考えられている。
4. 自己評価維持モデルによれば，比較過程と反映過程のどちらが生起して，自己評価が増大したり低下したりするかは，対象となっている事柄が自分にどの

第1章
態度・説得
　択一問題
　記述問題

第2章
集団過程・集合現象
　択一問題
　記述問題

第3章
自己過程・集団と自己
　択一問題
　記述問題

第4章
社会的認知
　択一問題
　記述問題

第5章
社会的影響
　択一問題
　記述問題

第6章
組織・リーダーシップ
　択一問題
　記述問題

第7章
攻撃・援助
　択一問題
　記述問題

第8章
対人魅力・対人行動
　択一問題
　記述問題

第9章
犯罪・非行
　択一問題
　記述問題

程度関与しているかによって決まってくる。関与度の低い事柄で，自分の遂行が心理的に近い他者よりも優れ，関与度の高い事柄で，心理的に近い他者の遂行が自分より優れていることが，自己評価の維持につながる。

5. 自己評価維持モデルに基づいた予測として，「関与度が高い事柄において，他者の遂行の方が自分よりも優れていた場合は，その他者と自分との心理的距離を遠ざけるであろう」，「他者の遂行の方が優れており，その他者が自分に近い存在である場合は，当該の事柄に対する関与度を低下させるであろう」などを挙げることができる。

（4）社会的比較と自己の評価

比較による自己の評価に関する記述ア～エのうち，妥当なもののみを全て挙げているのはどれか。（国総　H30）

ア．フェスティンガー（Festinger, L.）は，人は，自分の意見や行動を評価するよう動機づけられており，客観的な妥当性の基準がなければ，自分の周りの人たちと比較するという社会的比較理論を提唱した。この社会的比較が行われる頻度は，自己が確立する青年期に最も少なくなると言われている。

イ．ヒギンズ（Higgins, E. T.）は，自己認識の在り方と様々な感情の関係性を整理し，セルフ・ディスクレパンシー理論としてまとめた。この理論は，現実自己，理想自己，義務自己という三つの自己領域間の不一致から生じる感情を説明したものである。しかし，他者からの視点は，自己に対する視点として設定されていない。

ウ．シャクター（Schachter, S.）は，不安を喚起された実験参加者は，別の実験参加者が自分と同じ不安な状況に置かれている場合，その者に対して強い親和傾向を示すことを明らかにした。この結果，社会的比較は，意見や能力だけでなく，自分の感情状態を評価しようとする場合にも行われることが示唆された。

エ．テッサー（Tesser, A.）が提唱した自己評価維持モデルでは，自己関連性のある課題で，心的距離が遠い他者が優れた成績を獲得した場合，自己評価が脅威にさらされる危険性がないため，顕著な業績を上げた人物や著名人との結びつきを強調することによって自己評価を高めようとする栄光浴が生じるとされている。

    1.　ア
    2.　ウ
    3.　ア，エ
    4.　イ，ウ
    5.　イ，エ

(5) 自尊感情

自尊感情や自己高揚に関する記述として最も妥当なのはどれか。（法専　H29）

1. 心身の健康や社会的適応の良好さ，学業や仕事の成績等と自尊感情との間には正の相関関係があり，攻撃行動や反社会行動等と自尊感情との間には負の相関関係があることが一貫して示されている。こうした知見から，健康な人格の発達や，非行等の問題行動の防止のために，自尊感情を高めることが推奨されている。
2. マーカス（Markus, H. R.）と北山は，文化的自己観を，日本等の東アジア諸国で優勢な相互協調的自己観と，欧米諸国で優勢な相互独立的自己観に区別し，ある文化圏での研究知見は，異なる文化圏では必ずしも妥当性を持たないことを主張した。例えば，文化的自己観が異なる東アジア人と欧米人では，自己高揚傾向の持ち方が異なるという報告がある。
3. 自尊感情は，質問紙検査で測定できる顕在的自尊感情と測定できない潜在的自尊感情に分けられる。ボッソン（Bosson, J. K.）らは，自己愛傾向が強い人は，謙遜な態度という「マスク」では覆い隠せないほど自尊感情が高いというマスク・モデルを提唱し，その中で，自己愛傾向が強い人は，誇大で万能的な自己認識を確証しようとして自己高揚的な行動を取ると考えた。
4. グリーンバーグ（Greenberg, J.）らが提唱した存在脅威管理理論では，人は死の脅威に対する不安を和らげるために，自分の死後も存在する文化の中において価値ある存在として自己を位置づけるのではなく，眼前の人に価値ある存在として認められようとするとされている。グリーンバーグらは，眼前の人にとって価値ある存在であるという感覚が自尊感情であると考えた。
5. レアリー（Leary, M. R.）らは，集団の成員間の感情的結合を測定する手法としてソシオメーターを考案した。例えば，ソシオメーターにより，学級内の仲良しグループやいずれのグループにも属しない孤立児，最も人気のある児童などが明らかになり，各児童の自尊感情の状態を把握することができる。

(6) 自己呈示

次は，自己呈示に関する記述であるが，A ～ E に当てはまるものの組合せとして最も妥当なのはどれか。（国総　H28）

他者から見られる自分を意識しながら，他者から見た自分の姿を自分にとって望ましいものにしようとする行為を，自己呈示と呼ぶ。自己呈示は様々な形態をとるが，テダスキとノーマン（Tedeschi, J. T. & Norman, N.）は，自己呈示行動を二つの次元で分類している。

一つは　A　と　B　の次元であり，もう一つは　C　と　D　の次元である。例えば，　A　自己呈示では，多くの場面において長期的にわたって

第 1 章
態度・説得
　択一問題
　記述問題

第 2 章
集団過程・集合現象
　択一問題
　記述問題

第 3 章
自己過程・集団と自己
　択一問題
　記述問題

第 4 章
社会的認知
　択一問題
　記述問題

第 5 章
社会的影響
　択一問題
　記述問題

第 6 章
組織・リーダーシップ
　択一問題
　記述問題

第 7 章
攻撃・援助
　択一問題
　記述問題

第 8 章
対人魅力・対人行動
　択一問題
　記述問題

第 9 章
犯罪・非行
　択一問題
　記述問題

特定の印象を他者に与えようとするものである。一方　B　自己呈示は，特定の対人場面において一時的に生じるものを指す。

　また，自己呈示行動の一つとして，自分にとって重要な特性が評価の対象になる可能性があり，そこで高い評価が得られるかどうか確信を持てない場合に，遂行を妨害するような条件を自ら作り出したり，不利な条件の存在を他者に主張したりするという　E　がある。これはテダスキらによれば，B　，D　な自己呈示行動に分類される。

	A	B	C	D	E
1.	戦略的	戦術的	主張的	防衛的	セルフハンディキャッピング
2.	戦略的	戦術的	防衛的	主張的	セルフハンディキャッピング
3.	戦略的	戦術的	防衛的	主張的	正当化
4.	戦術的	戦略的	主張的	防衛的	セルフハンディキャッピング
5.	戦術的	戦略的	防衛的	主張的	正当化

(7) 自己呈示・自己開示①
　自己呈示や自己開示に関する記述として最も妥当なのはどれか。（法専　R元）

1. 自己呈示は，他者に対して特定の印象を与えるために，自己に関する情報を調整して伝達する行動であり，人前で自分を飾ったり，誇張したり，時には偽ったりするような振る舞いを指す。自己開示と異なり，自己呈示は，非言語的な伝達によって，他者か自己に対して抱く印象を操作しようという明確な意図を持って行われるものであり，言語的な伝達によるものは含まない。

2. 自己呈示は，防衛的自己呈示と主張的自己呈示に分類することができる。防衛的自己呈示は，他者から否定的な印象を持たれる可能性があるとき，自己のイメージをそれ以上傷つかせないようにしたり，少しでも肯定的な方向へ印象を変えようとしたりするものであり，その代表例に，相手に好意的印象を植え付けるために親切な行為をするなどの「取り入り」がある。

3. 自己呈示には返報性があり，他者から自己呈示を受けた場合，その人も自己呈示を「返す」傾向がある。これは，相手から価値あるものをもらったときはそれと同等のものを返すべきであるという規範が強く働くことが原因の一つと考えられており，より深い自己呈示を互いに行うことによって，二者関係は次第に親密なものになっていく。この傾向は，自己開示には見られない。

4. ジョーンズとピットマン（Jones, E. E. & Pittman, T. S.）が自己呈示を「自己宣伝」と「示範」に分類したように，一般に，自己呈示は他者に社会的に望ましい印象を抱かせるようなものであると考えられており，他者に恐怖を抱かせて従わせたり，何らかの報酬を得たりするために，社会的に望ましくない自

己を意図的・積極的に提示することは，自己呈示とはみなされていない。

5. 自己呈示は，本来は他者に向けられるものであるが，呈示者自身にも影響を与えることがある。その代表的なものに，呈示した方向に自己概念が変化する自己呈示の内在化と呼ばれる現象がある。例えば，他者の前で社交的に振る舞うと，自己概念は社交的な方向へ変容し，その後の行動もその自己概念に沿って社交的になる。

(8) 自己呈示・自己開示②

自己の表出に関する記述として最も妥当なのはどれか。(国総　H30)

1. ジョーンズとピットマン（Jones, E. E. & Pittman, T. S.）は自己呈示を五つに分類した。五つの自己呈示はいずれも他者に対して自己の肯定的イメージを与え，相手に好意や尊敬といった感情を喚起させることを意図している。したがって，自己の否定的イメージを与え，相手に嫌悪感や恐怖といった感情を喚起させることは自己呈示の失敗とみなされる。

2. タイス（Tice, D. M.）の実験によれば，指示により，公的な場面において外向的にふるまった実験参加者は，内向的にふるまった実験参加者よりも，その後自分を外向的な性格だと評価する傾向が強かったが，私的な場面において外向的又は内向的にふるまった場合では，そのような差はみられなかった。これは，公的な場面では，自己呈示の内在化が生じやすいことを示していると考えられる。

3. バーグラスとジョーンズ（Berglas, S. & Jones, E. E.）は，人は自分に成功するだけの能力があるという確信があるとき，セルフ・ハンディキャッピングを行うことを明らかにした。セルフ・ハンディキャッピングは，遂行前にハンディキャッピングがあることを表現することで，自己評価を向上させる自己呈示であるといえる。

4. アルトマン（Altman, I.）は，対人関係の進展と自己開示の返報性のモデルを提唱した。それによれば，関係が進展するほど，表面的な自己開示の返報性が減少し，また，内面的な自己開示の返報性は比例的に増大するとされている。これは，安定的な信頼関係が構築された後も，返報性の重要性が上昇し続けることを示していると考えられる。

5. ペネベーカーとビール（Pennebaker, J. W. & Beall, S. K.）は，心的外傷体験の事実と感情の自己開示によって，その後の病気やケガによる来院回数が減少することを明らかにした。彼らの研究では，この効果は，口頭で開示した場合には生じるが，文章で開示した場合には生じないことが確認されている。

第1章
態度・説得

択一問題
記述問題

第2章
集団過程・集合現象

択一問題
記述問題

第3章
自己過程・集団と自己

択一問題
記述問題

第4章
社会的認知

択一問題
記述問題

第5章
社会的影響

択一問題
記述問題

第6章
組織・リーダーシップ

択一問題
記述問題

第7章
攻撃・援助

択一問題
記述問題

第8章
対人魅力・対人行動

択一問題
記述問題

第9章
犯罪・非行

択一問題
記述問題

(9) 自己に関する諸概念

自己に関する記述 A 〜 D のうち，妥当なもののみを全て挙げているのはどれか。
（国総　H26）

A. バンデューラ（Bandura, A.）は，自己効力感は，「遂行行動の達成（自分の行動の結果）」，「代理的経験（他者の行動の観察）」，「言語的説得（他者からの説得）」，「情動喚起（行為遂行時の自分の生理的喚起）」の四つの情報源によって基礎付けられていると主張した。そして，この自己効力感によって，行動の選択・持続性・努力量などが影響を受けるとしている。

B. テデッシーとノーマン（Tedeschi, J. T. & Norman, N.）は，自己呈示のためにとる行動を 4 種類に分類した。例えば，人が失敗し，罰せられる際，できる限り罰が重くならないように努めようと考え，弁解又は謝罪等の対処法をとることがある。これは，主張的自己呈示の例である。

C. デュバルとウィックランド（Duval, S. & Wicklund, R. A.）は，人の注意が客体としての自己に向けられる時間的割合が高まると，人は自己のあるべき姿と現実の姿を比較すると考えた。そして，この二つが一致していないと人は不快に感じ，現実自己をあるべき姿に一致させようと努めるか，又は自己に向けた注意を環境の方にそらすようになるとしている。

D. フェスティンガー（Festinger, L.）は，人は，自分の行動やそれが起こった状況を観察することによって，自分自身の態度や内的状態を知るようになるという理論を提唱した。この理論によれば，自分の行動を強制や誘因が弱い状況で生じたとみなすと，行動内容とは反対の態度や内的状態が推論される。

1. A
2. B
3. A, C
4. B, D
5. C, D

(10) セルフ・モニタリング

スナイダー（Snyder, M.）のセルフ・モニタリング（self-monitoring）に関する記述として最も妥当なのはどれか。（国総　H24）

1. セルフ・モニタリングとは，社会的状況における自分自身の行動や情動表出を注意深く観察して，自分の言動をよくモニターし，その自分の行動の原因を自分の努力や能力といった内的要因ではなく，運や周囲にいる他者といった外的要因に帰属することをいう。これは基本的な帰属の誤り（fundamental attribution

error）にも関連する事象であり，社会的状況における他者の存在の重要性を表している。

2. スナイダーとデボノ（Snyder, M., & DeBono, K. G., 1985）は，セルフ・モニタリングと広告効果との関連性を見出した。高セルフ・モニタリング傾向の個人は，自分の振る舞いに対する他者の目を気にするため，製品の品質や機能を強調する「品質強調広告」が効果的である。他方，低セルフ・モニタリング傾向の個人は，自分の態度や欲求に従って自分の利益を得ようとするため，彼らには，製品から連想されるイメージを強調する「イメージ広告」が効果的である。

3. 例えば，パーティに行く服を決める場合，高セルフ・モニタリング傾向の個人は，自分の好みをよくモニターした上で，どのような種類のパーティであるかはあまり気にせずに，服を選んで着ていく傾向がある。それに対して，低セルフ・モニタリング傾向の個人は，どのような種類のパーティであるかを友達に尋ねたり，友達がどのような服を着ていく予定であるのかを聞いたりして，そのパーティにあった服を選ぶ傾向がある。

4. 高セルフ・モニタリング傾向の個人は，「社会的カメレオン（social chameleons）」とも表現できる個人である。彼らは，低セルフ・モニタリング傾向の個人に比べて，社会的状況に対して敏感であり，自分の認知した社会的状況に適切な行動は何かを判断して，それに適合した行動をとろうとする。また，彼らは，自分の周囲にいる他者に関する情報を収集したり，社会的状況で生じた出来事をよく観察し，記憶したりする傾向がある。

5. 態度と行動の関連性についてセルフ・モニタリングの観点から説明することが可能である。態度と行動とが必ずしも一致しないことが指摘されているが，その一つの要因がセルフ・モニタリングである。高セルフ・モニタリング傾向の個人は，自分の置かれている社会的状況に敏感に反応するため，低セルフ・モニタリング傾向の個人に比べて，態度と行動との関連性が強いと考えられる。

(11) 自己制御

次は，バウマイスター（Baumeister, R. F.）らによって行われた，将来の予測が自己制御にどのような影響をもたらすかを検討した実験であるが，この実験結果を表すグラフ及びその解釈として最も妥当なのはどれか。（法専　H27）

＜実験手続き＞

(1) 参加者にEPQ（外向性−内向性を測定するパーソナリティテスト）への回答を求め，その直後，検査結果について正確なフィードバックを与えた。

(2) すべての参加者を以下の3条件のいずれかに無作為に振り分け，それぞれの条件ごとに，EPQの結果からは次のようなことが予測されるとして，①，②，③の各情報を与えた。

第1章
態度・説得
択一問題
記述問題

第2章
集団過程・集合現象
択一問題
記述問題

第3章
自己過程・集団と自己
択一問題
記述問題

第4章
社会的認知
択一問題
記述問題

第5章
社会的影響
択一問題
記述問題

第6章
組織・リーダーシップ
択一問題
記述問題

第7章
攻撃・援助
択一問題
記述問題

第8章
対人魅力・対人行動
択一問題
記述問題

第9章
犯罪・非行
択一問題
記述問題

①将来の孤立条件：人生を通じて良好で安定した対人関係を維持することが難しく，結婚生活にも失敗しがちで，友人関係も長続きしにくく，晩年は一人で過ごすことになる可能性が高いでしょう。

②将来の所属条件：人生を通じて実りある対人関係に恵まれ，安定的な結婚生活を送り，長く続く友人関係を得ることもできる可能性が高いでしょう。

③将来の不運条件：将来事故に遭いやすく，腕や脚を骨折したり交通事故でけがをしたりする可能性が高いでしょう。

※①及び③の参加者は，②の参加者と比べ，(2) のフィードバックを受けて否定的な気分になったと報告した。①の参加者と②の参加者の間には，気分の程度に差はなかった。

(3) 各参加者の前に，砂糖と酢と水が混ぜ合わされた飲み物を入れた紙コップが 20 個置かれ，次のように教示された。

「この飲み物は殆どの人にとっておいしいものではありません。しかし，害があるものではありません。これは体に良い飲み物です。1 カップ飲むごとに 50 セントを差し上げます。どれくらい飲むかはあなた次第です。」

※飲み物の味について，「1：まずくない」から「10：非常にまずい」までの 10 件法で回答を求めたところ，平均は 6.86 であり，67％以上の参加者が 7 以上と評定した。

1.
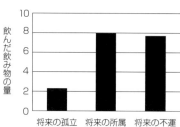

　外向性の程度にかかわらず，将来の孤立を予測された人は自己制御が弱まり，飲み物を飲む量が少なかった。これは，単に否定的な予測を受けたことによる不快な気分によるものではないと考えられる。

2.
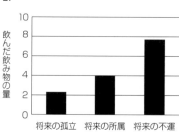

　外向性の程度にかかわらず，将来の孤立を予測された人は自己制御が弱まり，飲み物を飲む量が少なかった。ただし，将来の不快な結果を自分の努力次第で統制できるという予測があると，自己制御の弱化が緩和されると考えられる。

3.

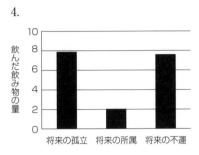

外向性の程度にかかわらず，将来の孤立を予測された人は自己制御が弱まり，飲み物を飲む量が少なかった。これは，単に否定的な予測を受けて不快な気分になったことによるものではないと考えられる。

4.

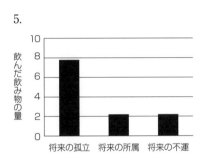

外向性の程度にかかわらず，将来の孤立を予測された人は自己制御が強まり，飲み物を飲む量が多かった。これは，単に否定的な予測を受けて不快な気分になったことによるものではないと考えられる。

5.

外向性の程度にかかわらず，将来の孤立を予測された人は自己制御が強まり，飲み物を飲む量が多かった。これは，否定的な予測を受けたことによる不快な気分を発散しようとした結果であると考えられる。

（12）社会的アイデンティティ理論

　次は，日本人のA氏が海外を訪問した際に生じた認知に関する記述である。このうち，タジフェルとターナー（Tajfel, H. & Turner, J. C.）によって提唱された「社会的アイデンティティ理論」によって説明できるものとして最も妥当なのはどれか。（国Ⅰ　H23）

1. A氏はかねてよりV国のことを良く思っていなかったが，出張で仕方なくV国を訪れることになった。しかし，V国の人と接するうち，V国にも良いところがたくさんあることに気づき，自分はV国について誤解していたのだと反省した。
2. A氏はW国の有名なレストランで食事をしたが，自分の味覚には合わないと感じ，日本の料理がおいしいのは，日本人の味覚がW国の人々と比べても特に優れているためであると考えた。

3. A氏はX国で大学生と会話をする機会を持ったが，その見識の高さに驚き，自分が大学生だったころを思い出して恥ずかしく思った。同時に，改めて日本の教育システムには問題があると考えた。

4. A氏はY国出身の知人の性格から，日本人とY国人は互いに理解しあえないものと考えていたが，Y国を訪れ様々な人と接するうち，同じ人間であり，国籍による区別に意味はないと考えるようになった。

5. A氏は旅行で訪れたZ国の美術品を鑑賞してその素晴らしさに目を奪われ，Z国の美術に強く興味を持つとともに，日本の美術にZ国の技法を取り入れたいと思った。

実践問題

【記述】

(1) 自己呈示

自己呈示について，具体例を挙げながら200字以内で簡潔に説明せよ。（家裁 H23）

(2) 自己開示

自己開示（self-disclosure）について，その機能に触れながら，400字以内で簡潔に説明せよ。（家裁　H29）

(3) セルフ・モニタリング①

スナイダー（Snyder, M.）が提唱した自己モニタリング（self-monitoring）について説明し，さらに，自己モニタリングの高いタイプと低いタイプの違いについても述べなさい。（警視庁　H28）

(4) セルフ・モニタリング②

われわれは自分の置かれた社会的状況の影響を受けているが，その影響の強さやあり方は，われわれがその社会的状況にどの程度注意を払うかによって異なったものになる。このことに関連してスナイダー（M. Snyder）は，セルフ・モニタリング（self-monitoring）という概念を提唱した。このセルフ・モニタリングについて次の1. から3. の小問に答えよ（問いの順に解答すること）。（家裁 H22）

1. セルフ・モニタリングとはどのように定義され，どのように測定されているか，説明せよ。
2. 態度が必ずしも行動に結びつかないことが指摘されているが，それを説明する一つの要因としてセルフ・モニタリングが挙げられている。態度と行動の関連性について簡潔に説明した後，セルフ・モニタリングがその関連性とどのように関わっていると考えられるか，説明せよ。
3. セルフ・モニタリングと日常生活における人びとの行動との関連について，研究例を示しながら説明せよ。

第1章
態度・説得
　択一問題
　記述問題

第2章
集団過程・集合現象
　択一問題
　記述問題

第3章
自己過程・集団と自己
　択一問題
　記述問題

第4章
社会的認知
　択一問題
　記述問題

第5章
社会的影響
　択一問題
　記述問題

第6章
組織・リーダーシップ
　択一問題
　記述問題

第7章
攻撃・援助
　択一問題
　記述問題

第8章
対人魅力・対人行動
　択一問題
　記述問題

第9章
犯罪・非行
　択一問題
　記述問題

（5）自己カテゴリー化理論

　自己カテゴリー化理論（Self-categorization theory）について，次の1. から3. の小問に答えよ（問いの順に解答すること）。（家裁　H27）

1. 自己カテゴリー化理論に基づき，アイデンティティが形成されて，それが維持・強化される一連の過程を簡潔に説明せよ。
2. 1. で記載した内容を踏まえながら，集団による反社会的行動が生じる原因を説明せよ。
3. 集団による反社会的行動を抑制するために介入する場合，何に留意すべきか。2. で記載した内容を踏まえて論ぜよ。

（6）自尊感情の文化差

　「我が国の若者の自尊心が低い」という言説やデータがあり，それらをもとに，どのようにすれば若者の自尊心が上がるのか，という議論が諸処で見られる。しかし，それらのデータだけから，本当に「若者の自尊心が低いことは望ましくない」，あるいは「我が国の若者の自尊心が低い」と結論づけてよいだろうか。これに関して，心理学的観点から以下の問いに答えなさい。

　なお，データの例として，ここでは表1，表2，図1を示す。必要に応じて，各図表を引用してもよい。（国総　H27）

1. 「若者の自尊心が低いことは望ましくない」という言説に対し，認知的側面や社会情緒的側面などの観点から，心理学的な根拠に基づき反論を行うとすれば，どのような論点が可能か述べなさい。
2. 1. で述べた論点を実証的に裏付けるための研究計画を考案し，説明しなさい。その際，検証する仮説，具体的な実証研究の方法，分析方法，どのような結果が得られれば仮説が支持されたといえるか，分析結果の別解釈はないかについて触れること。
3. 「我が国の若者の自尊心が低い」という言説に対し，「実は我が国の若者の自尊心は，測り方や測る側面を変えると低いとはいえない」などの観点から，心理学的な根拠に基づき反論を行うとすれば，どのような論点が可能か述べなさい。
4. 3. で述べた論点について，尺度を作って実証するならば，どのような尺度を作ればよいか，具体的な質問項目例を挙げながら説明しなさい。その際，信頼性，妥当性のチェック方法についても言及すること。

第1章
態度・説得

択一問題
記述問題

第2章
集団過程・集合現象

択一問題
記述問題

第3章
自己過程・集団と自己

択一問題
記述問題

第4章
社会的認知

択一問題
記述問題

第5章
社会的影響

択一問題
記述問題

第6章
組織・リーダーシップ

択一問題
記述問題

第7章
攻撃・援助

択一問題
記述問題

第8章
対人魅力・対人行動

択一問題
記述問題

第9章
犯罪・非行

択一問題
記述問題

表1　自分の誇れるもの（各国比較）（%）

順位 国名	1位	2位	3位	4位	5位	平均該当数 （個）
日本	44.8	34.5	29.5	26.9	22.0	2.00
	明るさ	やさしさ	まじめ	忍耐力・努力家	体力・運動能力	
アジア A国	50.9	45.5	44.3	29.5	23.8	2.62
	明るさ	やさしさ	まじめ	忍耐力・努力家	体力・運動能力	
欧米 B国	79.6	70.0	65.6	61.1	53.5	5.73
	やさしさ	賢さ・頭の良さ	明るさ	決断力・意志力	忍耐力・努力家	
欧米 C国	81.4	58.7	56.9	47.2	45.1	4.29
	やさしさ	明るさ	正義感	まじめ	忍耐力・努力家	
欧米 D国	71.3	63.2	52.4	47.6	34.3	4.20
	やさしさ	正義感	明るさ	忍耐力・努力家	決断・意志力	

（内閣府　第7回世界青年意識調査）

※表1は，「自分の誇れるもの」として，選択肢の中から，自分に該当すると思うものについて複数回答を求めた結果，各国の若者（18～24歳）が，自分に当てはまると回答した項目及びその回答者の割合（%）と，自分に当てはまると回答した選択肢数（平均該当数）とを示している。

表2　高校生が「全くそうだ」と回答した国別割合（%）

質問 国名	私は価値のある 人間だと思う	自分を肯定的に 評価するほう	私は自分に満足 している	自分が優秀だと 思う
日本	7.5	6.2	3.9	4.3
アジアE国	20.2	18.9	14.9	10.3
アジアF国	42.2	38.0	21.9	25.7
欧米G国	57.2	41.2	41.6	58.3

（財団法人日本青少年研究所　高校生の心と体の健康に関する調査2011年）

※表2は，自尊心尺度の10項目のうち代表的なものについて，各国の高校生に尋ねた結果である。

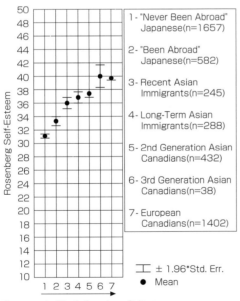

1 - "Never Been Abroad"
　Japanese(n=1657)

2 - "Been Abroad"
　Japanese(n=582)

3 - Recent Asian
　Immigrants(n=245)

4 - Long-Term Asian
　Immigrants(n=288)

5 - 2nd Generation Asian
　Canadians(n=432)

6 - 3rd Generation Asian
　Canadians(n=38)

7 - European
　Canadians(n=1402)

⊥ ± 1.96*Std. Err.
● Mean

Exposure to North American Culture

図1　Self-Esteem and Exposure to North American
　Culture（Heine, S. J. et al., 1999）

※図1は，回答者（成人を含む）を北米文化の馴染み深さの程度によって7群に分類し，自尊心尺度の10項目の合計点を順次並べると，強い相関関係がみられることを示したものである。
※表2及び図1は，ローゼンバーグの自尊心尺度（10項目5件法）を用いている。

（7）心理学と文化

　心理学と文化をめぐる諸問題について，以下の　　　　　の中から四つ以上の用語を用い，具体的に論じなさい。なお，解答に当たっては，使用した用語に下線を引くこと。（法専　H28 ／矯正心理）

> 　ヴント，サピア・ウォーフ仮説，基本色彩語彙，相互独立的自己，
> 相互依存的自己，ペアレンティング，コミュニケーション，心理
> 検査の標準化，刺激の等価性，概念の等価性

第 **4** 章

社会的認知

例題とポイント解説

【例題】 社会的認知の理論

社会的認知に関する記述として最も妥当なのはどれか。(国総　H24)

1. ケリー (Kelley, H. H., 1967) は，行動の原因が，行為の対象・行為の主体・状況のうちどれに帰属されるかは，共変原理 (covariation principle) を適用して決定されるとし，原因を特定する基準として，合意性 (consensus)，弁別性 (distinctiveness)，一貫性 (consistency) を挙げた。合意性，弁別性が高く，一貫性が低い場合は，行為者内部の属性に原因があると判断され，合意性が低く，弁別性と一貫性が高い場合は，観察された反応の原因は刺激の側になると判断される傾向があるとした。

2. 自分の態度や行動を典型的なものと考え，同じ状況において他者も自分と同じ選択や行動をとるだろうと推測する傾向を合意性過大視バイアス (false consensus bias) という。例えば，「友人は試験勉強を頑張っているか」を判断する際に，自分が一日何時間勉強しているかを基準とし，自分が3時間やっていれば，4時間勉強している友人は「頑張っている」と判断する場合がこれに該当する。なお，これは，ある次元で対象を判断するとき，何らかの初期値を設定し，それを係留点として判断を行おうとする係留と調整のヒューリスティックでも説明できる。

3. ジョーンズとデーヴィス (Jones, E. E. & Davis, K. E., 1965) は，行動の原因が，行為者の性格や態度といった内的属性に帰属されるかどうかは，行動と内的属性の対応性によって決定されるとする対応推論理論 (correspondent inference theory) を提唱した。対応性の高低を規定する要因としては，外的圧力の有無，非共通効果の数，社会的望ましさを挙げている。他者の行為が役割期待に基づく場合やその行為を行うことによって得られる特別な効果が少ない場合，あるいは，その行為が社会的規範にあった望ましいものである場合は，対応性が低くなり，行為者の内的属性に帰属されにくいとした。

4. ハイダー (Heider, F., 1958) は，「ある人と他者」などの二者関係，「ある人と他者と事物」といった三者関係を人が認知する際，その中に含まれる要素の間の不均衡を避け，均衡に向かおうとする傾向があるとするバランス理論 (balance theory) を提唱した。例えば，新しく自転車を購入した人が，自分が購入した自転車の広告はよく見るが，購入を検討しても購入はしなかった自転車の広告は見なくなる場合や，自分が好意を抱くようになった他者も自分と同

じようにサッカー観戦が好きに違いないと認知する場合などがこれに当たる。

5. ハミルトンとギフォード（Hamilton, D. L., & Gifford, R., 1976）は，小さい集団は大きい集団に比べ集団内の少数事例が集団全体の評価に及ぼす影響が強くなることを明らかにし，これは事象の目立ちやすさが誤った関連づけ（illusory correlation）を引き起こすためであると考えた。このことは，小さい集団の成員が生起頻度の低い反社会的行動をとった場合，その集団と反社会的な行動が強く関連していると認知され，小さい集団に対する否定的なステレオタイプの形成に結びつく可能性を示唆している。

POINT! **ポイント解説**

　本章では，対人認知，社会的推論の理論・モデルやバイアスを取り上げる。いずれも特に択一問題において頻出であり，細かい知識が求められることが多い。中でも，錯誤相関（誤った関連づけ），基本的帰属のエラー（基本的帰属の錯誤，基本的な帰属のエラー）が頻出である。ステレオタイプ的認知を二過程で説明する「ステレオタイプ抑制のリバウンド効果」や「分離モデル」も近年よく出題されるようになった。また，社会的認知に関するエラーやバイアスについては，その現象がなぜ生じるかの理由まで問われることがある。巻末の「学習のための参考図書」を利用して，知識を確実にしておくこと。

 覚えておきたい基礎知識

　特に理解しておきたい頻出の概念について，池上・遠藤（2008），上瀬（2002），山本ら（2001）に基づいて，以下，要点を解説する。

■錯誤相関（illusory correlation）

　2つの目立ちやすい事象があると，そこに実際以上の関連性を認知すること。「誤った関連づけ」とも訳される。「目立ちやすい」とは，全体の中で少数のものを指す。たとえば「少数派（マイノリティ）」は文字通り，全体から見ると少数であり，少数のものは目立ちやすい。「犯罪」も日常の行為全体の中では少数であるため目立ちやすい。そのように，目立ちやすいものが同時に起こると，人はそこに関連性があると錯覚する。「精神障害を持つ人は凶悪な犯罪に走る」や「イスラム系の人はテロを起こす」といった誤信念は，錯誤相関によって説明される。

　なお，HamiltonとGifford（1976）の錯誤相関に関する実験は繰り返し出題されている。実践問題 択一（9），（10）では，実験そのものがモチーフとなっている。社会心理学のテキストの多くで紹介されているので，確認しておくこと。

第1章
態度・説得

択一問題
記述問題

第2章
集団過程・集合現象

択一問題
記述問題

第3章
自己過程・集団と自己

択一問題
記述問題

第4章
社会的認知

択一問題
記述問題

第5章
社会的影響

択一問題
記述問題

第6章
組織・リーダーシップ

択一問題
記述問題

第7章
攻撃・援助

択一問題
記述問題

第8章
対人魅力・対人行動

択一問題
記述問題

第9章
犯罪・非行

択一問題
記述問題

■基本的帰属のエラー（fundamental attribution error）

　ある人の行動の原因を推測する際に，環境や状況などの外的要因を軽視して，その行為者本人の性格や態度，能力などの内的要因を過大視する傾向を指す。基本的帰属のエラーが生じる理由として，①外的要因は知覚されにくいため，行動とその行為者から原因が推測されやすい，②性格や能力，態度など他者の内的な特性を知ることは，その他者の行動の予測を可能にするため，対処を円滑にできるといったことが挙げられる。「基本的帰属の錯誤」とも訳される。

■対応推論理論（correspondent inference theory）

　ある人の行動の原因が，性格や態度等の内的属性に帰属されるかどうかは，対応性が決め手と考える。対応性（correspondence）とは，観察された行為が行為者の属性を反映する程度を示す概念である。

　対応性を規定する要因は次の3つ。

▶ **外的圧力の有無**：強制や役割期待があると対応度は低くなり，ないと高くなる（例：カフェの店員がいつも笑顔で応対しても明るい性格に帰属されない）。

▶ **非共通効果の数**：その行動によって複数の効果が期待できると対応度は低くなり，効果が少ないと高くなる（例：誰もやりたがらない仕事を引き受けることで，報酬が上乗せされて上司にも気に入られる場合は，利他性には帰属されない）。

▶ **社会的望ましさ**：その行動が社会的に望ましい，規範に沿ったものなら対応度は低くなり，そうでないと対応度が高くなる（例：高齢者に電車で座席を譲っても思いやりがある性格に帰属されない）。

■合意性過大視バイアス（false consensus bias）

　自分の行動や判断を，比較的一般的であり適切なものであるとみなす傾向のこと。フォールス・コンセンサス効果ともいう。朝食においてご飯派の人は，パン派の人よりも朝食にご飯を食べる人を多く見積もり，パン派の人は朝食にパンを食べる人を多く見積もるといった現象である。この傾向が生じる理由は様々に分析されているが，たとえば①選択的接触と利用可能性（人は通常自分に類似した人と接触することが多いため，自分と同じ行動や判断をする事例の利用可能性が高くなる。ゆえに過大視が起こる），②動機的要因（人は自尊感情の維持のために自分の行動や判断が妥当でよいものであると思いたがる。ゆえに自分と同じ行動や判断をする人数を過大視する），などが挙げられる。

■自己中心性バイアス（egocentric bias）

　他者の思考や判断を推測する際，自分の思考や判断を基準にして考える傾向である。この傾向は係留と調整のヒューリスティックで説明される。つまり，他者の内的状態を推測するにあたって，自分の内的状態を係留点とするため，他者と自分は違うことを踏まえて差し引いてもその調整が不十分であるために起こるとする。

自分が実際以上に周囲に注目されていると感じるスポットライト効果や，自分の内的経験が実際以上に他者に見抜かれていると感じる透明性錯誤も，自己中心性バイアスがかかわっている。

■抑制のリバウンド効果（rebound effect）

ある思考を抑制しようと努力することによって，かえってその思考が促進されること。Macrae, C. N. ら（1994）のステレオタイプ抑制のリバウンド効果の実験では，第一課題でステレオタイプの抑制を教示された群は，次に行う抑制の教示のない第二課題において，統制群と比較して有意にステレオタイプ的な記述をした。

このリバウンド効果は，Wegner の皮肉過程理論で説明される。抑制のリバウンドには，統制的処理過程と自動的処理過程の双方がかかわっている。「○○について考えるな」という課題において，人は○○について考えないように，つまり，○○（＝望ましくない思考）とは関係のないことを考えようとする。これが統制的処理過程である。しかしこの一方で，「望ましくない思考をちゃんと抑制しているか」をモニターする過程がはたらく。これが自動的処理過程である。この自動的処理過程においては常に「望ましくない思考」へのアクセサビリティを高めている。統制的処理過程は認知資源を必要とするが，自動的処理過程は必要としない。ゆえに，抑制が解除されると，それまで抑えていた望ましくない思考のリバウンドが起こることになる。

■分離モデル（dissociation model）

Devine, P. G. の分離モデルは，ステレオタイプ化を自動的処理過程と統制処理過程の二過程で説明するモデルである。第一に，ステレオタイプ的知識の「活性化」である。つまり，人種や性別など社会的カテゴリーの情報を提示されると，幼少期に獲得されたステレオタイプ的知識が無意図的に活性化する。これは自動的処理過程による。第二に，活性化されたステレオタイプ的知識の「適用」である。これは統制的な処理過程によるもので，成長の過程で獲得した非偏見的または平等主義的な個人的信念があれば，第一段階で「活性化」したステレオタイプ的知識の「適用」を回避することが可能である。自動的処理過程は必要としないが，統制的処理過程は認知資源を必要とする。ゆえに，統制的処理過程で認知資源が不足すれば，活性化したステレオタイプの「適用」が起こる。

このモデルでいう「分離」とは，幼少期に周囲の環境から獲得する「ステレオタイプ的知識（＝文化的ステレオタイプ）」と，その後の成長の過程で自ら獲得する「（非偏見的な）個人的信念」とが分離したものであるという意味である。

【例題】の正答：　5
頻出度：★★★　　難易度：★★★
解　説：社会的認知に関する理論について細かい知識が必要。難しい。

第1章
態度・説得
択一問題
記述問題

第2章
集団過程・集合現象
択一問題
記述問題

第3章
自己過程・集団と自己
択一問題
記述問題

第4章
社会的認知
択一問題
記述問題

第5章
社会的影響
択一問題
記述問題

第6章
組織・リーダーシップ
択一問題
記述問題

第7章
攻撃・援助
択一問題
記述問題

第8章
対人魅力・対人行動
択一問題
記述問題

第9章
犯罪・非行
択一問題
記述問題

1. ×　1文目は妥当。Kelley の共変モデル（ANOVA モデル）についての説明。共変モデルでは，「行為の対象」は「実体」，「行為の主体」は「人」，「状況」は「時・様態」とも訳される。2文目，原因が行為者の内部に帰属されるのは，一貫性のみが高い場合である。また原因が刺激（＝行為の対象ないし実体）の側に帰属されるのは，3つの基準すべてが高い場合である。

2. ×　1文目は妥当。合意性過大視バイアスについては，「覚えておきたい基礎知識」p.74 を参照のこと。2文目，合意性過大視バイアスの例として妥当ではない。単に勉強時間を比較しているのであれば社会的比較か。3文目，「係留と調整のヒューリスティック」によっても説明できる現象があるのは，「自己中心性バイアス」である。自己中心性バイアスについては「覚えておきたい基礎知識」p.74 を参照のこと。

3. ×　1文目，2文目，対応推論理論の定義と対応性の規定要因は妥当。3文目，対応性が低くなるのは，「その行為を行うことによって得られる特別な効果が<u>多い場合</u>」である。対応性が低いと，行為者の内的属性に帰属されにくい。

4. ×　全体に Heider のバランス理論に Festinger の認知的不協和理論が混ざり込んでいる。1文目，バランス理論では二者関係は扱わない。2文目の自転車を購入した人の行動の例は，認知的不協和理論で説明される，選択後の不協和を低減するために，選択した方の魅力を高めようとする行為である。サッカー観戦の例はバランス理論で説明される。

5. ○　「誤った関連づけ」（錯誤相関）については，「覚えておきたい基礎知識」p.73 を参照のこと。

文　献

Hamilton, D. L., & Gifford, R. K.　1976　Illusory correlation in interpersonal perception: A cognitive basis of stereotypic judgements. *Journal of Experimental Social Psychology*, **12**, 392-407.

池上知子・遠藤由美　2008　グラフィック社会心理学第2版　サイエンス社

上瀬由美子　2002　ステレオタイプの社会心理学—偏見の解消に向けて　サイエンス社

Macrae, C. N., Bodenhausen, G. V., Milne, A. B., & Jetten, J.　1994　Out of mind but back in sight: Stereotypes on the rebound. *Journal of Personality and Social Psychology*, **67**, 808-817.

山本眞理子・原奈津子　2006　他者を知る—対人認知の心理学　サイエンス社

山本眞理子・外山みどり・池上知子・遠藤由美・北村英哉・宮本聡介（編）　2001　社会的認知ハンドブック　北大路書房

実践問題
【択一】

第1章
態度・説得

択一問題
記述問題

第2章
集団過程・集合現象

択一問題
記述問題

第3章
自己過程・集団と自己

択一問題
記述問題

第4章
社会的認知

択一問題
記述問題

第5章
社会的影響

択一問題
記述問題

第6章
組織・リーダーシップ

択一問題
記述問題

第7章
攻撃・援助

択一問題
記述問題

第8章
対人魅力・対人行動

択一問題
記述問題

第9章
犯罪・非行

択一問題
記述問題

(1) 印象形成①

Asch, S. E. (1946) の印象形成の研究に関する記述 A ～ D のうち，妥当なもののみを挙げているのはどれか。(国Ⅰ H21)

A. 人が，ある人物に対して全体的評価を行って印象を形成する場合，その全体的評価は，ある人物がもつ個々の属性の評価値の代数的結合によって予測できるとする，認知代数モデルを提唱した。

B. 人は，ある人物における個々の情報を，モザイクのように組み合わせて印象を形成するのではなく，それらを統合する全体がまず成立し，個々の特性は全体によって規定されるとした。

C. 印象形成に関して，例えば「内向的な人は神経質である」といったように，世間の人が人物の特性について，秩序だったものではないが，日常経験を通じて漠然ともっている自分なりの理論が影響を及ぼすとした。

D. 印象形成に関して，ある人物がもっているいくつかの特性は，どれも同程度に影響を及ぼすのではなく，そのうち印象を大きく左右するような特性と，比較的影響力の低い特性が存在するとした。

1. A，C
2. A，D
3. B，C
4. B，D
5. C，D

(2) 印象形成②

次は，対人認知における印象形成に関する記述であるが，A，B，C に当てはまるものの組み合わせとして最も妥当なのはどれか。(法専 H25)

The primacy effect—in general, the first information we receive has the greater impact on our overall impressions—has been found repeatedly in several kinds of studies of impression formation, including studies using real rather than hypothetical individuals (Jones, 1990).

For example, people who watched a male student attempt to solve a series of difficult multiple choice problems were asked to assess his general ability (Jones, Rock, Shaver, Goethals, & Ward, 1968). Although the student always solved exactly 15 of the 30 problems correctly, he was judged more capable if the successes came mostly at the beginning of the series than if they came near the end. Moreover, when asked to recall how many problems the student had solved, participants who had seen the 15 successes bunched at the beginning estimated an average of   A   , but participants who had seen the successes at the end estimated an average of   B   .

Although several factors contribute to the primacy effect, it appears to be primarily a consequence of schematic processing or   C   thinking. When we are first attempting to form our impressions of a person, we actively search in memory for the schemas or stereotypes that best match the incoming data. At some point we make a preliminary decision: This person is extraverted, or this person is smart (or some such judgement). We then assimilate any further information to that judgement and dismiss discrepant information as no representative of the person we have come to know.

	A	B	C
1.	21	13	top-down
2.	21	13	bottom-up
3.	13	21	top-down
4.	13	21	bottom-up
5.	15	15	top-down

(3) 社会的認知の諸現象

社会的認知に関する記述として最も妥当なのはどれか。(法専　H28)

1. ピグマリオン効果とは，教師が児童・生徒の学業成績の達成についてある期待を抱き，その期待が実現するように行動することによって，実際に児童・生徒の学業成績に向上がみられる現象をいい，ローゼンソール（Rosenthal, R.）らの学校での実験研究を基に提唱された。

2. ゴーレム効果とは，他者の望ましくない側面がより強調され，望ましい側面は控えめに，過小評価されやすくなる認知の歪みのことである。これにより，他者に対する評価は総じて実際よりも否定的なものになるとされている。

3. ハロー効果とは，ある人物に対する周囲の評価が高い場合に，その人物がある側面で望ましくない特徴を持っていても，それ以外の特徴については過大な評価をして，全体的に望ましい評価をすることをいい，フェスティンガー（Festinger, L.）らによって提唱された。

4. バーナム効果とは，個人の行動が，集団の一員として認められたい，仲間と

うまくやっていきたいなどといった社会的欲求に規定されたり，公式集団より
も自身によって作られた非公式集団の規範に強く影響されたりすることをいう。
5. ゲイン－ロス効果とは，他者と相互作用を伴わない単なる接触を繰り返すこ
とにより，否定的な評価から肯定的な評価に変化して魅力を感じる反面，接触
が減少すると，肯定的な評価から否定的な評価に変化して魅力を感じなくなり
やすい現象をいう。

(4) 社会的認知の理論

対人認知に関する記述として最も妥当なのはどれか。(国総　H30)

1. ヒギンズ (Higgins, E. T.) らは，実験参加者に単語を暗唱する事前課題を行
わせた後，ポジティブな方向にもネガティブな方向にも解釈できる人物の紹介
文を提示し，その人物の印象を回答させた。事前課題で提示された単語が紹介
文の人物に関連するものであると教示された実験参加者は，事前課題で提示さ
れた単語が意味する方向の印象を形成したが，教示されなかった実験参加者は
事前課題の影響を受けなかった。

2. フィスクとニューバーグ (Fiske, S. T. & Neuberg, S. L.) の連続体モデルに
よれば，判断対象となる人物に遭遇したときは，まずその人物をカテゴリーに
当てはめる。その人物の個別情報とカテゴリー情報が一致しない場合は，別の
カテゴリーが用いられる。このように，カテゴリーの種類を変えながらカテゴ
リーへの当てはめを続けることで，最終的にその人物を判断する。

3. マクリー (Macrae, C. N.) らの実験では，実験参加者に刺激人物の写真を提
示し，その人物の1日を想像して記述させた。その際，ステレオタイプ的な記
述は絶対に避けるようにという制約を与えられた実験参加者の記述は，他の実
験参加者と比較して，ステレオタイプ的な記述が少なかった。続いて，制約を
与えずに別の人物について記述させても，この効果は持続した。

4. ディバイン (Devine, P. G.) の分離モデルでは，文化的ステレオタイプと個
人的な信念を分けている。このモデルによれば，文化的ステレオタイプが自動
的に活性化しても，偏見的でない個人的信念があれば，それに基づいて，その
後の自分の反応を統制することができる。ただし，ステレオタイプが活性化し
たことを自覚できない場合は，統制は困難になる。

5. ギルバート (Gilbert, D. T.) らの3段階モデルでは，観察した他者の行動が
どのようなものであるかを判断する段階，行動に基づいてその人物の特性を推
論する段階，行動が行われた状況を検討して推論を微修正する段階を仮定して
いる。このうち，2段階目の特性を推論する段階は最も認知資源が求められる
段階であり，意識的に行うための努力が必要な段階であると位置づけられる。

第1章
態度・説得

択一問題
記述問題

第2章
集団過程・集合現象

択一問題
記述問題

第3章
自己過程・集団と自己

択一問題
記述問題

第4章
社会的認知

択一問題
記述問題

第5章
社会的影響

択一問題
記述問題

第6章
組織・リーダーシップ

択一問題
記述問題

第7章
攻撃・援助

択一問題
記述問題

第8章
対人魅力・対人行動

択一問題
記述問題

第9章
犯罪・非行

択一問題
記述問題

（5）社会的推論のバイアス①

判断や推論に関する記述として最も妥当なのはどれか。（国総　R元）

1. 従えば必ず問題が解決される手続や規則をアルゴリズムという。アルゴリズムは，多くの場合時間がかかり，必ずしも効率的とはいえない。アルゴリズムの一例に，目標となる最終状態から1ステップずつ前の状態をたどっていくことで問題を解決しようとする「後ろ向きの解決法」がある。

2. ある問題を解決する際に，必ず成功するとは限らないが，上手くいけば解決に要する時間や手間を減少することができるような手続や方法を総称してヒューリスティックスという。ヒューリスティックスの一例に，最初に与えられた値や直観的に判断した値を手掛かりとして利用し，調節を行い最終的な判断を行う利用可能性ヒューリスティックがある。

3. 行動の原因を推測する際に，環境や状況などの外的要因の影響力を軽視して，その行為者本人の性格や態度，能力などの内的な属性要因の重要性を過大視する傾向を基本的帰属の錯誤（fundamental attribution error）又は対応バイアスという。これは，他者の行動の原因を推測する際には生じず，自己の行動の原因を推測する際に生じる。

4. 自分が所属する集団である内集団に対し，自分が所属しない他の集団である外集団よりも，好意的に振る舞ったり肯定的に評価したりすることを内集団びいき又は内集団バイアスという。これは，家族や友人などの親密な関係にある他者が内集団の成員であることが必要であり，初対面の人どうしで人工的に構成された集団では生じない。

5. あることを考えないように努力することによって，かえってそのことが頭に浮かびやすくなることを抑制のリバウンド効果という。これは，ステレオタイプにも当てはまり，他者についての評価や推論において，ステレオタイプを抑制しようとすると，余計にステレオタイプ的反応をしてしまうことがある。

（6）社会的推論のバイアス②

社会的認知におけるバイアスに関する記述として最も妥当なのはどれか。（国Ⅰ H22）

1. 犯罪や災害に遭った被害者に何らかの落ち度があったかどうかを判断するとき，被害者に全くあるいはほとんど落ち度がない場合でも，過度に責任を重く評価して非難したり，特性上の欠陥があるものと考えたりすることがある。これは，人が公正な世界に生きていると信じたいために生じると説明され，そのような信念は公正世界の信奉（belief in a just world）と呼ばれる。

2. 他者と二人で協力して何らかの課題を遂行するときに，成功した場合には自

分の貢献度を他者の貢献度よりも高く評価するのに対して，失敗した場合には自分の責任を他者の責任よりも低く評価する傾向がある。このような傾向は自己高揚動機によって生じると説明され，自己中心的バイアス（egocentric bias）と呼ばれる。

3. 自分の意見，態度，行動が所属している集団内で共有されている程度を判断するときに，実際以上に共有度を高く評価し，自分の意見，態度，行動が一般的であると考える傾向がある。これは集団成員間のコミュニケーションの欠如によって生じると説明され，多元的無知（pluralistic ignorance）と呼ばれる。

4. 他者の行動の原因を推測するときに，実際以上に状況要因の影響を高く評価する傾向がある。これは直接観察できない能力や態度といった内的な要因よりも行動を制約する周りの環境に注意が向きやすいために生じると説明され，基本的帰属の錯誤（fundamental attribution error）と呼ばれる。

5. 集団サイズの異なる二つの集団（大集団と小集団）の中の少数派の特性や行動の頻度を評価させると，実際には集団間で少数派の割合に差異がなくても，大集団の方が少数派の割合が多いと認知する傾向がある。この傾向は，人が割合を計算するのではなく事例数を判断に用いるために生じると説明され，錯誤相関（illusory correlation）と呼ばれる。

(7) 社会的推論のバイアス③
　判断の誤りに関する記述として最も妥当なのはどれか。（国総　H29）

1. 松葉杖を突いて歩いていた人が倒れたときに，そばにいた人が助け起こしたとしても，その場面を目撃した人は，助けた人を格別に親切で道徳心あふれる人であるとは思わないことがある。この例のように，特定の結果を引き起こす原因が，同一の効果を説明する他の原因の存在によって割り引かれて判断されることを割引原理（discounting principle）という。これは，報酬や集団圧力，社会的役割等の行動を促進しうる要因が存在する状況で見られる。

2. 宝くじは，他人に選んで買ってもらうより，自分で選んで買った方がよく当たるように感じることがある。この例のように，実際には結果をコントロールできない事象に対して，コントロールできるかのように考えることをコントロール幻想（illusion of control）という。これは，外的状況要因によって生じた事象であっても，行為者の内的要因を過大評価してしまうことにより生じる誤りであり，非常に広範に見られる。

3. ある政治的立場を支持する文章を読んだ人は，それが強制されて書かれたものであると知らされても，そこに書き手の真の態度がかなり反映されていると推測する。この例のように，ある二つの事象間に実際以上の関連性を認めてしまうことを錯誤相関（illusory correlation）という。これは，生起頻度の低い行

第1章
態度・説得
択一問題
記述問題

第2章
集団過程・集合現象
択一問題
記述問題

第3章
自己過程・集団と自己
択一問題
記述問題

第4章
社会的認知
択一問題
記述問題

第5章
社会的影響
択一問題
記述問題

第6章
組織・リーダーシップ
択一問題
記述問題

第7章
攻撃・援助
択一問題
記述問題

第8章
対人魅力・対人行動
択一問題
記述問題

第9章
犯罪・非行
択一問題
記述問題

動は，それを行った人の内的属性と関連づけられやすいことによって生じる。

4. 入学試験に不合格になったことについて，本人は試験問題が難しかったからであると考えるのに対し，他者はその人自身の能力が低かったからであると考えることがある。この例のように，同一の結果に対して，行為者本人とその行動を見聞きした他者との間で，異なる要因に帰属することを基本的帰属の錯誤（fundamental attribution error）という。これは，両者の注意の置き所の違いや，自分と他者に関する情報量の差などのために生じる。

5. テニスのダブルスの試合で，勝った時は自分が上手だったからであると考え，負けるとパートナーが下手だったからであると考えることがある。この例のように，自己の成功は内的要因に，失敗は外的要因に帰属させることをセルフ・サービングバイアス（self-serving bias）という。これは，興奮等のポジティブな生理的喚起については自己に，落胆等のネガティブな生理的喚起について自己以外に帰属する傾向があるために生じる。

(8) 社会的推論のモデル

私たちが行う推測や判断において，認知資源をあまり必要としない過程と，十分な認知資源を必要とする過程の二つの過程を想定したモデルが提案されている。A，B，C の心理学のモデルは，それぞれこの二つの過程を含んでいる。それぞれのモデルに含まれる二つの過程（下線部分）のうち，十分な認知資源を必要とする過程を挙げているものの組み合わせとして最も妥当なのはどれか。（国I H23）

A. 態度変化の研究では，我々は何らかの情報に基づいて態度を決定するが，必ずしも常にその内容をよく吟味して判断しているわけではないことが明らかにされている。ペティとカシオッポ（Petty, R. E. & Cacioppo, J. T.）の精緻化見込みモデルは，「中心ルート」と「周辺ルート」を仮定しているが，C. M. や広告等で用いられている様々な説得のテクニックは，周辺的手掛かりを提示して周辺ルートによる態度変化を促しているととらえることができる。

B. 偏見に関するドゥバイン（Devine, P. G.）の分離モデルは，過去に学習されたステレオタイプの「活性化」の過程と，そのステレオタイプを対象に対して当てはめる「適用」の過程を明確に分ける。このモデルでは，たとえ偏見に反対する平等主義的な態度を持っていたとしても，ステレオタイプの影響を回避できない状況が存在すると考える。

C. ウェグナー（Wegner, D. M.）の思考抑制に関するモデルは，望ましくない思考から注意を散逸させるために「望ましくない思考とは関係のないことをさがす過程」と，望ましくない思考を抑制できているかどうかを確認するために「望ましくない思考をさがす過程」という二つの過程を仮定する。不安な明日のテ

ストのことを考えないようにしようと思っているにもかかわらず，かえってテストのことが思い出され頭を離れなくなってしまうというリバウンド効果も，この二つの過程の関係から説明することができる。

	A	B	C
1.	「中心ルート」	「活性化」	「望ましくない思考とは関係のないことをさがす過程」
2.	「中心ルート」	「活性化」	「望ましくない思考をさがす過程」
3.	「中心ルート」	「適用」	「望ましくない思考とは関係のないことをさがす過程」
4.	「中心ルート」	「活性化」	「望ましい思考をさがす過程」
5.	「周辺ルート」	「適用」	「望ましくない思考とは関係のないことをさがす過程」

(9) 錯誤相関①

　次は，集団の認知に関するある社会心理学的実験 X 及び Y の手続き，結果の図，結果に関する記述である。A，B，C に当てはまる語句の組み合わせとして最も妥当なのはどれか。(法専　H24)

＜実験 X の手続き＞

　実験参加者は，極端条件と非極端条件の 2 群に割り当てられた。両群とも，ある 50 人の行動を記述した 50 個の短文（例：「チャックは職場から家までバスに乗った」）をスライドで順に見せられた。そのうち 40 個は日常的な行為だが，10 個は犯罪行為を記述したものであった。この 10 個の犯罪行為の内容に関して，極端条件では殺人等の重大な犯罪行為のみであったが，非極端条件では，万引き等の比較的軽微な犯罪行為のみであった。

　実験参加者は，スライドを観終わった後，犯罪行為を行った者の人数と，さらに，犯罪行為の内容がどのようなものであったかを思い出して回答するように求められた。

＜実験 Y の手続き＞

　実験参加者は，集団 A（大集団：26 人）及び集団 B（小集団 13 人）の成員一人一人の行動を記述した 39 個の短文（例：「A 集団のジョンは友人を見舞いに病院に行った」）をスライドで順に見せられた。短文に記された行動の内容は，社会的に望ましい行動と望ましくない行動の 2 種類があり，集団 A，B とも，望ましい行動と望ましくない行動の割合が 9：4 になるように設定されている。したがって，集団 A では望ましい行動を記述した文が 18 個，望ましくない行動を記述した文が 8 個提示され，集団 B では，望ましい行動を記述した文が 9 個，望ましくない行動を記述した文が 4 個提示された。

　実験参加者は，スライドを見終わった後，先にスライドで提示した望ましい行動と望ましくない行動を見せられ，それが集団 A の成員の行動であったか，集団

第 1 章
態度・説得

択一問題
記述問題

第 2 章
集団過程・集合現象

択一問題
記述問題

第 3 章
自己過程・集団と自己

択一問題
記述問題

第 4 章
社会的認知

択一問題
記述問題

第 5 章
社会的影響

択一問題
記述問題

第 6 章
組織・リーダーシップ

択一問題
記述問題

第 7 章
攻撃・援助

択一問題
記述問題

第 8 章
対人魅力・対人行動

択一問題
記述問題

第 9 章
犯罪・非行

択一問題
記述問題

Bの成員の行動であったかを思い出して回答するように求められた。

〈結果の図〉

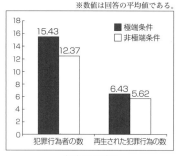

実験Xの結果

実験Yの結果

<結果に関する記述>
　実験Xの結果から，極端な特性を持つ成員が存在する場合，その集団に対する外部からの評価に際して，そのような極端な特性を持つ成員の人数や割合は　A　に見積もられる傾向があることが示された。
　また，実験Yの結果から，　B　，その集団に対する外部からの評価に際して，集団内の少数事例が集団全体の評価に及ぼす影響が強くなる傾向が示された。
　これら二つの実験結果から，極端な特性を持つ少数の成員が存在する場合には，　B　，その集団に対する外部からの評価に際して，　C　という可能性が示された。

	A	B	C
1.	過大	大集団は小集団に比べて	ステレオタイプが形成されやすい
2.	過大	小集団は大集団に比べて	ステレオタイプが形成されやすい
3.	過大	小集団は大集団に比べて	マイノリティの存在が無視されやすい
4.	過小	大集団は小集団に比べて	マイノリティの存在が無視されやすい
5.	過小	大集団は小集団に比べて	ステレオタイプが形成されやすい

(10) 錯誤相関②
　次の文中の<Table>として最も妥当なのはどれか。なお，選択肢の各Tableの数値は，刺激集団内の人数の実数及び判断値（カッコ内）を示す。（国総　H27）

The term illusory correlation refers to the perception of covariation between two classes of stimuli that are uncorrelated, or less strongly correlated than perceived. Hamilton and Gifford (1976) applied the concept of illusory correlation to the perception of social groups. In their first study, they presented participants with desirable and undesirable behavioral instances from two groups, called Group A and Group B. Group A represented the majority and Group B the minority. These two groups exhibited the same ratio of desirable to undesirable behaviors according to the distribution depicted in ＜Table＞. In other words, there was no correlation between type of behavior and group membership.

Hamilton and Gifford demonstrated that the co-occurrence of the infrequent (undesirable) behaviors and the infrequent group （B） was overestimated. An example of a typical response pattern is given in parentheses in ＜Table＞. This pattern reflects the characteristic illusory correlation effect, namely the attribution of a relatively high proportion of （infrequent） negative behaviors to Group B as compared to Group A, resulting in a relatively negative impression of this group. Hamilton and Gifford argued that this "paired-distinctiveness" pattern occurs because the combination of statistically infrequent categories is particularly salient to the perceiver. These categories thus receive more attention, are more efficiently encoded, and, consequently, are more accessible in memory than nondistinctive categories （Tversky & Kahneman, 1973）.

1.

	Group A	Group B
Desirable	18 (18)	9 (10)
Undesirable	8 (8)	4 (3)

2.

	Group A	Group B
Desirable	18 (22)	9 (12)
Undesirable	8 (4)	4 (1)

3.

	Group A	Group B
Desirable	18 (16)	9 (8)
Undesirable	8 (10)	4 (5)

4.

	Group A	Group B
Desirable	18 (19)	9 (7)
Undesirable	8 (7)	4 (6)

5.

	Group A	Group B
Desirable	18 (15)	9 (9)
Undesirable	8 (11)	4 (4)

第1章
態度・説得
択一問題
記述問題

第2章
集団過程・集合現象
択一問題
記述問題

第3章
自己過程・集団と自己
択一問題
記述問題

第4章
社会的認知
択一問題
記述問題

第5章
社会的影響
択一問題
記述問題

第6章
組織・リーダーシップ
択一問題
記述問題

第7章
攻撃・援助
択一問題
記述問題

第8章
対人魅力・対人行動
択一問題
記述問題

第9章
犯罪・非行
択一問題
記述問題

(11) 基本的帰属のエラー

次は，帰属に関する記述であるが，A～Dに当てはまるものの組み合わせとして最も妥当なのはどれか。なお，解答に使用する語句は，必要に応じて複数形になったり，最初の文字が大文字になったりするものとする。（法専　H30）

One of the major attribution tasks we face is deciding whether an observed behavior reflects something about the person or something about the situation in which we observed the person. The former option is called a ⬚ A ⬚ . We infer that something about the person is primarily responsible for the behavior.

Fritz Heider, the founder of attribution theory, noted that an individual's behavior is so compelling to us that we take it as a face value representation of a person and give insufficient weight to the circumstances surrounding it. Research has confirmed Heider's observation. If we observe someone behaving aggressively, we too readily assume that he or she has an aggressive personality, rather than concluding that the situation might have provoked similar aggression in anyone. The ⬚ B ⬚ occurs when we underestimate the situational influences on behavior and assume that some personal characteristic of the individual is responsible.

《中略》

An experiment designed as a quiz game illustrates how both participants and observers make the same ⬚ B ⬚ in the same setting. Pairs of male and female participants were recruited to take part in a question-and-answer game testing general knowledge. One member of the pair was randomly assigned to be the questioner and to make up 10 difficult questions to which he or she knew the answers. The other participant acted as the contestant and attempted to answer the questions. When the contestant was unable to answer a question, the questioner gave answer. In a reenactment of the study, observers watched the contest. After the game, both participants and observers were asked to rate the level of general knowledge possessed by the questioner and the contestant, relative to that possessed by the "average student." Note that participants and observers all knew that the roles of questioner and contestant had been randomly.

⬚ C ⬚ judged both themselves and the ⬚ D ⬚ to be about average in level of general knowledge. But ⬚ D ⬚ rated the ⬚ C ⬚ as superior and themselves as inferior to the average student. ⬚ D ⬚ attributed the outcome of the game to their (and the ⬚ C ⬚ 's) level of knowledge rather than taking into account the overwhelming situational advantage enjoyed by the questioner, who was able to decide which questions to ask and to omit any questions to which he or she did not know the answer（Ross, Amabile, & Steinmetz, 1977）.

	A	B	C	D
1.	dispositional attribution	fundamental attribution error	contestant	questioner
2.	dispositional attribution	fundamental attribution error	questioner	contestant
3.	dispositional attribution	self-serving bias	contestant	questioner
4.	misattribution	fundamental attribution error	questioner	contestant
5.	misattribution	self-serving bias	contestant	questioner

（12）感情と社会的判断

　感情が社会的判断に及ぼす影響に関する記述ア～エのうち，妥当なもののみを挙げているのはどれか。（法専　H30）

ア．バウアー（Bower, G. H.）は，感情を記憶内の一つのノードと捉え，感情のノードとそれに関連する感情価を持つ記憶が結びついているという感情ネットワークモデルを提唱した。このモデルにより，記銘された事柄の感情価と想起する人の感情状態が一致している場合の方が，一致していない場合よりも記憶が優れるという気分一致効果を説明することができる。

イ．シュワルツ（Schwarz, N.）は，感情情報機能説を提唱し，対象の評価や判断が気分により左右されるのは，人が自分の感情状態を情報の一つとして利用するためであると主張した。そのため，気分の原因が明確であるときや，他に判断を行うための有力な情報があるときなどには，気分一致効果が表れないと考えた。

ウ．フォーガス（Forgas, J. P.）は，社会的判断の際の処理方略として，直接アクセス型，動機充足型，ヒューリスティク型，実質処理型の4種類を想定する感情混入モデルを提唱した。直接アクセス型とヒューリスティク型は感情の影響をあまり受けないが，動機充足型と実質処理型は影響を強く受けると考えた。

エ．戸田正直は，様々な感情が持つ生物学的適応機能としての意味を明らかにし，更に各種感情間のシステム的相互連関性を解明するための記述理論的枠組みを提供することを目的とするアージ理論を提唱した。この理論では，怒りや恐怖のようなネガティブな感情は争いを引き起こすため，適応的には機能しないと考える。

　　1．ア，イ
　　2．ア，ウ
　　3．ア，エ
　　4．イ，ウ
　　5．ウ，エ

第1章
態度・説得
択一問題
記述問題

第2章
集団過程・集合現象
択一問題
記述問題

第3章
自己過程・集団と自己
択一問題
記述問題

第4章
社会的認知
択一問題
記述問題

第5章
社会的影響
択一問題
記述問題

第6章
組織・リーダーシップ
択一問題
記述問題

第7章
攻撃・援助
択一問題
記述問題

第8章
対人魅力・対人行動
択一問題
記述問題

第9章
犯罪・非行
択一問題
記述問題

(1) 単純接触効果

　単純接触効果（単純接触仮説）について200字以内で簡潔に説明せよ。（家裁 H25）

(2) 印象形成

　印象形成について，性格特性を表す言葉（例えば「温かい」，「冷たい」など）を実験参加者に提示する古典的な研究を例に挙げながら，その概要を400字以内で説明せよ。（家裁　H27）

(3) 透明性錯誤

　透明性錯誤（illusion of transparency）について，日常での具体例を挙げながら，この現象がどのような認知的特性から生じるか400字以内で述べなさい。（類題）

(4) 印象形成の連続体モデル

　他者に対する印象形成について，フィスク（S. T. Fiske）とニューバーグ（S. L. Neuberg）が提唱した連続体モデル（continuum model, 1990）に関して，次の1. から3. の小問に答えよ。（家裁　H23）

1. 印象形成について簡潔に説明せよ。
2. このモデルによれば，対象人物に対する印象がどのような過程を経て形成されるかを説明せよ。その際，次の4語をそれぞれ最低1回は使用することとし（順不同），その語句には下線を付すこと。
　　初期カテゴリー化，確証的カテゴリー化，再カテゴリー化，ピースミール統合
3. 1960年代にマーティン・ルーサー・キング・ジュニア（Martin Luther King, Jr.）が，『私には夢がある（I have a dream）』と題した有名な演説の中で，アフリカ系アメリカ人の子どもたちが「いつの日にか，肌の色によってではなく，人物の中身によって判断されるような国家に住めるように」という願いを述べた。この夢の実現に向けて考慮すべきことについて，連続体モデルと関連づけながら論ぜよ。

（5）基本的帰属のエラー

　基本的な帰属のエラー（fundamental attribution error）について，次の1. から3. の小問に答えよ（問いの順に解答すること）。（家裁　H24）

1. 基本的な帰属のエラーについて簡潔に説明せよ。
2. 基本的な帰属のエラーが生じる理由について論ぜよ。
3. 基本的な帰属のエラーが問題になりうる現実の状況を取り上げ，その状況で基本的帰属のエラーが具体的にどのような問題となりうるかを説明した上で，その問題を避けるために考えられる配慮について，2. と関連づけながら論ぜよ。

（6）原因帰属のバイアス

　帰属のバイアスについて，次の1. から3. までの小問に答えよ（問いの順に解答すること）。（家裁　H30）

1.「基本的な帰属のエラー」,「行為者－観察者バイアス」,「自己奉仕バイアス」について，それぞれ説明せよ。
2. 1. が生じる原因について，それぞれ説明せよ。
3. AとBの二人が共同事業を進めていたところ，Bのミスで事業が失敗し，二人の関係が悪化した。この悪化に，原因帰属の問題がどのようにかかわっていた可能性があるか，1. 及び2. に基づいて論じるとともに，二人の関係を改善するための効果的なアドバイスの例を挙げよ。

第1章
態度・説得

択一問題
記述問題

第2章
集団過程・集合現象

択一問題
記述問題

第3章
自己過程・集団と自己

択一問題
記述問題

第4章
社会的認知

択一問題
記述問題

第5章
社会的影響

択一問題
記述問題

第6章
組織・リーダーシップ

択一問題
記述問題

第7章
攻撃・援助

択一問題
記述問題

第8章
対人魅力・対人行動

択一問題
記述問題

第9章
犯罪・非行

択一問題
記述問題

第 5 章

社会的影響

例題とポイント解説

【例題】 社会的促進

集団内の個体の行動に関する記述として最も妥当なのはどれか。（法専　H28）

1. 他の個体が近くに存在することにより課題遂行が促進される現象は，オルポート（Allport, F. H.）により社会的促進と名付けられた。この現象は，社会的動物といわれる人に特有の現象であり，社会的昆虫であるといわれるアリにはみられないことがわかっている。

2. 人の場合には，社会的促進の現象は課題が単純な場合にはみられ，課題が複雑になるとむしろ課題遂行が抑制されることが知られているが，ゴキブリの場合には，課題が単純であるか複雑であるかにかかわらず，社会的促進の現象がみられる。

3. 社会的促進の機制について，ザイアンス（Zajonc, R. B.）は，他の個体が近くに存在すると覚醒水準（arousal level）が高まり，そのため習熟している課題では，その課題に対する正しい反応（支配的反応又は優勢反応）の生起率が高まるという仮説を提唱した。

4. 人の場合には，他者の存在により，単純な課題遂行であっても遂行量が抑制される現象も観察される。ラタネ（Latané, B.）らは，単純な作業を真面目にやることで他者から馬鹿にされるのではないかという評価懸念が高まるためだとして，これを社会的手抜きと呼んだ。

5. コットレル（Cottrell, N. B.）らは，他の個体が自分と同じ課題を行う場合は，注意の分散が生じることに伴う覚醒水準の高まりによって課題遂行量が上昇し，他の個体が自分の課題遂行を見ているだけの場合は，評価懸念により課題遂行量が低下することを見出した。

POINT! ポイント解説

　　本章，社会的影響の領域では，社会的促進，社会的手抜き，同調，服従，没個性化，社会的勢力等を扱う。いずれも択一問題では定番，頻出の概念や理論が多く，社会的促進はとりわけ頻出である。他方で，記述問題ではこの領域からの出題は多くない。しかし，Asch, S. E. の同調実験や Milgram, S. の服従実験等，心理学として古典かつ必須の基礎知識は，記述でも過去に何度か出題されている。確実に説明できるようにしておくこと。

覚えておきたい基礎知識

■社会的促進・社会的抑制（social facilitation ／ social inhibition）

社会的促進と社会的抑制について，以下，吉田（2009）に基づいてまとめる。

▶ **社会的促進**：他者の存在が個人の遂行に影響を及ぼすことである。Triplett, N. D. の
リール巻き作業による実証実験が端緒である。その後 Allport, F. H. が社会的促進と
名づけた。観衆効果と共行為効果に分けられる。

▶ **社会的抑制**：他者の存在が個人の遂行を促進するだけではなく，抑制することが報告
され，社会的抑制と呼ばれた。

▶ **Zajonc, R. B. の動因理論**：社会的促進と社会的抑制の双方を説明する理論である。
他者（観衆や共行為者）の存在は，それだけで動因水準を上げる。この状況は，十分
に習熟した反応・容易な反応を含む課題には促進的に作用するが，未習熟の反応や難
度の高い反応を含む課題には抑制的に作用すると説明する。

　　なぜ他者の存在が動因水準を上げるか▶▶▶ Zajonc は単に他者が存在することが動
　　因水準を上げるとしたが，Cottrell, N. B. は，遂行者が「評価懸念」を感じると
　　動因水準が上がるとした。また Sanders, G. S. は，遂行者が課題と同時に他者の
　　存在にも注意を向けるため「注意のコンフリクト（分散）」が生じて動因水準が
　　高まるとした。

▶ **Zajonc の動因理論以外の社会的促進の説明理論**

　　自己客体視説▶▶▶ 他者の存在によって，遂行者は自己に焦点を当てる。その結果，
　　遂行者は現在の遂行水準と理想とする水準のずれを意識し，それを低減するため
　　に遂行成績を上げるようになる。

　　自己呈示説▶▶▶ 観衆や共行為者に対して，遂行者が自らの印象を自らにとって都合
　　よく見せるためにコントロールするという。

■社会的手抜き（social loafing）

課題の単純，複雑には関係なく，集団で作業をする場面では，集団の人数が多くな
るほど，1 人あたりの遂行量が低下すること。フランスの農業技術者 Ringelmann,
M. が報告し，リンゲルマン効果とも呼ばれた。後に Latané, B. らがこの現象を社会
的手抜き（social loafing）と名づけた。

社会的手抜きは，協応ロス（他の実験参加者とタイミングを合わせるなどの相互調
整の失敗）と動機的ロスによると考えられた（本間，2011）。Latané らがこれを分離
する手続き*で実験を行い，社会的手抜きを実証した。

* Latané の実験では，実験参加者の疑似集団にできるだけ大きな拍手と声を出すよう求めた際，各人が
目隠しとヘッドフォンを装着することで協応ロスを排除した。

■同調（conformity）

同調とは，リーダーや集団が物理的あるいは象徴的圧力を行使した結果として，あ
る個人に意見，態度，行動の変化が生じることをいう（小関，1990）。同調はしばし
ば多数派の方向へ生じる。集団の中での多数派は，他の成員の意見，態度，行動を規

第 1 章
態度・説得

択一問題
記述問題

第 2 章
集団過程・集合現象

択一問題
記述問題

第 3 章
自己過程・集団と自己

択一問題
記述問題

第 4 章
社会的認知

択一問題
記述問題

第 5 章
社会的影響

択一問題
記述問題

第 6 章
組織・リーダーシップ

択一問題
記述問題

第 7 章
攻撃・援助

択一問題
記述問題

第 8 章
対人魅力・対人行動

択一問題
記述問題

第 9 章
犯罪・非行

択一問題
記述問題

範の方向に斉一的に向かわせる影響力を行使する（斉一性への圧力）。この影響力によって個々の成員の意見，態度，行動が多数派の方向へ変化する。

▶ **Asch の同調実験（Asch, 1952）**：「知覚の実験」という名目で，課題は，標準刺激と同じ長さの線分を，カードに示された 3 本の異なる線分から選び，一人ひとり順番に答えるというものであった。真の実験参加者は，他の参加者（サクラ）と共にテーブルに着席した（8 人いる中の 7 番目の席）。通常はほぼ全員が間違えないことがあらかじめ確かめられている単純な課題であるのに，実験では，サクラが皆，次々と明らかに間違った選択肢を答えた。ここで真の実験参加者はなんと答えるかが観察された。

実験の結果の中で，受験者が覚えておくべき要点は少なくとも次の 3 つである。

①サクラが全員一致して間違って答える 12 試行のうち，真の参加者の同調率は全判断の 32% であった。

②サクラのうち 1 人だけが正しく答える状況では，真の参加者の同調率は 5.5% に下がった。

③集団の中で誤答をするサクラが 3 〜 4 人になると斉一性への圧力が急激に増大してほとんど最大限に達する。

■権威への服従（Obedience to authority）

Milgram の有名な実験である。過去に家裁の二次の記述でも出題されたことがあり，択一問題でも頻出である。地上心理の択一でもよく出るようである。服従実験，アイヒマン実験とも呼ばれる。

実験は様々なバリエーションがあるが，試験でいつも出題される，「被害者（生徒役）との近接性」の 4 条件からなる実験について，Milgram（1974 ／山形（訳），2008）に基づき，以下に要点を示す。

▶ **実験の概要**

・学習に及ぼす罰の効果についての研究という名目で行われ，実験参加者 2 人のうち 1 人が教師，1 人が生徒役となる。くじ引きには仕掛けがあり，真の参加者が教師役になるように設定される。

・課題は，単純な対連合学習。反応語の正答を四択で選ばせる。

・教師は，生徒が誤答すると電気ショックで罰を与える。誤答のたびに電気ショックのレベルを上げるよう実験者に指示される。生徒（サクラ）は手首に電極を付け，椅子にベルトでしばりつけられる。

・生徒（サクラ）は，決められたとおり，4 回に 3 回は誤答をする。生徒（サクラ）は電気ショックが 120 ボルトになると苦痛を訴える。それ以降は苦痛のうめき，叫び，悲鳴が強くなる。315 ボルトで絶叫。330 ボルト以降はもはや何の反応もなくなる。

・ただし，生徒の反応はすべて演技であり，実際には生徒に電気ショックは送られていない。

・生徒の反応に対し，教師の実験参加者は戸惑い，実験者に訴えるが，実験者は続行を促す。促しは，4 段階（「続けてください（あるいは）そのまま進めてください」から「ほかに選択の余地はないんです。絶対に続けてください」まで）。それでも実験参加者が続行を拒否した時点で実験は中止となる。

▶**実験条件**

①遠隔条件：生徒は別室にいて教師から見えず，声も聞こえない。

②音声フィードバック条件：生徒は別室にいて教師から見えないが，声は聞こえる。

③近接条件：生徒と教師が同じ部屋にいる。声が聞こえ，姿も見える。

④接触条件：教師が直接生徒の手をとり，電撃プレートに載せるよう実験者に指示される。

▶**実験結果**：実験結果は，図 5-1 のとおりである。

　　専門家による予測では，ほとんどの実験参加者が 150 ボルトを超えないレベルでとどまり，最大の電撃レベル（450 ボルト）までいくのは 1000 人に 1 人くらいだとされた。しかし，遠隔条件では，65％（40 人中 26 人）の実験参加者が，最大レベルの 450 ボルトまで電気ショックを与えた。

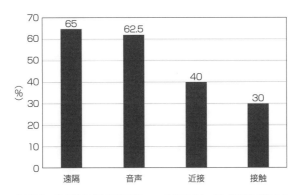

図 5-1　各条件において電気ショックを最大レベル（450 ボルト）まで与えた割合（Milgram, 1974 ／山形（訳），2008, p.61）

▶**代理状態（agentic state）**：この結果について，Milgram 自身は「代理状態（agentic state）」という概念で説明した。つまり，権威への服従という状況においては，個人は自律的に行動しているのではなく，権威者（実験者）の願望を代理で実行するだけの存在になるという。

【例題】の正答：　3

頻出度：★★★　　難易度：★☆☆

解　説：社会的促進や社会的手抜きなど，社会的影響に関する定番の基本問題である。易しい。

1.　×　1 文目は妥当。2 文目，アリにも共行為効果がみられる。1 匹の場合，2 匹のペア，3 匹のグループの場合で観察すると，1 匹よりも他のアリがいる条件で砂を多く掘ることが報告されている。

2.　×　ゴキブリでは，むしろ他の個体がいると迷路学習が遅くなることが報告されている。

3.　○　Zajonc の動因理論である。社会的促進・抑制の動因理論は，択一問題で頻出。ちなみに，過去に家裁の一次専門記述で最低 2 回は出題されている。

4.　×　Latané は社会的手抜きという現象を，共同で同一作業をする人の数が

多いことによるインパクトの分散（社会的インパクト理論）で説明した。社会的抑制と社会的手抜きを混同しないように注意すること。

5. ×　Cottrell らは，Zajonc の動因理論における「他者の存在が動因水準（覚醒水準）を上げる」ことの理由として，「評価懸念」を提出した。他者の存在が動因水準を上げることについて「注意のコンフリクト（分散）」を提出したのは，Sanders らである。

文　献

Asch, S. E. 1952 Effects of group pressure upon the modification and distortion of judgements. In G. E. Swanson, T. M. Newcomb & E. L. Hartley（Eds.）, *Reading in Social Psychology, Revised Edition*（pp.2-11）. Henry Holt and Co.

本間道子　2011　集団行動の心理学　サイエンス社

小関八重子　1990　同調と逸脱　大坊郁夫・安藤清志・池田謙一　社会心理学パースペクティブ3　誠信書房 pp.36-69.

Milgram, S. 1974 *Obedience to Authority: An Experimental View*. Harper & Row　山形浩生（訳）　2008　服従の心理　河出書房新社

吉田俊和　2009　社会的促進　日本社会心理学会（編）　社会心理学事典　丸善　pp.216-217.

実践問題
【択一】

第1章
態度・説得
　択一問題
　記述問題

第2章
集団過程・集合現象
　択一問題
　記述問題

第3章
自己過程・集団と自己
　択一問題
　記述問題

第4章
社会的認知
　択一問題
　記述問題

第5章
社会的影響
　択一問題
　記述問題

第6章
組織・リーダーシップ
　択一問題
　記述問題

第7章
攻撃・援助
　択一問題
　記述問題

第8章
対人魅力・対人行動
　択一問題
　記述問題

第9章
犯罪・非行
　択一問題
　記述問題

(1) 社会的勢力

次のア〜エは，社会的勢力（社会的影響力，social power）に関する記述である。
A 〜 D に当てはまる語句の組合せとして最も妥当なのはどれか。（国総　H25）

ア．（　A　）power derives from a power holder's superior knowledge and abilities. For instance, physicians have the ability to effect radical changes in our lifestyles with their advice. In fact, even when physicians make recommendations that raise misgivings, we are likely to defer to their greater knowledge.

イ．（　B　）power arises from the formal position or role a person occupies. It is often couched in terms of "should's" and "ought's". For example, parents tell their children to obey not because of logical arguments but because children are "supposed" to listen to their parents.

ウ．（　C　）power is related to the specific content of a person's knowledge. People who hold valuable information are sought out and complied with because of their superior knowledge. Once the information they hold is communicated, people with this type of power lose their clout.

エ．（　D　）power is held by those we respect, find attractive, and wish to emulate. Such people act as models whom we want to emulate. To be like them, we mimic their behavior, appearance, dress, language, or mannerism, hoping that we will take on their characteristics.

	A	B	C	D
1.	Expert	Legitimate	Informational	Referent
2.	Expert	Legitimate	Referent	Informational
3.	Expert	Reward	Informational	Referent
4.	Informational	Reward	Referent	Expert
5.	Informational	Legitimate	Referent	Expert

(2) 同調

集団内の同調行動の研究に関する記述として最も妥当なのはどれか。(法専 H29)

1. シェリフ(Sherif, M., 1936)は,光点の自動運動現象を利用して,実験参加者に,光点が何インチ動いたと思うかを一定時間ごとに繰り返し尋ねる実験を行った。光点を一緒に見た実験参加者たちの回答は,最初は個々に異なる値であったものの,セッションを重ねるうちに一つの値に収斂していったが,時間が経過して個別に再度判断を求められると,それぞれの最初の値に戻った。

2. アッシュ(Asch, S. E., 1951)は,線分の長さの判断という課題を用いて,斉一性による同調圧力についての実験を行った。この実験では,実験参加者(1人)以外は明白な誤答をするというサクラであった。そのサクラの人数が3人,4人,8人,12人と増えるにつれて同調率は上昇し続けたが,サクラのうち1人でも正答を答えると,同調率は急激に下がった。

3. ドイッチュとジェラード(Deutsch, M. & Gerard, H. B.)は,社会的影響には,他者の判断や意見を判断事象についての参考資料として受け入れる情報的影響(informational social influence)と,他者や集団からの期待を考慮して同調する規範的影響(normative social influence)の二つがあるとした。

4. モスコビッチら(Moscovici, S. et al., 1969)は,「ブルー/グリーンパラダイム」と称される一連の実験を行って,少数者による社会的な影響について調べた。この実験では,行動の一貫性にかかわらず,少数者の存在そのものが周りの多数者の判断に大きな影響を及ぼすとされた。

5. チャルディーニ(Cialdini, R. B.)らは,社会的規範を命令的規範(injunctive norm)と記述的規範(descriptive norm)に分けた。例えば,お年寄りや体の不自由な人に席を譲るというのは記述的規範であるが,お年寄りや体の不自由な人がいても周りの誰もが素知らぬ顔で席に座っていれば,席を譲らないというのが命令的規範となる。

(3) 社会的影響①

社会的影響に関する記述として最も妥当なのはどれか。(国総　H27)

1. シェリフ(Sherif, M.)は,実験参加者に暗室の中で静止した光点を観察させ,動いて見えた距離について推定させる実験を行った。その結果から,個々人の初期回答において優勢だった判断傾向が,集団による討議,他者意見への接触を通じて,より極端なものになることを明らかにし,この現象を集団極性化と呼んだ。

2. メーヨー(Mayo, G. E.)らは,ホーソン工場で行われた実験研究において,

従業員の作業量を規定する要因を検討した。その結果，照明の明るさや休憩時間，労働日数などの要因のほか，従業員自身によって作られた非公式集団の規範よりも，会社によって作られた公式集団の規範に強く影響されることを明らかにし，論理的・経済的人間労働観に基づく科学的管理法を確立した。

3. ドイッチュとジェラード（Deutsch, M. & Gerard, H. B.）は，社会的影響について，他者から得た情報を物理的真実性についての証拠として受け入れる規範的影響と，他者からのポジティブな期待に沿うように意見や態度を同調させようとする情報的影響との二つに分けた。

4. ミルグラム（Milgram, S.）は，実験名目で他者に電気ショックを与えるように命令されたときに服従する人の特徴を調べる実験を行った。その結果，権威主義的パーソナリティ特性が弱い人は命令に従おうとしなかったのに対し，この特性が強い人は命令に従順で，生命に関わるほど強いショックを与え続けることが明らかになった。

5. モスコヴィッシ（Moscovici, S.）らは，集団場面において明るさの異なる青色のスライドを「青」か「緑」か判定するという課題を用いて実験をおこなった。その結果，少数の実験協力者（サクラ）が一貫して同じ判断を示し続けることにより，多数者の意見や態度を変容させ得ることを示した。

(4) 社会的影響②

次は，ある社会的影響に関する記述であるが，この現象の説明として最も妥当なのはどれか。なお，文中の ⬚ には人名が入るが，設問の都合上伏せてある。（国総　H29）

Many studies demonstrated that performances are improved in the presence of others, in comparison to when working alone. However, as in many cases, results were not always so straightforward. It became apparent that sometimes other people had the opposite effect on performance; that is, another person's presence sometimes produced a poorer performance than when working alone.

1. ⬚ found that people were more prone to advocate risky courses of action after participating in a group discussion of some situation than they were before the discussion, when considering the situation on their own.

2. ⬚ found that even if one decides that the situation is an emergency, that someone is in dire need of help, the presence of others can still discourage action due to diffusion of responsibility. If others are available, each individual may feel less personal obligation to help.

3. ⬚'s analysis suggested that coordination problems and motivation losses

第1章
態度・説得
択一問題
記述問題

第2章
集団過程・集合現象
択一問題
記述問題

第3章
自己過程・集団と自己
択一問題
記述問題

第4章
社会的認知
択一問題
記述問題

第5章
社会的影響
択一問題
記述問題

第6章
組織・リーダーシップ
択一問題
記述問題

第7章
攻撃・援助
択一問題
記述問題

第8章
対人魅力・対人行動
択一問題
記述問題

第9章
犯罪・非行
択一問題
記述問題

might be responsible. Some researchers attempted to separate these factors experimentally and found that both contributed to productivity losses in groups.

4. Basing ⬚'s analysis on animal research, where arousal was manipulated through drugs, he reasoned that dominant responses should improve performance on simple or familiar tasks, but impair performance on complex or novel tasks.

5. In what become a cornerstone of dual motive approaches to social influence, ⬚ theorized that normative social influence involves conforming to the positive expectations of another person, a group, or oneself. In contrast, informational social influence involves accepting the information others supply as evidence about reality.

(5) 社会的影響③

社会的影響に関する記述として最も妥当なのはどれか。（類題）

1. チャルディーニ (Cialdini, R. B.) の規範的行為の焦点理論によれば，規範への焦点化が人々の規範的行動を生起させる。したがって，ごみのポイ捨てなど社会的に望ましくない行動が蔓延している状況では，「ごみのポイ捨ては社会的に認められていない」という記述的規範への焦点化を促すことが状況の改善に役立つとしている。

2. 同調とは，集団を安定性に導く過程であり，リーダーや成員の働きかけの結果として，ある成員の態度や行動に変化が生じることをいう。同調を規定する要因の一つとして，集団の多数派の人数が挙げられる。多数派への同調の実験の結果から，集団内の意見の一致度よりも，多数派の人数が多いほど，同調が起こりやすいことがわかっている。

3. 同調には，真の態度変化だけでなく，表面的追従や迎合，強制承諾など様々なレベルがある。多数派への同調が起こる場合，その影響は即座には現れにくいが，時間をかけて個人の中に深く内在化されるため，真の態度変化に至ることが多い。これに対して少数派への同調は，効果が早期に現れやすく，態度変化は表面的レベルにとどまりやすい。

4. ハロウィーンのお祭りで家にやってきた子供たちに，「キャンディを一つずつ持っていっていいよ」と告げ，大人は姿を隠して子供の行動を観察した。この結果，集団で来た子供は，一人で来た子供の2倍近い量のキャンディを持っていった。このことは，ジンバルドー (Zimbardo, P. G.) のいう没個性化で説明できる。

5. 他者が何が正しいと考えているかに基づいて，物事の正しさを判断すること

を社会的証明の原理という。広告における「当店売り上げNo.1」や「100万部突破」といったコピーは，この原理を利用したものである。ただし，社会的証明の原理は，状況があいまいな場合や周囲の他者との類似性が高いと認知される場合には，その影響力が弱まる。

(6) 服従実験①

次は，ミルグラム（Milgram, S.）が行った実験の一つに関する記述である。この実験の結果及び結果から考察される内容に関する記述として最も妥当なのはどれか。（法専　R元）

実験は，表向き，「学習に及ぼす罰の効果」を検討するものだと実験参加者（以下「参加者」という。）に説明された。参加者は，もう一人別の人物（サクラ①）と組になり，あらかじめ仕組まれた「くじ」によって，参加者が教師役，サクラが生徒役になった。生徒役が暗記学習を行い，参加者は，生徒役が誤答をするたびに送電器から電気ショックを送るよう実験者から指示された。送電器には，15ボルトから450ボルトまで30のスイッチがあり，参加者は，誤答の度に電気ショックの強さを1段階ずつ上げるよう教示された。実際に電気ショックは与えられなかったが，生徒役は電気ショックが与えられたような演技をした。参加者が実験の中止を申し出ると，実験者は続けるように指示した。そして，参加者が実験者の指示に従わず，電気ショックを与えるのを拒んだとき，実験が打ち切られた。

なお，この実験は，条件を様々に変えて行われた一連の実験の一部である。

＜実験A＞

条件ア	生徒役が隣室にいて，参加者からは見えず，声も聞こえないが，壁をたたく音は聞こえる。
条件イ	生徒役が隣室にいて，生徒役の抗議の声が，わずかに開いたドアや壁越しに聞こえる。
条件ウ	参加者と生徒役が同室にいて，45センチメートルしか離れていない。
条件エ	参加者と生徒役が同室にいて，電気ショックが150ボルトになると，生徒役が電気ショックを与えられる金属板に手を載せることを拒否するが，実験者は，生徒役の腕を押さえつけながら実験を行うよう参加者に指示する。

第1章
態度・説得
択一問題
記述問題

第2章
集団過程・集合現象
択一問題
記述問題

第3章
自己過程・集団と自己
択一問題
記述問題

第4章
社会的認知
択一問題
記述問題

第5章
社会的影響
択一問題
記述問題

第6章
組織・リーダーシップ
択一問題
記述問題

第7章
攻撃・援助
択一問題
記述問題

第8章
対人魅力・対人行動
択一問題
記述問題

第9章
犯罪・非行
択一問題
記述問題

<実験B>

条件オ	実験者は，参加者と同室で参加者に指示を与える。
条件カ	実験者は，最初の教示を与えた後，実験室を去り電話で参加者に指示を与える。

<実験C>

参加者のほかに教師役の人物が二人（サクラ②及び③）いるが，サクラ②は150ボルトの電気ショックを与えた後に，サクラ③は210ボルトの電気ショックを与えた後に，実験への参加をやめてしまう。実験者は，参加者に対し，一人で続けるよう指示する。

<実験D>

参加者のほかに教師役の人物が一人（サクラ④）いて，サクラ④が生徒役に電気ショックを与え，参加者は，サクラ④が生徒役に電気ショックを与えるのを補助する役割だけを求められる。

1. 実験Aにおいて，電気ショックの強度が300ボルトになり生徒役が壁を叩き始めると，条件アでは約半数の参加者が，条件イでは約8割の参加者が実験を中止した。これは，参加者が生徒役の苦痛を代わりに体験する代理状態に移行したためと考えられる。

2. 実験Aにおいて，450ボルトまで実験を続けた参加者の割合は，条件ウより条件エで高かった。これは，身体の接触により，電気ショックに反応する生徒役への不快感情が参加者に喚起され，参加者の攻撃性が誘発されたためと考えられる。

3. 実験Bにおいて，450ボルトまで実験を続けた参加者の割合は，条件カでは条件オの三分の一程度であった。これは，条件オより条件カの方が，命令への服従を規定する重要な要因である，権威者の存在感が弱かったためと考えられる。

4. 実験Cにおいて，サクラ③が実験への参加をやめた後は，電気ショックを与えるのを拒む参加者が激減した。これは，協同で役割を遂行していた者が複数存在したことにより生じてきた社会的手抜きが消失したためと考えられる。

5. 実験Dにおいて，450ボルトまで実験を続けた参加者の割合は2割に満たなかった。これは，電気ショックの実行者として第三者が介在することで，参加者のセルフ・モニタリングが促され，電気ショックを与えることの残酷さに気づいたためと考えられる。

（7）服従実験②

次は，Milgram, S. が実施したある実験の説明である。記述 A ～ D のうち，この実験結果及び実験によって支持された説と合致するもののみを挙げているのはどれか。（国Ⅰ　H22）

Two people come to a psychology laboratory to take part in a study of memory and learning. One of them is designated as a "teacher" and the other a "learner". The experimenter explains that the study is concerned with the effects of punishment on learning. The learner is conducted into a room, seated in a chair, his arm strapped to prevent excessive movement, and an electrode attached to his wrist. He is told that he is to learn a list of word pairs; whenever he makes an error, he will receive electric shocks of increasing intensity.

The real focus of the experiment is the teacher. After watching the learner being strapped into place, he is taken into the main experimental room and seated before an impressive shock generator. Its main feature is a horizontal line of thirty switches, ranging from 15 volts to 450 volts, in 15-volt increments. There are also verbal designations which range from SLIGHT SHOCK to DANGER-SEVERE SHOCK. The teacher is told that he is to administer the learning test to the man in the other room. When the learner responds correctly, the teacher moves on to next item; when the other man gives an incorrect answer, the teacher is to give him an electric shock. He is to start at the lowest shock level (15volts) and to increase the level each time the man makes an error, going through 30 volts, 45 volts, and so on.

A. Ordinary people do not administer painful shocks to a protesting individual simply because they are ordered to do so. When confronted with a choice between hurting others and complying with authority, they reject authority.

B. Many subjects will obey the experimenter no matter how vehement the pleading of the person being shocked, no matter how painful the shocks seem to be, and no matter how much the victim pleads to be let out.

C. What we have observed in the laboratory is aggression, the flow of destructive tendencies, released because the occasion permitted its expression. The experiment creates an occasion in which it becomes socially acceptable to harm another person.

D. The force exerted by the moral sense of the individual is less effective than social myth would have us believe. Even the forces mustered in a psychology experiment will go a long way toward removing the individual from moral controls.

第1章
態度・説得

択一問題
記述問題

第2章
集団過程・集合現象

択一問題
記述問題

第3章
自己過程・集団と自己

択一問題
記述問題

第4章
社会的認知

択一問題
記述問題

第5章
社会的影響

択一問題
記述問題

第6章
組織・リーダーシップ

択一問題
記述問題

第7章
攻撃・援助

択一問題
記述問題

第8章
対人魅力・対人行動

択一問題
記述問題

第9章
犯罪・非行

択一問題
記述問題

1. A，B
2. A，C
3. B，C
4. B，D
5. C，D

(8) 非人間化

次は，ある実験に関する記述及び記述中の下線部分の現象を表す用語 A の解説文である。A に当てはまる用語として最も妥当なのはどれか。なお，■■■■■ に入る単語は設問の都合上伏せてある。(国Ⅰ　H23)

It was no longer apparent to most of the participants（or to us）where reality ended and their roles began. The majority had indeed become prisoners of guards, no longer able to clearly differentiate between role playing and self. There were dramatic changes in virtually every aspect of their behavior, thinking, and feeling. In less than a week the experience of imprisonment undid（temporarily）a lifetime of learning; human values were suspended, self-concepts were challenged, and the ugliest, most base, pathological side of human nature surfaced. We were horrified because we saw some boys（guards）treat others as if they were despicable animals, taking pleasure in cruelty, while other boys（prisoners）become servile, ■■■■■ robots who thought only of escape, of their own individual survival, and of their mounting hatred for the guards.

 A occurs whenever some human beings consider other human beings to be excluded from the moral order of being a human person. A is a central process in prejudice, racism, and discrimination. A stigmatizes others, attributing to them a "spoiled identity."

1. Dehumanization
2. Rationalization
3. Diffusion of responsibility
4. Obedience of authority
5. Conformity

(9) 没個性化実験

　次は，ジンバルドー（Zimbardo, P. G., 1970）が行った没個性化（deindividuation）に関する実験の手続についての記述である。没個性化とは，集団の中で互いを一人の個人として注意を払って認め合うことがない，あるいはできない社会的条件によって，自己の社会的役割に対する意識が薄れてしまう状態を指す概念である。この実験の結果を示すグラフとして最も妥当なのはどれか。（国総　H29）

＜手続き＞

・実験は4人一組で行った。実験参加者は，匿名条件と識別可能条件に割り当てられた。匿名条件とは，実験参加者は大きな白衣を着て，大きなフードを被り，自分の名前を呼ばれることはない上，部屋の電気を消すことで，他の実験参加者には顔も名前もわからないようにした条件である。識別可能条件とは，実験参加者は各自名札をつけ，自分の名前を呼ばれ，部屋の照明の明るさを落としただけで，実験参加者同士が顔も名前もわかるようにした条件である。

・実験参加者が学習実験の助手をするという状況設定で，実験参加者には学習者（学習実験の参加者を装ったサクラ）側からは見えない窓（ワンウェイミラー）越しに実験の様子を観察し，学習者が誤答するたびに，罰として学習者に弱い電気ショックを与えるスイッチを押すように依頼した。

・実験参加者がスイッチを押すと，実際には電気ショックは与えられなかったが，学習者は苦しむふりをするなどして実際に電気ショックが与えられているかのように装った。

・各実験参加者に対し，学習者を変更して，同じ手続きを前半と後半の2回行った。1回の手続で，電気ショックを与える機会は20回であった。手続きごとに電気ショックを与えた回数と電気ショックの持続時間を測定した。

・実験開始前に，実験参加者に学習者の録音インタビューを聞かせることで，学習者に対して非常に好ましい印象を与えた（好ましい学習者）条件と，好ましくない印象を与えた（好ましくない学習者）条件を設定した。

第1章
態度・説得
　択一問題
　記述問題

第2章
集団過程・集合現象
　択一問題
　記述問題

第3章
自己過程・集団と自己
　択一問題
　記述問題

第4章
社会的認知
　択一問題
　記述問題

第5章
社会的影響
　択一問題
　記述問題

第6章
組織・リーダーシップ
　択一問題
　記述問題

第7章
攻撃・援助
　択一問題
　記述問題

第8章
対人魅力・対人行動
　択一問題
　記述問題

第9章
犯罪・非行
　択一問題
　記述問題

1.

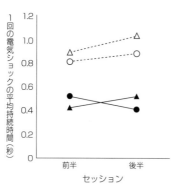

凡例:
- ● 匿名条件　好ましい学習者
- ○ 匿名条件　好ましくない学習者
- ▲ 識別可能条件　好ましい学習者
- △ 識別可能条件　好ましくない学習者

2.

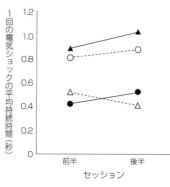

凡例:
- ● 匿名条件　好ましい学習者
- ○ 匿名条件　好ましくない学習者
- ▲ 識別可能条件　好ましい学習者
- △ 識別可能条件　好ましくない学習者

3.

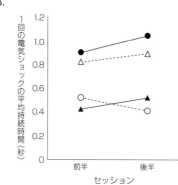

凡例:
- ● 匿名条件　好ましい学習者
- ○ 匿名条件　好ましくない学習者
- ▲ 識別可能条件　好ましい学習者
- △ 識別可能条件　好ましくない学習者

4.

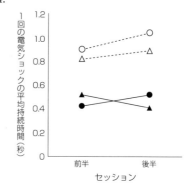

凡例:
- ● 匿名条件　好ましい学習者
- ○ 匿名条件　好ましくない学習者
- ▲ 識別可能条件　好ましい学習者
- △ 識別可能条件　好ましくない学習者

5.

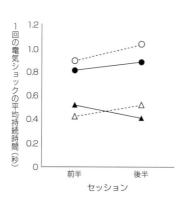

凡例:
- ● 匿名条件　好ましい学習者
- ○ 匿名条件　好ましくない学習者
- ▲ 識別可能条件　好ましい学習者
- △ 識別可能条件　好ましくない学習者

実践問題
【記述】

(1) 社会的促進

社会的促進について，400字以内で簡潔に説明せよ。（家裁　H30）

(2) Zimbardo の没個性化実験

ジンバルドー（Zimbardo, P.）の没個性化の実験について，その概要と得られた結果から導かれたことについて400字以内で簡潔に説明しなさい。（類題）

(3) 同調

集団と個人に関する次の問い1. 〜3. に答えよ。（東京都　H25）

1. 同調について，主な研究例をあげて説明せよ。
2. 同調の起きる原因及び起こりやすくする要因について説明せよ。
3. 集団の中で少数者が影響力をもつのはどのような場合か説明せよ。

第6章

組織・
リーダーシップ

例題とポイント解説

【例題】 リーダーシップ

リーダーシップに関する理論についての記述として最も妥当なのはどれか。(法専　H29)

1. ブレークとムートン（Blake, R. R. & Mouton, J. S.）が提唱したマネジリアル・グリッド（managerial grid）は，リーダーに必要とされる要件を，生産への関心と人間への関心の二次元から捉え，それぞれ 1 〜 9 の 9 段階に分けて表したものである。典型的なリーダーシップの類型として，1・1 型，1・9 型，9・1 型，9・9 型，5・5 型の五つが挙げられているが，このうち，5・5 型が最も理想的なスタイルとされている。

2. 三隅二不二が提唱した PM 理論では，目標達成に関する機能（P 機能）と集団維持に関する機能（M 機能）のそれぞれをリーダーがどの程度備えているかによって，リーダーの行動が四つのタイプ（PM 型，Pm 型，pM 型，pm 型）に類型化され，組織の生産性は，短期的には PM 型 > pM 型 > Pm 型 > pm 型の順に高くなるが，長期的には PM 型 > Pm 型 > pM 型 > pm 型の順に高くなるとされている。

3. フィードラー（Fiedler, F. E.）が提唱した条件即応モデル（contingency model）では，リーダーを取り巻く状況によって最適なリーダーシップのスタイルは異なるとされ，リーダーシップの指標として LPC 得点が用いられている。リーダーと他の成員との関係が悪く，課題の構造化の程度が低く，リーダーの立場が弱い状況では，LPC 得点の高いリーダーが有効であるとされている。

4. ハウス（House, R. J.）が提唱したパス・ゴール理論（path-goal theory）では，リーダーが成員に対して，目標（goal）を達成するために通るべき道筋（path）を適切に示すことが重要である。したがって，目標達成には，課題の性質にかかわらず，リーダーは成員に対して仕事の進め方を明確に示すような主導的・指示的なリーダーシップを発揮することが有効とされている。

5. ハーシーとブランチャード（Hersey, P. & Blanchard, K. H.）が提唱した SL 理論（situational leadership theory）又はライフサイクル論では，能力と意欲に基づく成員の成熟度が時系列に 4 段階に区分され，それぞれの段階で効果的なリーダーシップのスタイルを示している。リーダーシップのスタイルは，課題志向と人間関係志向の 2 軸の高低の組合せで表されるが，成員の成熟度が高い状況では，両志向が共に低いスタイルが有効とされている。

ポイント解説

　　産業組織心理学をテーマとした問題は、平成 24 年度の国家公務員試験の試験制度変更以降、択一において平成 24 年度（法専）と平成 27 年度（国総）の2 回しか出題されていない。ただし、リーダーシップ理論に限っては、ほぼ毎年のように出題されている。他方、地上心理の択一では、過去の受験者からの報告によれば、産業組織心理学からの出題が 1 問程度であるがコンスタントに出題されている。地上心理でもリーダーシップは頻出だが、それ以外では、ホーソン研究、キャリア発達（Schein, E. の組織内キャリア発達）、人事評価（アセスメント・センター・メソッド）などが出題されている。万全を期したい人は、産業組織心理学にも目配りをしておくこと。

　　リーダーシップ理論は特に頻出であるため、立場ごとに代表的な理論を理解し記述できるようにしておくこと。なお、リーダーシップは社会心理学領域の古くからの定番テーマであるが、産業組織心理学でも 1 つの重要な研究テーマであるため、本章は「組織・リーダーシップ」とした。

 覚えておきたい基礎知識

　リーダーシップとは、集団目標の達成に向けてなされる集団の諸活動に影響を与える過程であり、一般的には、リーダーが成員に対して発揮する影響力を指す。

　リーダーシップの研究は、主として「特性アプローチ」、「行動アプローチ」、「条件即応アプローチ」に分けられる。

■特性アプローチ

優れたリーダーの持つ特性に着目したアプローチである。

　▶ **Stogdill, R. M. のリーダーシップ特性研究**：様々な研究成果を分析し、優れたリーダーに共通して備わる特性を、①知能（判断力や創造性など）、②素養（学識、経験、体力など）、③責任感（信頼性や自信など）、④参加性（活動性、社交性、協調性、ユーモアなど）、⑤地位（社会的・経済的地位や人気など）の 5 つに整理した。

■行動アプローチ

優れたリーダーはどのような行動を取るのかに着目したアプローチである。

　▶ **3 つのリーダーシップ・スタイル（専制型・民主型・放任型）**：Lewin, K. らによるリーダーシップ・スタイルの研究が知られる。White, R. と Lippitt, R. は Lewin の研究をもとに、専制型、民主型、放任型リーダーの下での少年たちの集団の生産性等を実験的に検討した。その結果、民主型リーダーの下での作業の質が最も高く、作業量は多く、作業への動機づけが高く、友好的な雰囲気であった。専制型リーダーの下では作業量は多いものの、攻撃的な雰囲気で、リーダー不在時に怠けるなどの行動が見られた。放任型リーダーの下では、作業の質が悪く、作業量が少なく、勝手に遊ぶことも多かった。

第1章
態度・説得
択一問題
記述問題

第2章
集団過程・集合現象
択一問題
記述問題

第3章
自己過程・集団と自己
択一問題
記述問題

第4章
社会的認知
択一問題
記述問題

第5章
社会的影響
択一問題
記述問題

第6章
組織・リーダーシップ
択一問題
記述問題

第7章
攻撃・援助
択一問題
記述問題

第8章
対人魅力・対人行動
択一問題
記述問題

第9章
犯罪・非行
択一問題
記述問題

▶ **PM 理論**：三隅二不二による，リーダーシップの機能をP機能とM機能の2つに分類した理論である。

P機能とは，課題志向の課題達成（Performance）機能であり，M機能とは人間関係志向の集団維持（Maintenance）機能である。三隅は，これらの2つの機能を高低2水準（P，M，p，m：大文字が高水準，小文字が低水準）に分けて，PM，Pm，pM，pmの4つのリーダーシップを類型化し（図6-1），P機能とM機能の両者を高水準に備えたPM型が最も効果的なリーダーシップであるとした。

▶ **マネジリアル・グリッド理論**：Blake, R. R. と Mouton, J. S. による。リーダーシップの機能を，人間に対する関心と業績に関する関心の2つに分けた。PM理論と同様，前者が人間関係志向であり，後者が課題志向である。PM理論との違いは，各次元を1～9ポイントに刻み，リーダーシップを9・1型，1・9型，1・1型，5・5型，9・9型の5つに分類した点である（図6-2）。これらのうち，5・5型は人間と業績の双方にほどほどに関心を示すタイプである。なお，人間にも業績にも最大に関心を示す9・9型が最も理想的とされる。

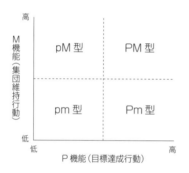

図 6-1　PM 理論（山口，2006, p.121 を改変）

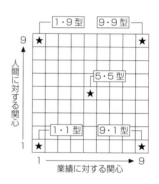

図 6-2　マネジリアル・グリッド（山口，2006, p.121 を改変）

■条件即応アプローチ

リーダーの特性や行動の効果は，状況によって変化するという考え方に基づくアプローチである。コンティンジェンシー・アプローチ，随伴性アプローチとも呼ばれる。

▶ **Fiedler の条件即応モデル（LPC モデル）**：Fiedler, F. E. による条件即応アプローチの先駆けとなったモデルである。まず，リーダーの特性をLPC（Least Preferred Coworker）指標によって，高LPCリーダーと低LPCリーダーに分ける。高LPCリーダーとは，人間関係志向のリーダーであり，低LPCリーダーとは，課題達成志向のリーダーを意味する。次に，集団の状況を「リーダーとメンバーの関係のよさ」，「課題の構造化の程度」，「リーダーの持つ地位勢力」の3つの観点から捉える。これらを踏まえ，リーダーの特性と集団状況の組み合わせによってリーダーシップの有効性を示す（図6-3）。すなわち，リーダーにとって有利ないし不利な状況では低LPCリーダーが効果的となり，中程度に有利な状況では高LPCリーダーが効果的となる。

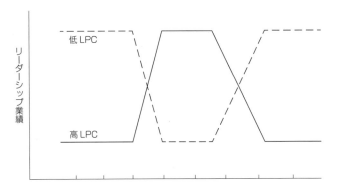

図 6-3　Fiedler の LPC モデルにおけるリーダーのタイプとリーダーシップの効果
（安藤・大坊・池田，1995，p.162）

▶ **House のパス-ゴール理論**：House, R. J. による理論。通路-目標理論とも呼ばれる。
リーダーシップは，部下の達成動機や職務満足感を高められた場合に有意味であると
いう考えに立つ。PM 理論のようなリーダーシップの二機能説に基づくが，リーダー
シップの効果は，課題の特徴や部下の特性などの状況要因に規定されるとする。
　　たとえば，課題が構造化されていないときは，仕事の進め方を具体的に指示する「構
造作り型」のリーダーシップが有効であり，課題が構造化されている（定型的業務な
ど）ときには，人間関係志向の「配慮型」リーダーシップが有効であると考える。

▶ **Hersey と Branchard のライフサイクル理論**：Hersey, P. と Blanchard, K. H. による
理論。リーダーシップの効果は，成員の成熟度によって変化すると考える。成員の成
熟度とは，職務に必要な能力や意欲か
らなる仕事にかかわる発達のレベルで
あり，4 段階に分けられる。他方，リー
ダー行動は，指示的行動（課題達成志
向）と協労的行動（人間関係志向）の
二次元に分けられ，それらの高低の組
み合わせで 4 つのリーダーシップスタ
イルを設定する。効果的なリーダー
シップは，成員のレベルが未熟な段階
から成熟の段階に発達するにしたがっ
て，順に，教示的リーダーシップ，説
得的リーダーシップ，参加的リーダー
シップ，委譲的リーダーシップへと移
行する（図 6-4）。

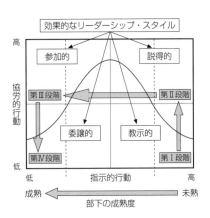

図 6-4　ライフサイクル理論（山口，2006，p.124）

第 1 章
態度・説得
　　択一問題
　　記述問題

第 2 章
集団過程・集合現象
　　択一問題
　　記述問題

第 3 章
自己過程・集団と自己
　　択一問題
　　記述問題

第 4 章
社会的認知
　　択一問題
　　記述問題

第 5 章
社会的影響
　　択一問題
　　記述問題

第 6 章
組織・リーダーシップ
　　択一問題
　　記述問題

第 7 章
攻撃・援助
　　択一問題
　　記述問題

第 8 章
対人魅力・対人行動
　　択一問題
　　記述問題

第 9 章
犯罪・非行
　　択一問題
　　記述問題

■変革型リーダーシップ

　特性アプローチ，行動アプローチ，条件即応アプローチの研究は，集団目標達成の
ために組織内に目を向けるリーダーシップであり，「交流型リーダーシップ」と呼ば
れる。これに対し，変革型リーダーシップとは，組織の外に注意を向け，外部環境の
変化に応じて組織のあり方を変革するリーダーシップのことである。Bass, B. M. は，
変革型リーダーシップの要素として，①理想的影響（Idealized influence：カリスマ
性と表現されることもある），②モチベーションの鼓舞（Inspirational motivation），
③知的刺激（Intellectual stimulation），④個別的配慮（Individual consideration）の
4つを挙げている（詳しくは，「解答・解説編」p.86 を参照のこと）。

【例題】の正答：　5

頻出度：★★★　　難易度：★☆☆

解　説：リーダーシップ理論についての定番の理論が総出の基本的な問題。易しい。

1.　×　理想的なのは9・9型である。5・5型は別名，妥協型とも呼ばれる。
　　日本人の中には，生産性にも人間にもほどほどに配慮する5・5型のよう
　　な中庸なスタイルが望ましいと考える人もあるかもしれないが，ひっかか
　　らないように。

2.　×　組織の生産性の高さは，短期的には PM 型＞ Pm 型＞ pM 型＞ pm 型，
　　長期的には PM 型＞ pM 型＞ Pm 型＞ pm 型の順である。

3.　×　リーダーにとって不利な状況と有利な状況では低 LPC リーダーが有効
　　であり，その中間的な状況では高 LPC リーダーが有効である。Fiedler の
　　条件即応モデルはリーダーシップ理論の中でもこの 20 年で出題回数最多
　　である。

4.　×　House によれば，課題が構造化されていないときは，仕事の進め方を
　　具体的に指示する「構造作り型」のリーダーシップが有効。課題が構造化
　　されているときは，人間関係を志向した「配慮型」のリーダーシップが有
　　効である。

5.　○　Hersey と Blanchard のライフサイクル理論については，「覚えておき
　　たい基礎知識」p.113 参照のこと。

文　献

安藤清志・大坊郁夫・池田謙一　1995　現代心理学入門〈4〉社会心理学　岩波書店　p.162.

池田　浩　2007　リーダーシップ　山口裕幸・金井篤子　よくわかる産業組織心理学　ミネルヴァ書房　pp.120-
　138.

松原敏浩　1990　リーダーシップ　大坊郁夫・安藤清志・池田謙一　社会心理学パースペクティブ3　誠信書房
　pp.20-35

山口裕幸　2006　組織の変革と管理者のリーダーシップ　山口裕幸・髙橋　潔・芳賀　繁・竹村和久　産業・組織
　心理学　有斐閣　pp.111-133.

実践問題
【択一】

(1) リーダーシップ

リーダーシップに関する記述として最も妥当なのはどれか。(国総　H26)

1. ストッグディル (Stogdill, R. M.) は,リーダーのパーソナリティに関する数多くの先行研究を詳細に検討した結果,リーダーはフォロアーに比べて,カリスマ性,知能,自信などの資質がはるかに高いということを見いだし,グレート・マン理論を提唱した。

2. リピットとホワイト (Lippitt, R. & White, R.) は,三つのリーダーシップ・スタイルが集団活動等に及ぼす効果について比較検討した。専制型では,集団の作業成績はよかったが,リーダー不在時に作業に専念した時間的割合が他の集団と比べて大きく低下した。

3. ベールズ (Bales, R. F.) は対人相互作用を観察する IPA (Interaction Process Analysis) システムを用い,集団問題解決過程を観察し,ほとんどの場合「課題専門家」型リーダーが「社会情緒的専門家」型リーダーも兼ねていることを見いだした。

4. フィードラー (Fiedler, F. E.) は,LPC (Least Preferred Co-worker) 得点を用いたリーダーシップの随伴性モデルを提唱し,LPC 得点が高いリーダーほど,関係指向性や部下への配慮よりも,課題達成を重視することを見いだした。

5. リーヴィット (Leavitt, H. J.) は,中心型の構造をもち,特定の人にコミュニケーションが集中するサークル型などのコミュニケーション・ネットワークよりも,分散型の構造をもつ車輪型や Y 型の場合の方が,誰もがリーダーになる可能性が高いことを示した。

(2) 条件即応モデル①

リーダーシップ研究に関する次の記述のうち,条件即応アプローチ (contingency approach) に分類される理論として最も妥当なのはどれか。(国 I　H23)

1. 集団による目標達成や課題解決を指向する P (Performance) 機能と,集団の維持と強化を指向する M (Maintenance) 機能の組合せによって,リーダーを類型化している。一般的には,PM 型リーダーのもとでは,集団の生産性,部下のモラール (士気) が最も高く,P 型リーダーのもとでは,集団生産性は高いが部下のモラールが低いこと,M 型リーダーのもとでは,集団生産性は低いが部下のモラールが高いこと,そして pm 型のリーダーのもとでは,集団生産性も部下のモラールや満足度も最も低いことが示されている。

2. 様々な研究成果を整理して，優れたリーダーにある程度共通して備わっている特性として，①知能（判断力や創造性など），②素養（学識，経験，体力など），③責任感（信頼性や自信など），④参加性（活動性，社交性，協調性，ユーモアなど），⑤地位（社会的・経済的地位や人気など）の五つを指摘している。

3. リーダーシップを，方針の全てをリーダーが決定する「独裁型」，あらゆる方策を集団討議で決定し，リーダーはこれに奨励と援助を与える「民主型」，集団としての決定も個人的決定も集団に任せ，リーダーは最小限の参加をする「放任型」の三つに分類する。研究の結果，①課題の達成度が高いのは「民主型」と「独裁型」であった。②グループ内の人間関係は「独裁型」のもとでは悪化した，という2点が明らかにされたことから，ある程度の成果を上げながら人間関係が快適に維持されるのは，民主型リーダーシップであるとしている。

4. リーダーの行動を指示的行動と協労的の2次元に分け，メンバーの成熟度との関係を示している。すなわち，メンバーの成熟度が最も低い段階では，指示的行動が高く協労的行動は低い「教示的リーダーシップ」が効果的だが，成熟度が増すにしたがって，指示的行動・協労的行動ともに高い「説得的リーダーシップ」から，協労的行動のみ高い「参加的リーダーシップ」へと効果的なリーダー行動の質が変わり，最も成熟度が高い段階では，どちらの行動も低い「委譲的リーダーシップ」が有効であるとしている。

5. 管理者に必要とされる行動要件を，「生産（業績）への関心」と「人間（部下）への関心」の2次元からとらえ，横軸に生産への関心を，縦軸に人間への関心をとって，それぞれ9段階に分ける。ここにできる計81のグリッドをマネジリアル・グリッドと呼び，基本型として，9・9型，9・1型，5・5型，1・9型，1・1型の五つを挙げた。両軸への関心がともに高い9・9型の管理スタイルを理想とし，組織開発の目標は，9・9型の組織風土づくりにおかれるとしている。

（3）条件即応モデル②

　フィードラー（Fiedler, F. E.）によって提唱された条件即応モデル（contingency model）において，リーダーシップの有効性は，リーダーの特性と集団状況の組合せによって決まるとされている。リーダーの特性は「関係志向型」と「課題志向型」の二つの型に分けられる。また，集団状況は「リーダーとメンバーの関係の良さ」，「課題が構造化されている程度（仕事の目標，手続きの明瞭さ）」，「リーダーの持つ地位勢力」の三つの要因に分けられ，それらの組合せによって，下表のように，Ⅰ（リーダーにとって特に有利）から，Ⅷ（リーダーにとって特に不利）まで，八つの状況が構成される。

　リーダーシップの特性を「関係志向型」と「課題志向型」に分け，表に示すⅠ〜Ⅷの集団状況におけるリーダーシップの有効性（集団業績）を表した模式図として最も妥当なのはどれか。（法専　H27）

表　状況の有利さ

	I	II	III	IV	V	VI	VII	VIII
リーダーとメンバー関係	良い	良い	良い	良い	悪い	悪い	悪い	悪い
課題の構造化	高い	高い	低い	低い	高い	高い	低い	低い
リーダーの地位勢力	強い	弱い	強い	弱い	強い	弱い	強い	弱い

1.
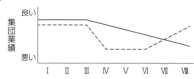

2.
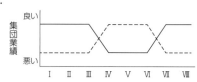

3.

4.
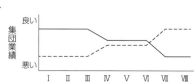

5.
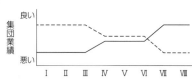

――― 関係志向型
------- 課題志向型

（4）条件即応モデル③

フィードラー（Fiedler, F. E.）が提唱したコンティンジェンシーモデルに関する記述として最も妥当なのはどれか。（法専　H30）

1. 優秀なリーダーになる人は，一般のメンバーとは異なる優れた資質を持っているはずであるという前提に立っており，優れたリーダーに備わっている特性として，①判断力や創造性などの知能，②学識や経験などの素質，③信頼性や自信などの責任感，④活動性や社交性などの参加性，⑤社会的・経済的地位や人気などの地位の五つが想定されている。

2. 最適なリーダーシップスタイルは，リーダーを取り巻く，①リーダーと成員との関係，②課題の構造化の程度，③リーダーの地位勢力の3要因を組み合わせた集団状況によって変化すると考え，リーダーシップスタイルの指標であるLPC得点の高いリーダーが，あらゆる集団状況において最適なリーダーシップであるとは限らないとされる。

3. 集団の状況・特性によって効果的なリーダー行動は異なるという観点に立っており，メンバーの成熟度が低いうちは教示的なリーダーシップが効果的であ

第1章
態度・説得

択一問題
記述問題

第2章
集団過程・集合現象

択一問題
記述問題

第3章
自己過程・集団と自己

択一問題
記述問題

第4章
社会的認知

択一問題
記述問題

第5章
社会的影響

択一問題
記述問題

第6章
組織・リーダーシップ

択一問題
記述問題

第7章
攻撃・援助

択一問題
記述問題

第8章
対人魅力・対人行動

択一問題
記述問題

第9章
犯罪・非行

択一問題
記述問題

るが，成熟度が増すにしたがって，説得的リーダーシップ，参加的リーダーシップへと効果的なリーダー行動の質が変わり，最も成熟度が高まった集団では，委譲的リーダーシップが有効とされる。

4. 効果的なリーダーシップは2種類のリーダーの機能の組合せによるという観点から，課題志向の厳しさ・励ましの側面を課題達成（Performance）機能，人間志向の優しさ・思いやりの側面を人間関係維持（Maintenance）機能と呼び，両機能をいずれも高水準で備えたリーダーシップの型が最も効果的とされる。

5. 「専制的リーダー」，「民主的リーダー」，「放任的リーダー」という三つのリーダーシップスタイルがあり，①民主的リーダーの下では能率的で集団の雰囲気もよい，②専制的リーダーの下では作業量は多いが意欲に乏しい，③放任的リーダーの下では作業が非能率的で意欲も低いことから，民主的リーダーが有効なリーダーシップスタイルとされる。

(5) 組織に関する諸理論

組織の管理や運営に関する研究や理論に関する記述として最も妥当なのはどれか。（国総　H25）

1. 組織管理の在り方を明らかにすることを目的としたホーソン研究では，部屋の照明の明るさや賃金の高さ，休憩の回数などの物理的な作業条件が生産能率に大きな影響を与えること，また，従業員の社会的欲求や非公式集団における規範よりも，会社によって作られた公式集団の規範の方が生産能率に与える影響が大きいことが明らかにされ，環境整備の重要性が示された。

2. 人事評価など，他者を評価する際に判断の偏りが生じやすい例として，出身地や趣味など何らかの点で自分と似ている者を高く評価するハロー効果や，極端な評価を下すことを避けて評価を尺度の中心付近に集中させてしまう中心化傾向などが挙げられる。中心化傾向は，絶対評価よりも相対評価を行う際に生じやすいとされる。

3. 権威者から下された命令に人がどこまで従うのかを調べたミルグラム（Milgram, S., 1974）の実験では，権威主義的傾向の強いごく一部の者を除き，ほとんどの者は自らの意志や価値観に反する命令には服従しないという事実が明らかにされ，単に上司という立場や権威だけでは指示や命令に従わせることは難しく，部下との信頼関係や説得技術が重要であるとされた。

4. 三隅二不二が提唱したPM理論では，集団による目標達成や課題解決を志向するP機能と，集団の維持や強化を志向するM機能をそれぞれ高低2水準に分け，その組合せによってリーダーを四つに類型化している。一般に，両機能とも高水準であるPM型が，集団の生産性とメンバーの満足感のどちらについても，最も効果的なリーダー行動スタイルであるとされている。

5. 集団による意思決定は個人の決定よりも質の高い決定がなされる場合が多く，これを集団思考と呼ぶ。特に，集団の人数が多く価値観が多様な場合には，個人が異議や疑念を唱えることを歓迎する風土が醸成されることからその傾向は強まり，幅広い視野から慎重に物事を検討し，優れた決定を下すことができるとされる。

(6) 産業・組織心理学

産業・組織心理学に関する記述として最も妥当なのはどれか。（国総　H27）

1. 従業員が受け取る報酬を決める基準の在り方は，公平性に関わる事象といえる。「分配的公平」の公平原理である「衡平」に基づいて，同期入社の従業員に同額の報酬が与えられれば分配的公平知覚が高まる。一方，「手続き的公平」は貢献に対する報酬の返報性として規定され，貢献度が高い従業員により多くの報酬が与えられれば手続き的公平知覚が高まる。報酬システムでは，これら二つの公平知覚がバランスよく満たされることが重要であるとされる。

2. 管理職の育成や選抜などに用いられてきた方法として「アセスメント・センター・メソッド」がある。この方法では，研修プログラムの形式で評価対象者に実際の職務をシミュレートした様々な演習課題を行わせ，複数の評価専門家（アセッサー）が行動観察や課題処理結果をもとに複数の評価次元について対象者を評定し，管理職としての適性のアセスメントを行う。この方法には多くの利点がある一方，高費用・高負荷といった短所も指摘されている。

3. 覚醒水準は作業のパフォーマンスに影響を与える。「ヤーキース＝ドッドソンの法則」によると，単純な作業の場合は低い覚醒水準が適しており，覚醒水準が高いと作業の単純さに対する不満やストレスが生じなくなる。一方，複雑な作業の場合は高い覚醒水準が適しており，覚醒水準が低いと作業遂行に必要な情報処理の効率が低下する。そこで，作業の複雑さに適した覚醒水準を実現することが作業環境設計の一つの目標となる。

4. 産業事故につながる不安全行動の一つとして「リスクテイキング」がある。これは，ヘルメットや命綱を着用せずに作業をするというように，危機を認識した上であえて危ない行為を実行することをいい，リスクを過大に見積もることや，リスク効用を低く評価することが原因とされる。したがって，リスクを小さく見積もりリスク効用の評価を高めるような教育訓練や，安全マニュアルを作成し作業員にそれを遵守させることなどが，安全対策として重要となる。

5. 金額に対する価値の感じ方は一律ではない。「心理的財布」とは，"1万円をもらったときの嬉しさよりも1万円失ったときのショックの方が大きい"や，"10万円をもらったときの嬉しさは1万円をもらったときの嬉しさの10倍よりも小さい"というように，金額に対する価値関数が，利得／損失の枠組みや現状（参

第1章
態度・説得
択一問題
記述問題

第2章
集団過程・集合現象
択一問題
記述問題

第3章
自己過程・集団と自己
択一問題
記述問題

第4章
社会的認知
択一問題
記述問題

第5章
社会的影響
択一問題
記述問題

第6章
組織・リーダーシップ
択一問題
記述問題

第7章
攻撃・援助
択一問題
記述問題

第8章
対人魅力・対人行動
択一問題
記述問題

第9章
犯罪・非行
択一問題
記述問題

照点)からの距離によって変化することを表す用語である。心理的財布の概念は，購買動機の把握やマーケティング活動にも応用されている。

（7）職務動機づけ

仕事の動機や動機づけに関する記述として最も妥当なのはどれか。（国Ⅰ　H23）

1. アトキンソン（Atkinson, J. W., 1957）は，達成動機は課題を達成しようとして行動を起こす接近傾向と，失敗を避けようとして行動を控える回避傾向の合成として生じると考えた。接近傾向は，成功動機，成功の見込み，課題達成の魅力の和で導かれるとし，成功の見込みが高いほど，また課題達成の魅力が高いほど，接近傾向が強くなることを明らかにした。

2. マクレランド（McClelland, D. C., 1961）は，達成動機，親和動機，支配動機を検討し，このうち達成動機が最も仕事の成果に直接的に影響するとした。この動機が高い人は，非常に難易度の高い課題を好み，自らの行動の結果に関するフィードバックを求めるが，失敗時の個人的責任を免れるために自ら目標を設定することを避ける傾向が強いことを明らかにした。

3. ハーズバーグ（Herzberg, F., 1966）は職務に関する満足要因（動機づけ要因）と不満足要因（衛生要因）を特定し，これらが独立した要因であること，つまり不満足要因を解消しても積極的な動機づけにはつながらず，満足要因が充足されなくても不満が大きくなるわけではないことを示した。そして，仕事への動機づけを高めるには，職務拡大ではなく職務充実が必要であることを示した。

4. アルダーファー（Alderfer, C. P., 1972）は，生存，関係，成長の三つの欲求に集約した理論を提唱している。生存から関係へ，さらに成長へと低次から高次の欲求が出現し，低次の欲求が充足されて初めて高次の欲求が顕在化することを認めている。これは，欠乏動機と成長動機について記述したマズロー（Maslow, A. H., 1954）の欲求階層理論と共通する。

5. ロックとラザム（Locke, E. A. & Latham, G. P., 1990）は，目標の設定と自己効力が動機づけに与える影響について論じた。すなわち，目標がたやすいほど自己効力感が高まり，目標が曖昧なほど創造力が喚起されて課題遂行における効果的な方略の考案が促進されることを示し，こうした目標設定によって動機づけが高まり，高い成果につながるとした。

(1) リーダーシップ

　集団や組織が存続していくためには，今までの伝統を維持しつつ，課題を遂行し，変革していくことが求められる。そうした際の重要な要素の一つに，リーダーシップが挙げられる。リーダーシップに関する以下の1.〜3.に答えなさい。（国Ⅰ H23）

1. 集団とリーダーシップを定義した上で，リーダーシップ行動の研究において明らかにされてきたリーダーシップの二つの機能を述べなさい。また，この観点を取り入れたリーダーシップ理論を一つ挙げ，簡潔に説明しなさい。
2. 集団や組織を変革していくために必要とされる変革型リーダーシップ（transformational leadership）について，1. にみられるようなリーダーシップ理論を含む，従来の交流型リーダーシップ（transactional leadership）理論との差異がわかるように説明し，その意義について論じなさい。
3. あなたが6〜7人から構成される部署の長（リーダー）であり，これから半年の間に，あるプロジェクトを完成させる立場にいるとする。まず，プロジェクトを開始する以前から集団のリーダーとして，日常的にどのような集団づくりをしておく必要があると考えられるか。また，プロジェクトが開始してからは，どのような点に注意して，プロジェクトの完成まで集団を導いていくかについて，リーダーシップの観点から論じなさい。

(2) チーム・エラーの発生と回避

　医療看護チーム，操船チーム，原子力発電運転チームなど，我々の社会では，異なる個性，技能，能力を持った個人を組み合わせることにより，課題目標を効率よく達成することを目指して，チームを組んで課題に取り組むことがある。そして，このようなチームには，メンバーの誰かがミスや失敗を犯しても，チームとしてミスを修正し，補うことが期待されている。しかし，チームと言えども必ずしも万全な形態ではなく，メンバーが犯したエラーを修正することができないまま，チームとして意図しない結果を招いてしまうことがある（以下，このようなチームとしてのエラーをチーム・エラーと表記）。

　ある研究では，チーム・エラーの発生を回避するためには，次の3段階の対応が必要と言われている。すなわち，①（メンバーが犯した）エラーを検出する段階，②（エラーを犯したメンバーに対する）エラー指摘の段階，③（エラーの指摘を受けたメンバー本人による）エラーの修正の段階である。これら3段階のいずれかにおける対応に失敗すると，チーム・エラーの発生につながると考えられてい

る。こうした各段階における対応の失敗の背景には，我々人間に特有の行動パターンが存在していると考えることができる。（国Ⅰ　H21）

1. チーム・エラーの発生につながる上記3段階における対応の失敗にかかわっていると考えられる，行動パターンまたは心理学上の現象，集団特性を挙げて，それらについて説明しなさい。特に，個人内において生じる現象ではなく，他者とのかかわりにおいて生じる現象を中心に説明しなさい。
2. 1. で述べた内容を踏まえて，チーム・エラーを回避するための具体的な方策として，どのようなものが考えられるかを論じなさい。

第 **7** 章

攻撃・援助

例題とポイント解説

【例題】 攻撃行動

攻撃行動に関する記述として最も妥当なのはどれか。(法専　H28)

1. ミルグラム（Milgram, S.）は，実験参加者をランダムに囚人と看守に振り分けてその行動を観察するという実験を行い，人は誰でも，特別な地位や権威を与えられると，そうでない場合に比べて攻撃行動をとりやすくなることを実証した。

2. ローゼンツァイク（Rosenzweig, S.）は，攻撃性と欲求不満との関連を検討し，欲求不満耐性が低い人ほど攻撃性が高く，また，欲求不満耐性の高低は状況や環境に左右されるものではないことを見いだした。そして，攻撃性の高さは生得的なものであると主張した。

3. ダラード（Dollard, J.）らは，攻撃行動は，欲求不満を低減又は終結させようという動因に基づいて行われるが，欲求不満が常に攻撃行動に至るわけではなく，欲求不満状態に加えて自己の安全性と匿名性が確保されていることが必要条件であると主張した。

4. バーコヴィッツ（Berkowitz, L.）らは，攻撃の開始や促進を決定づける要因として，欲求不満によってもたらされる怒りなどの情動だけでなく，武器など攻撃を誘発する手掛かりの存在も重要であることを提唱した。

5. バンデューラ（Bandura, A.）は，攻撃行動のモデリングについて研究を行い，観察の対象であるモデルを強化するだけではモデリングは生じないが，モデルの観察中に被観察者に直接強化を与えることでモデリングが生じることを実証した。

POINT! ポイント解説

　択一問題では，攻撃行動も援助行動もこの10年間で以前ほどの高い出題頻度ではなくなった。とはいえ国家総合職，法務省専門職員の試験では，3，4年おきに1回出題されている。出題された際には必ず正答できるように準備をすること。攻撃行動では，内的衝動説，情動発散説，社会的機能説の3つのアプローチにかかわる理論が基本である。さらに，近年発展してきた統合的な理論，つまり攻撃の生起にかかわる複数の要因を統合して説明しようとするモデルも理解しておくこと。

　援助行動の出題頻度は基本的に高くない。昔から援助行動に関しては，択一

問題で出題されるのは，ほぼ傍観者効果のみであった。ここ 10 年は択一で傍観者効果を見かけなくなったが，近年の家裁や法務省専門職員の記述では「傍観者効果」が出題されている。択一では近年，「援助行動の生起過程モデル」が出題されている。最低限，これらについて実験等とあわせて確認し，記述もできるようになっておくこと。

 覚えておきたい基礎知識

■攻撃行動の分類

攻撃行動は，戦略的攻撃と衝動的攻撃に分けられる（大渕，2001）。表 7-1 に示したように，両者の攻撃は正反対の特徴を持つ。さらに大渕（2011）は，衝動的攻撃の特徴として「弱挑発性」を挙げている。つまり，衝動的攻撃は，攻撃を誘発する出来事がほとんどなくても起こりうる（たとえば防衛機制でいうところの「置き換え」）とし，状況からみて不釣り合いに強い攻撃反応となることがあるとする。なお，実際の攻撃行動は，戦略的攻撃と衝動的攻撃の両面を併せ持つことが多い。

表 7-1　攻撃行動の分類（大渕，2001, p.84）

特　徴	戦略的攻撃	衝動的攻撃
情動性	弱い。理性的	強い。怒り，恐怖など
自己制御	強い 意志的コントロール可能	弱い 意志的コントロールが困難
目標志向性	ある目標を達成する手段として	何のために，という目標が不明確
機能性	問題を解決する手段として	問題解決に役立たない
例	軍事作戦，スポーツやゲームにおける 攻防，強盗，復讐，叱責	「カッとなって，思わず」 「むかついたから」

■攻撃行動の理論

攻撃行動の生起メカニズムや機能について，古くから様々なアプローチがある。それらの中で頻出あるいは知っておくべき理論，モデルについて，主として大渕（2011）に基づいて 3 つに分け，ポイントを整理する。

▶内的衝動説：攻撃は人間の本能であるとする説の総称。攻撃本能理論とも呼ばれる。この立場を取ったのは主に次の 2 人である。

　　Freud, S. ▶▶▶　人間の攻撃性は，自己破壊衝動である「死の本能（タナトス）」から派生したもの。「死の本能」は「生の本能（エロス）」と矛盾・対立するため，その妥協から，「死の本能」が外部に転化されて，攻撃衝動となったと考える。

　　Lorenz, K. Z. ▶▶▶　動物の行動観察から動物の脳に攻撃中枢があると仮定し（攻撃中枢の存在は確かめられてはいない），ゆえに攻撃は生得的に組み込まれた内発性の衝動であると考えた。個体内の攻撃ポテンシャルが自然に高まり，攻撃の手がかりとなる解発刺激が提示されると攻撃行動が生じると説明される（例：繁殖期のトゲウオのオスのなわばり行動）。

第 1 章
態度・説得

択一問題
記述問題

第 2 章
集団過程・集合現象

択一問題
記述問題

第 3 章
自己過程・集団と自己

択一問題
記述問題

第 4 章
社会的認知

択一問題
記述問題

第 5 章
社会的影響

択一問題
記述問題

第 6 章
組織・リーダーシップ

択一問題
記述問題

第 7 章
攻撃・援助

択一問題
記述問題

第 8 章
対人魅力・対人行動

択一問題
記述問題

第 9 章
犯罪・非行

択一問題
記述問題

両者の相違点は，Freud は上記の理論仮定から攻撃は必要悪であると考えたのに対し，Lorenz は個体や種の保存に役立つ適応的な機能としたところである。

▶**情動発散説**：攻撃を不快な感情の表出あるいは発散とみなす説の総称。

　　フラストレーション－攻撃仮説▶▶▶　Dollard, J. らによる，フラストレーションが攻撃を動機づけ，攻撃はフラストレーションによって喚起されるという仮説。この説においては，攻撃反応の目標は，フラストレーションの原因そのものを解決することではなく，フラストレーションによって生じた不快感情を発散させ，減少させることである。ゆえに，原因とは無関係な対象に向けて攻撃が行われた場合でも，カタルシスが生じることで，不快感情は減少する。

　　攻撃－手がかり説▶▶▶　Berkowitz, L. が，Dollard らのフラストレーション－攻撃仮説を修正した理論。フラストレーションによる怒り等の不快情動が生じた状況に，攻撃的意味を帯びた手がかり（主として銃）が加わることで攻撃行動が生じる。

　　認知的新連合理論▶▶▶　Berkowitz が攻撃－手がかり説をさらに発展させた理論。不快な事象によって不快情動が発生すると，自動的認知を経由して攻撃的動機づけが高まる。Berkowitz の研究では，個人の中で単に攻撃的観念が活性化しただけでも（不快情動がなくても），攻撃的動機づけが高まることを実証している。

▶**社会的機能説**：攻撃の手段的機能を強調する立場。大きく 3 つの立場に分けられる。

　　①**意思決定論**▶▶▶　攻撃を社会的葛藤に対する解決方略として捉える。
　　　　Tedeschi は攻撃の動機づけを分析する立場から，攻撃は，他者への苦痛や危害を与えるのみならず，他者に何かを無理やり強いる行為（威嚇，身体的強制，罰）であることを強調した（攻撃－強制理論）。Tedeschi による攻撃の目標（動機づけ要因）は表 7-2 の 3 つ。また，大渕は攻撃という方略選択を促す 4 つの主要目標を挙げている（表 7-3）。

表 7-2　Tedeschi による攻撃の 3 つの目標（動機づけ要因）

(1) 社会的勢力	社会的勢力を行使する，あるいは獲得する。
(2) 社会的アイデンティティの確立	社会的に価値づけられた人物像を確立する（特に人から疑いを持たれたり侮辱された際に修復行動として攻撃が行われる）。
(3) 社会的公正	不公正に扱われたことによって生じた不満を是正する。

表 7-3　大渕による攻撃という方略選択を促す 4 つの主要目標

(1) 回避・防衛	危害にさらされているという認知のもとで，自己を守る。
(2) 影響・強制	人に社会的影響を及ぼしたり強制する。
(3) 制裁・報復	他人の不正をただしたり，正義や公正，秩序を回復する。
(4) 自己呈示	印象操作をしたり，自己のアイデンティティを防衛・維持する。

　　②**情報処理モデル**▶▶▶　攻撃行動に至る認知過程や心的メカニズムを分析，モデル化。
　　　　Dodge, K. A. は，社会的情報処理モデルを提唱し，ある社会的状況下で，どのような認知過程を経て攻撃行動の遂行に至るかを示した。その中の敵意的帰属スタイル（hostile attributional style）は，人の行動に悪意や敵意を実際以上に帰属させる傾向である。敵意的帰属バイアスともいう。Dodge の社会的情報処理モデルにおいて，他者の意図の解釈に影響を及ぼすものとして位置づけられる。

③**資源コントロール理論**▶▶▶ 進化心理学の立場から非利己的，適応的な攻撃行動の機能に着目。資源コントロールとは，生存や生殖のために必要な資源（食物や配偶個体）の獲得をコントロールすることである。資源コントロールの手段は多数あるが，Hawley, P. H. は攻撃もその１つであるとし，攻撃が適応的なものか否かは社会的文脈で決まると主張した。

■**攻撃性の統合理論**

▶ **Anderson らの一般的攻撃モデル (General Aggression Model: GAM)**：Anderson, C. A. と Bushman, B. J. は，これまで提出された様々な攻撃の要因や理論を統合した，一般的攻撃モデル（図 7-1）を提出した。

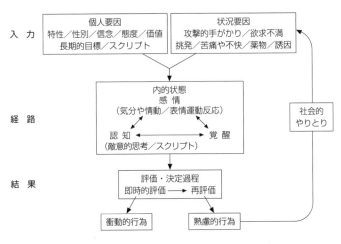

図 7-1　一般的攻撃モデル（湯川，2009，p.227）

【例題】の正答：　4

頻出度：★★★　　難易度：★☆☆

解　説：攻撃行動や関連する研究についての基本的な問題。難しい問題ではないが，Berkowitz について「認知的新連合理論」しか学んでいない場合，正答に迷うかもしれない。

1. ×　実験参加者をランダムに囚人と看守に振り分け云々というのは Zimbardo の模擬監獄実験である。模擬監獄実験は，置かれた状況や役割が人に及ぼす影響に関する実験であるが，実験手続き等の倫理的な問題について議論も多い。Milgram の攻撃に関係する実験といえば，いわゆる「服従実験」が挙げられる。第 5 章 p.94 を参照のこと。

2. ×　Rosenzweig が開発した P-F スタディは，「フラストレーション耐性と攻撃性の高低」との関係を明らかにすることを目的とするのではなく，フラストレーション（欲求不満）事態に対する反応を査定するものである。この反応に Rosenzweig はアグレッション（aggression）という語をあてているが，アグレッションとはフラストレーションに対する反応の総称で

第 1 章
態度・説得
択一問題
記述問題

第 2 章
集団過程・集合現象
択一問題
記述問題

第 3 章
自己過程・集団と自己
択一問題
記述問題

第 4 章
社会的認知
択一問題
記述問題

第 5 章
社会的影響
択一問題
記述問題

第 6 章
組織・リーダーシップ
択一問題
記述問題

第 7 章
攻撃・援助
択一問題
記述問題

第 8 章
対人魅力・対人行動
択一問題
記述問題

第 9 章
犯罪・非行
択一問題
記述問題

あり，むしろ主張性（assertiveness）と同じ意味である。アグレッション そのものは，破壊的でも建設的でもなく，中性（neutral）である。また P-F スタディは，パーソナリティ特性や類型を求めることを目的として作 られた検査ではなく，被検査者の個性力動的な（idiodynamic）理解を目 的としている（秦，2001）。

3. ×　Dollard, J., Miller, N. E. らイェール学派の「フラストレーション－攻 撃仮説」では，欲求不満は常に攻撃行動につながり，攻撃行動の背景には いつも欲求不満があると考える。

4. ○　Berkowitz の「攻撃－手がかり説」は，「武器効果」と呼ばれることも ある。のちに Berkowitz は，攻撃の生起におけるプライミング等の認知過 程の役割を重視するようになり，認知的新連合理論を提唱した。

5. ×　モデルを強化するだけでもモデリングは生じる。モデルへの強化を代 理強化という。観察者（学習者）への直接強化はモデリングの必要条件で はない。ところで，本問は一字一句出題された原文のままだが，この選択 肢の「被観察者」は，素直に読めば「観察される人」なのでモデルを指す。 となると，この選択肢は文として意味が破綻している。

文　献
秦　一士　2001　P-F スタディ絵画欲求不満テスト　上里一郎（監修）　心理アセスメントハンドブック第 2 版 pp.160-172.

Krahé, B.　2001　*The social psychology of aggression.* Psychology Press.　秦　一士・湯川進太郎（編訳）　2004 攻撃の心理学　北大路書房

大渕憲一　2001　攻撃行動　土田昭司（編著）　対人行動の心理学　北大路書房　pp.82-91.

大渕憲一　2011　新版 人を傷つける心―攻撃性の社会心理学　サイエンス社

湯川進太郎　2009　攻撃行動　日本社会心理学会（編）　社会心理学事典　丸善　p.227.

(1) 攻撃行動

攻撃行動に関する記述として最も妥当なのはどれか。(国総　H29)

1. ローレンツ（Lorenz, K. Z.）は，動物の脳の下垂体に攻撃中枢があることを明らかにし，水圧モデルを提唱した。このモデルでは，生体は内的衝動が高まると外部からの解発刺激に反応しやすくなり，攻撃行動が生じるとされている。

2. バーコウィッツ（Berkowitz, L.）は，不快感情によって「攻撃のレディネス」が高まると考えた。彼の理論では，悲しみや憐れみといった不快感情では攻撃行動は生じず，怒りや憎しみのような敵対的不快感情だけが攻撃行動を動機づけるとされている。

3. テダスキ（Tedeschi, J. T.）らは，攻撃行動は紛争を解決したり，事態や人間関係を変化させたりするための手段的方略であると主張した。彼らの理論では，人間は葛藤場面に直面すると無意識に攻撃行動という手段を選択するとされている。

4. フロイト（Freud, S.）は，攻撃行動を人間の本能に基づいた内発的な衝動であるとみなした。彼の理論では，自己成長的な性の本能のエネルギーが，自己ではなく外部に向けて発散されることで攻撃行動が生じるとされている。

5. ダラード（Dollard, J.）らは，攻撃行動は常に欲求不満によって喚起されると主張した。彼らの理論では，攻撃行動の目標は欲求不満の原因を解決することではなく，欲求不満によって生じた不快感情を発散し，減少させることであるとされている。

(2) Berkowitz の理論

次に示す実験は，バーコウィッツ（Berkowitz, L.）の攻撃行動を説明する理論に関するものである。結果と解釈に関する記述において，A，B，C に当てはまるものの組合せとして最も妥当なのはどれか。なお，文中の□□は設問の都合上伏せてある。(国総　H26)

バーコウィッツとハイマー（Berkowitz, L. & Heimer, K., 1989）の実験
【手続き】
　参加者たちは，手がしびれるくらいの「冷水（嫌悪刺激）」又は心地よい「温水（嫌悪刺激ではない）」の入った容器に片手を浸しながら，「訓練における罰の機能（以下，罰の機能）」又は「氷と雪の楽しみ（以下,氷と雪）」のいずれかのテーマで作文を書いた。その後，参加者たちには，他者（実際はサクラ）が行った課

題を評価するように指示が与えられた。評価の際，参加者たちは，他者に「報酬（金銭）を与える」，他者に「罰（不快な音）を与える」，「何もしない」を選択することができた。なお，本実験では，参加者が他者の課題を評価する時に「罰を与える」ことを，攻撃行動とみなした。

【結果と解釈】

　本実験は，バーコウィッツの　A　に関するものであり，本実験によって，B　と攻撃行動との関連が示された。

　「罰の機能」というテーマで作文を書いた参加者は，「氷と雪」というテーマで作文を書いた参加者よりも罰を多く与えた。これは，「罰の機能」の作文を作成している間に，参加者の攻撃的観念が活性化されたために生じたと考えられる。さらに，□□に手を浸した参加者の方が，□□に手を浸した参加者よりも罰を多く与えた。これは，□□によって不快感情が生じ，参加者の攻撃的観念が活性化されたために生じたと考えられる。つまり，感情の　B　によって攻撃行動が生じたと解釈できる。以上の結果を示したものが，図　C　である。

ア.
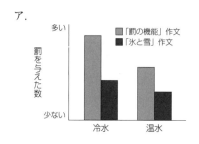

イ.
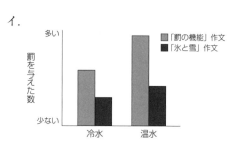

	A	B	C
1.	認知的新連合理論	プライミング	ア
2.	認知的新連合理論	プライミング	イ
3.	認知的新連合理論	社会的学習	イ
4.	欲求不満説（フラストレーション攻撃仮説）	プライミング	イ
5.	欲求不満説（フラストレーション攻撃仮説）	社会的学習	ア

(3) 攻撃性・攻撃行動の研究

　攻撃性や攻撃行動に関する記述として最も妥当なのはどれか。（法専　R元）

1. オルウェーズ（Olweus, D.）は，16の縦断研究のデータを検証し，児童期と青年期又は成人期初期の二時点間における攻撃性の相関は小さいことを見出し，幼少期に子供が高い攻撃性を示しても，青年期に高い攻撃性を示すことが予測

されるわけではないことを明らかにした。

2. 従来は攻撃的な者は自尊心が低いと考えられていたが，バウマイスター（Baumeister, R. F.）は，自尊心と攻撃行動の関係について，自己評価が他者の評価よりも過剰に高く，不安定な自尊心を持つ者は，外的な評価に自尊心が脅かされたとき，攻撃的な行動に出る傾向があることを示した。

3. 攻撃を誘発する刺激に対して，発散的に反応する傾向が強い者は，攻撃行動を起こした後，時間が経過してもその刺激によって引き起こされた怒りなどの感情を持続させ，再び攻撃行動を起こす。その一方で，反すうする傾向が強い者は，そうした感情と向き合う中で折り合いをつけるため，時間の経過とともにそうした感情が収まり，攻撃行動が生じにくい。

4. 敵意的帰属スタイル（hostile attributional style）は，知覚した出来事を解釈する際に，他人は自分に対して敵意を持って行動していると解釈しやすい認知の偏りである。ただし，これは，他者が自分に対して敵意を持っているかがあいまいな状況下では見られない。

5. ネグレクトを受けたり家庭内で暴力を目撃したりすることと，その後の発達過程における子供の攻撃性には関連がない一方で，多くの研究で，子供が養育者から身体的な罰を与えられていた場合には，その後の発達過程において，子供の攻撃性が高まることが報告されている。

(4) 援助要請のモデル

次の図は，高木（1989）が提唱した援助要請の生起過程モデルである。これは，他者に援助を要請するまでの過程を流れ図にしたものであるが，図中のア～オには判断ステップ A ～ E のいずれかが入る。ア～オと A ～ E の組合せとして最も妥当なのはどれか。（国総　H26）

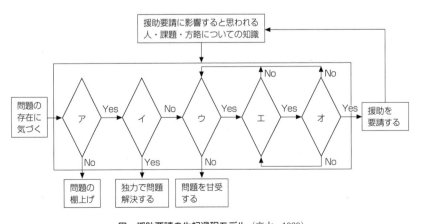

図　援助要請の生起過程モデル（高木，1989）

【判断ステップ】

A. 援助要請の方略はあるか?

　［説明］　選定された援助者に対してどのように援助を要請するのかを判断する。例えば，直接的に要請するのか，第三者を介するのかなど，相手に応諾してもらいやすい頼み方が検討される。

B. 援助を要請するか?

　［説明］　援助を要請するときとしないときに，それぞれ予想される利益とコストを査定して判断する。

C. 適切な援助者はいるか?

　［説明］　直面している問題の解決にとって適切な援助者が自分の周りにいるかどうかを判断する。

D. 問題の解決能力はあるか?

　［説明］　問題の解決能力が自分にあるかどうかを判断する。

E. 問題は重要か，緊急か?

　［説明］　直面している問題が，他者の援助を求めるほど重要なものであるのか，緊急なものであるのかが査定される。

	ア	イ	ウ	エ	オ
1.	B	C	D	A	E
2.	B	D	C	A	E
3.	E	D	B	C	E
4.	E	D	C	A	B
5.	E	D	C	B	A

実践問題
【記述】

第1章
態度・説得

択一問題
記述問題

第2章
集団過程・集合現象

択一問題
記述問題

第3章
自己過程・集団と自己

択一問題
記述問題

第4章
社会的認知

択一問題
記述問題

第5章
社会的影響

択一問題
記述問題

第6章
組織・リーダーシップ

択一問題
記述問題

第7章
攻撃・援助

択一問題
記述問題

第8章
対人魅力・対人行動

択一問題
記述問題

第9章
犯罪・非行

択一問題
記述問題

(1) 攻撃性の理論

人間の攻撃性について，代表的な学説を二つ以上挙げて説明しなさい。（法専 H25 ／保護観察官・法務教官）

(2) 緊急事態の援助行動

緊急事態における援助行動について，次の 1. から 3. の小問に答えよ（問いの順に解答すること）。（家裁　H28）

1. 緊急事態に置かれた者が援助行動を起こすまでにたどる意思決定について，三つから五つの段階に分けて，簡潔に説明せよ。
2. 1. の各段階において，援助行動を抑制する要因にはどのようなものがあるか，説明せよ。
3. 雑踏で嘔吐して倒れている人がいた場合，周囲の人の援助行動を促進するための対策にはどのようなものがあるか。2. で記載した要因を踏まえて，具体的に論ぜよ。

(3) 援助行動生起のプロセス

心理学における「援助行動」については，社会心理学者ラタネとダーリー（Latané, B. & Darley, J. M., 1970）の研究を先駆けとして多様な研究が行われてきている。それらを踏まえ，援助行動に影響を及ぼす要因について多面的に説明し，援助行動が生じるプロセスについて述べなさい。（法専　H26 ／保護観察官・法務教官）

第 **8** 章

対人魅力・
対人行動

例題とポイント解説

【例題】 対人魅力

対人魅力に関する記述として最も妥当なのはどれか。(国総　H30)

1. フェスティンガーら (Festinger, L. et al., 1950) は，同じアパート又は一戸建て住宅に入居した互いに見ず知らずの学生たちの間の交友関係について，住居の近さがどのように影響しているかを調査した。その結果，入居直後では住居が近いほど親しくなっていたが，入居 6 か月後では住居が遠いほど親しくなっていたことが示された。

2. ウォルスターら (Walster, E. et al., 1966) は，大学の新入生歓迎パーティの場で，初対面の異性に対して抱く好意度と自他の身体的魅力の程度との関係を調べた。その結果，男性では，自分の身体的魅力にかかわらず，身体的魅力の高い女性に対する好意度が最も高かったが，女性では，自分と同程度の身体的魅力を持つ男性に対する好意度が最も高かった。

3. ザイアンス (Zajonc, R. B., 1968) は，大学生に複数の人物の顔写真を見せ，その人物に対する好意度を評定させたところ，見た回数が多い人物に対する好意度ほど高いことを示した。彼は，単なる接触を繰り返すだけで，その対象に対して好意を持つようになることを単純接触効果 (mere exposure effect) と呼んだ。

4. ドリスコルら (Driscoll, R. et al., 1972) は，恋愛関係にあるカップルを対象に，恋愛関係の進展度とカップルの親どうしの類似度との関係を調べた。その結果，親どうしの類似度が低いほど恋愛関係が進展しており，6 〜 10 か月後の追跡調査でもその傾向が示された。彼らはこれを「ロメオとジュリエット効果」と呼んだ。

5. ダットンとアロン (Dutton, D. G. & Aron, A. P., 1974) は，男性がつり橋の上又は普通の橋の上で，初対面の女性に会うという実験を行い，つり橋の上で会った場合の方が，その後，女性に電話連絡をした者の割合が高かったことを明らかにした。この結果について，男性が，つり橋上での恐怖感による興奮を女性と共有できたと誤って解釈することで女性に好意を持ったためであると彼らは考えた。

ポイント解説

　本章では主として対人魅力を取り上げる。出題頻度は高くなく，択一問題では，この10年で平均して2年に1度，1問程度である。出題内容は，平成21年度から令和元年度の約10年間は，それ以前の10年間と比較してほとんど変化がない。前著，『増補改訂　試験にでる心理学　社会心理学編』の「Ⅳ章　対人行動・対人関係」も参照してほしい。本章で扱うものと類似した問題が多いことがわかる。一方，本章の対象となる領域のうち非言語（ノンバーバル）行動は，近年ほとんど出題されていない。また，平成20年度以前にしばしばみられたパーソナル・スペース等の空間行動やアイ・コンタクト等の視線行動についての出題も，この10年ではまったくみられなくなった。しかし，Sommer, R. のパーソナル・スペースや Argyle, M. と Dean, J. の親密平衡理論等は，今後出題される可能性がゼロではない。それらの過去問も，『増補改訂　試験にでる心理学　社会心理学編』で確認してほしい。

覚えておきたい基礎知識

　対人魅力関連では，頻出の理論や概念の定番がある。ポイントを以下にまとめる。なお，ここで取り上げる以外にも，自己開示や返報性など，人への好意や親密性の説明に用いられる理論や概念は様々にある。

■対人魅力・好意に影響する要因

以下，池上（2008），奥田（1997）に基づき解説する。

▶**近接性（proximity / propinquity）**：物理的に近い関係にある相手に対して好意が高まること。Festinger が大学の新入生を対象に行った実験では，アパートの部屋の距離が近いほど友人関係が形成された。単純接触効果や相互作用にかかるコストが少ないという理由が挙げられる。

▶**類似性（similarity）**：性格や態度が類似しているほど相手に魅力を感じること。類似性－魅力仮説ともいう。ただし，性格に関しては，自分と類似した性格を好む傾向だけでなく，社会的に望ましい性格を好む傾向もある。態度の類似性に関しては，Byrne, D. と Nelson, D. は，質問紙を用いた他者の態度を評価させる実験により，態度が似ているほど好意度も高まることを明らかにした。

▶**相補性（complementariness）**：自分にない性質を持つ相手に対して好意が高まること。互いに補い合う欲求を持つ2人が互いに魅力を感じるという説である。相補性は2つに分けられる。タイプⅠは，同じ欲求の強さに差がある場合（例：支配性が高い・低い），タイプⅡは，相補的な2つの欲求の組み合わせ（例：保護されたい・面倒を見たい）である。Winch, R. F. らの研究では相補性仮説が支持されているが，追試では必ずしも相補性仮説は支持されていない。

▶**プラットフォール（失態）効果（pratfall effect）**：能力の高い人の失態が，かえって魅力を増すこと。過去に，Aronson, E. のプラットフォール効果実験の妥当な結果の

137

第1章　態度・説得
択一問題
記述問題

第2章　集団過程・集合現象
択一問題
記述問題

第3章　自己過程・集団と自己
択一問題
記述問題

第4章　社会的認知
択一問題
記述問題

第5章　社会的影響
択一問題
記述問題

第6章　組織・リーダーシップ
択一問題
記述問題

第7章　攻撃・援助
択一問題
記述問題

第8章　対人魅力・対人行動
択一問題
記述問題

第9章　犯罪・非行
択一問題
記述問題

図を選ぶという問題が出題されたことがある。『増補改訂　試験にでる心理学　社会心理学編』p.107 を参照のこと。

▶ **単純接触効果（mere exposure effect）**：好きでも嫌いでもない中性的な対象に繰り返し接触することで，その対象に対する好意が増すこと。対人魅力における近接性の要因の説明としてしばしば用いられる。なお，単純接触効果は刺激の閾下提示でも生じる。Zajonc, R. B. の研究がよく知られる。

※単純接触効果については第4章 社会的認知（解答・解説編 p.63）も参照のこと。

▶ **誤帰属（misattribution）**：何らかの理由で生じた生理的覚醒の原因を，周囲の別の手がかりに誤って帰属させること。Dutton, D. G. と Aron, A. P. のいわゆる「つり橋実験」が典型的である。高いつり橋を渡ることで生理的覚醒状態にあった男性は，橋を渡り終わったところで女性実験者からインタビューを受け，「実験結果について知りたければ電話をしてください」とメモを渡された。実際に電話をかけた男性の数は，低い安定した橋でインタビューを受けた男性よりも多かった。択一問題では頻出の定番である。

▶ **ゲイン─ロス（獲得─損失）効果（gain-loss effect / theory）**：相手に対する好意が，単に相手からの好意の総量では決まらないことを示す現象。自分に向けて示される相手からの好意の総量が同じであっても，時間経過の中で，肯定から否定に変化した場合よりも，否定から肯定に変化した場合の方が，相手に対する好意度が高まる。「損得効果」と呼ばれることもある。

■**対人魅力を説明する理論**

　上記で述べた対人魅力にかかわる様々な要因が，どのように対人魅力に影響するかを説明する理論は様々であるが，強化理論と認知的斉合性理論に大別される。同じ現象が，しばしば別の理論でも説明可能となることがある。

　以下，松井（1993），金政（2009）に基づいて解説する。

▶ **強化理論**：この「強化」は学習理論の「強化」である。つまり，自分に報酬をもたらす他者に魅力を感じると考える。社会的比較理論の立場では，人は一般に自分の意見や態度の妥当性を評価したい動機を持つと考える。ゆえに，自分と同じ意見を持つ人はこの動機を満たす（合意的妥当化）ため，人は自分に似た人に好意を持つ（類似性）。また，社会的交換理論の立場では，物理的に近い他者との相互作用や自分と類似した人との相互作用は，相対的に少ないコストで大きな報酬が得られるため，人はそのような人に好意を持つと考える（近接性，類似性）。

▶ **認知的斉合性理論**：人は認知的な一貫性を求める存在であるという前提に立つ理論。一貫性のない認知は不快な緊張状態となるためこれを低減するべく，人は認知を変えると説明する。詳しくは第1章（p.5）を参照のこと。たとえば，ある楽曲を聴いて大好きになったが，その作曲者が自分のあまり好きではない人だったとき，一転してその人を好きになることがあるが，これはバランス理論により説明される。また，好みではない同僚と同じシフトで仕事をすることになり，その人を好ましいと思うようになることがあるが，これは認知的不協和理論で説明可能である（単純接触効果でも説明可能）。

■恋愛の理論

▶**恋愛尺度と好意尺度**：Rubin, Z. は，恋愛感情（love）と好意（liking）を区別し，これらを測定する尺度を作成した。尺度はそれぞれ 13 項目あり，恋愛尺度は，親和・依存欲求，援助傾向，排他的感情の 3 要素，好意尺度は，相手に対する好意的・尊敬的評価，自分との類似性の知覚等が構成要素である。恋愛尺度の例として，「○○さんと一緒にいられなければ，私はひどくさびしくなる」，「○○さんのためならなんでもする」，「○○さんを独り占めしたいと思う」などがある。好意尺度の例としては，「○○さんは私がなりたいと思う人物である」，「私は○○さんの判断には大きな信頼を置いている」，「私は○○さんと一緒にいるとき，ほとんど常に同じ気持ちである」などがある。

▶**恋愛の類型**：Lee, J. A. は，文学作品など膨大な文献や面接調査の内容を分析し，恋愛を 6 つの類型に整理した（図 8-1）。

　　①エロス（美への愛）▶▶▶　恋愛を至上のものとするロマンティックな愛。
　　②ルダス（遊びの愛）▶▶▶　恋愛をゲームとして捉える愛。
　　③ストルゲ（友愛）▶▶▶　時間をかけて育む友情的な愛。
　　④マニア（狂気の愛）▶▶▶　相手に強迫的にのめりこむ情熱的な愛。
　　⑤アガペ（愛他的な愛）▶▶▶　見返りを求めない犠牲的な愛。
　　⑥プラグマ（実利的な愛）▶▶▶　恋愛を自己利益のための手段と考える合理的な愛。

　①②③の 3 つが基本の類型であり，さらにそれらの混合型として④⑤⑥がある。これらの 6 つの愛の類型は円環状に並び，対角線上にある類型どうしは正反対の性質を持つというカラーサークル（色相環）のような特性があるとされ，「恋愛の色彩理論」とも呼ばれる。

▶**恋愛の三角理論**：Sternberg, R. J. は，恋愛を「親密性」，「情熱」，「コミットメント」の 3 つの要素からなると考え，これらの要素の組み合わせにより 8 つの恋愛の類型を提出した（図 8-2）。「親密性」は，つながりや感情の共有を求める要素である。「情熱」は，性的に惹きつけられ恋に落ちているという感情を動機づける要素である。「コミットメント」は，関係を持ち続けようとする意志の要素である。8 つの類型は，「愛がない状態」，「好意」（親密性のみ），「心酔した愛」（情熱のみ），「ロマンティックな愛」（親密性と情熱），「空虚な愛」（コミットメントのみ），「友愛」（親密性とコミットメント），「愚かな愛」（情熱とコミットメント），「完全な愛」（親密性と情熱とコミットメント）である。実践問題 択一（5）に出てくる表も確認しておくこと。

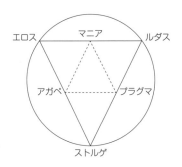

図8-1　恋愛の類型（金政，2009, p.192）

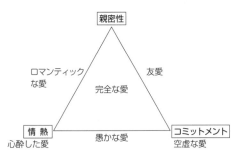

図8-2　恋愛の三角理論（池上，2008, p.221 を改変）

第1章
態度・説得

択一問題
記述問題

第2章
集団過程・集合現象

択一問題
記述問題

第3章
自己過程・集団と自己

択一問題
記述問題

第4章
社会的認知

択一問題
記述問題

第5章
社会的影響

択一問題
記述問題

第6章
組織・リーダーシップ

択一問題
記述問題

第7章
攻撃・援助

択一問題
記述問題

第8章
対人魅力・対人行動

択一問題
記述問題

第9章
犯罪・非行

択一問題
記述問題

【例題】の正答：　3

頻出度：★★★　　難易度：★☆☆

解　説：基本的な対人魅力の社会心理学の知識についての問題。「ロミオとジュリエット
　　　　効果」やいわゆる「つり橋効果」など一般にもよく知られた研究もあり，易しい。

1. ×　2文目，入居6か月後にソシオメトリック・テストを行ったところ，
   アパートでも一戸建てでも，住宅間の距離が近い人ほど親しくなる確率が
   高いことが実証された（斎藤，1987）。対人魅力における近接性の要因と
   呼ばれるものである。

2. ×　2文目，男性でも，女性でも，自分の身体的魅力に関係なく，身体的
   魅力の高い異性ほど魅力的であると評価した（斎藤，1987）。Walster の
   いわゆる「コンピュータ・デート実験」は，もともとは，「魅力の類似して
   いる人をデートの相手として選択する（好意を持つ）」ことを仮説として行
   われた（「マッチング仮説」ともいう）。しかし，結果は仮説に反していた
   というわけである。

3. ○　単純接触効果は，基本的にあらかじめ好意や嫌悪のない中性的な刺激
   に対する効果である。また閾下でも生じる。

4. ×　2文目，Driscoll らの実験では，親の反対が強いほど，2人の恋愛感情
   が強いことが見出された。ロミオとジュリエット効果と呼ばれる（斎藤，
   1987）。

5. ×　2文目，つり橋上での恐怖によって生じた生理的喚起（心拍数の上昇
   など）を，目の前の女性の魅力に誤って帰属させた（誤帰属）ことによって，
   その女性への好意が高まった（ので電話連絡をした）という解釈が妥当（斎
   藤，1987）。

文　献

池上知子　2008　人間関係　池上知子・遠藤由美　2008　グラフィック社会心理学第2版　サイエンス社　pp.203-
　226.

金政祐司　2009　恋愛の類型論　日本社会心理学会（編）　2009　社会心理学事典　丸善　pp.192-193.

松井　豊　1993　恋ごころの科学　サイエンス社

奥田秀宇　1997　人をひきつける心　サイエンス社

斎藤　勇（編）　1987　対人社会心理学重要研究集2　対人魅力と対人欲求の心理　誠信書房

実践問題
【択一】

(1) 対人魅力①

対人魅力に関する記述 A ～ D のうち，妥当なもののみを挙げているのはどれか。
（国Ⅰ　H21）

A．Byrne, D. と Nelson, D.（1965）は，他者と意見や態度が一致すればするほど，人はその相手を好む傾向があることを明らかにし，その理由を，自分と似ている相手が，論理的で正確でありたいという自分の動機を充足させてくれることに求めた。人は他者を通して，自分と同じ意見や態度を評価する。このとき，自分と類似した相手は，自分の在り方が適切であることの証拠を提供するのである。

B．一般に，生活環境が近接している者どうしは，好意を持ちやすい傾向がある。この対人魅力における近接効果の理由を説明するものに，刺激の接触頻度が高まると，刺激への慣れが生じ，その結果，人はその刺激を好むようになるとい単純接触効果がある（Zajonc, R. B., 1968）。すなわち，近くにいる者どうしは接触頻度が多くなるため，それだけで魅力が増すようになるのである。

C．対人魅力の要素の一つである身体的魅力が関与するものに，「良い者は美しい」というステレオタイプがある（Dion, K. K. ら，1972）。すなわち人々に，自分に有利な結果をもたらした者や，社会的に好ましい行為を行ったりした者について，その身体的魅力を評価するように求めると，その種の情報を伴わない中立的な場合よりも，身体的な魅力が高いと評価する傾向が存在する。

D．Meyer, J. P. と Pepper, S.（1977）は，結婚 5 年以下の夫婦を対象として結婚への適応を調査し，類似性よりも相補性の高い夫婦の方が互いに相手を好むという結果を得た。この例のように，例えば支配と服従など，欲求やパーソナリティについて相補的な関係が成立する場合には，自分と類似している相手よりも自分と反対の性向を持つ相手の魅力が高くなることは，多くの研究で確認されている。

    1．A，B
    2．A，C
    3．B，C
    4．B，D
    5．C，D

第1章
態度・説得

　択一問題
　記述問題

第2章
集団過程・集合現象

　択一問題
　記述問題

第3章
自己過程・集団と自己

　択一問題
　記述問題

第4章
社会的認知

　択一問題
　記述問題

第5章
社会的影響

　択一問題
　記述問題

第6章
組織・リーダーシップ

　択一問題
　記述問題

第7章
攻撃・援助

　択一問題
　記述問題

第8章
対人魅力・対人行動

　択一問題
　記述問題

第9章
犯罪・非行

　択一問題
　記述問題

(2) 対人魅力②

対人魅力に関する記述として最も妥当なのはどれか。(国総　H25)

1. ウォルスターら (Walster, E., et al., 1966) は, 身体的魅力に関する実験を行った。その内容は, 大学の新入生歓迎ダンスパーティの場で,「コンピュータが適切な相手を選択した」と称して, 実際にはランダムに初対面の異性をペアにし, パーティ中に相手の好意度を解答させるものだった。結果は, 相手の身体的魅力が自分と同程度の場合に最も相手への好意度が高かった。

2. 対人魅力を説明する理論は,「強化理論」と「認知的斉合性理論」の二つに大きく分けることができる。例えば, 自分が好きな詩について, 友人がその詩のことを嫌いだと知ったときには, 詩を嫌いになるか, あるいは友人を嫌いになるか, どちらかの変化が起きると考えられる。人や物に対するこのような好意の変化を予測しているのは「強化理論」である。

3. ダットンとアロン (Dutton, D. G., & Aron, A. P., 1974) は, つり橋を渡っている男性と固定された橋を渡っている男性の実験参加者それぞれに, 男性または女性の実験者が声をかけて TAT 図版などに回答を求めた後, 実験について詳しく説明するので電話してほしい旨を伝えて電話番号を渡すという実験を行った。結果は, つり橋条件の方が固定された橋条件より実際に電話をかけてくる比率が高かった。また, その比率は, 実験者が男性の場合も女性の場合も同じ程度であった。

4. 対人魅力に影響する要因として,「単純接触効果」がある。ザイアンス (Zajonc, R. B., 1968) はこれを検証するために, 大学生の卒業写真を, 頻度を変えて実験参加者に呈示し, その後, それらの写真の人物に対する好意度を測定する実験を行った。この実験の結果から, 呈示回数が一定水準を超えると, 一度しか呈示していない場合よりも好意度が低下することが明らかになった。

5. ニューカム (Newcomb, T. M., 1961) は, 学生寮における対人関係の形成過程を調査するため, 学生の社会的態度を入寮前に測定した上で, 追跡調査を実施した。この調査によって, はじめは同室や隣室の学生どうしが親しくなるが, 次第に類似した社会的態度を持つ学生どうしの間で友人関係が形成されていくことが明らかになった。

(3) 対人関係

対人関係に関する記述として最も妥当なのはどれか。(国総　H28)

1. クラークとミルズ (Clark, M. S. & Mills, J.) は, 対人関係を共有関係と交換関係に分類した。共有関係は, 相手の欲求や関心に応えようとして利益を提供する関係であり, 将来の見返りが期待できる親密な関係で優勢になる。一方,

交換関係は，今後の見返りを期待することなく，場面場面に置ける双方の貢献度のバランスを重視する関係であり，初対面やビジネス相手などの関係で優勢になるとされる。

2. 不安定なつり橋を渡った直後は異性に対する好意が高まるという現象が生じる原因について，当初は生理的覚醒の誤帰属によると考えられていた。しかし，ダットンとアロン（Dutton, D. G. & Aron, A. P.）は，異性に対する好意が高まるような状況を様々に検討した結果，生理的側面ではなく，その状況をどのように認知するかが重要だとして強化理論の観点から説明を行った。

3. 外見などの身体的魅力に関して，ウォルスター（Walster, E.）らは，夫婦を対象とした研究を行い，配偶者選択の際には社会的地位や性格よりも身体的魅力が大きな影響力を持つことを示した。一方，大学の新入生を対象とした実験では，初対面など相手の情報が少ない場合には身体的魅力が自分と同程度の相手に最も魅力を感じる，というつり合い仮説が支持されている。

4. ザイアンス（Zajonc, R. B.）は，相互作用を伴わない単なる接触を繰り返すだけでも対象に魅力を感じるようになる，という単純接触効果を提唱した。この効果については，対象が未知な場合にも十分に知っている場合にも生じること，また，対象に対する最初の評価や印象が肯定的，中立的，否定的のいずれであっても生じることが明らかにされている。

5. ルビン（Rubin, Z.）は，恋愛（romantic love）と好意（liking）は質的に異なると考え，両者を弁別的に測定するための尺度を開発した。ルビンの研究において，恋愛は，親和欲求，援助傾向，独占欲などの特徴によって，好意は，好意的評価，尊敬と信頼などの特徴によってそれぞれ定義づけられている。

(4) 社会的交換理論

社会的交換に関する記述として最も妥当なのはどれか。（国総　H27）

1. ハーディン（Hardin, G.）は，農民がそれぞれ他者の利益を損なわないように，村の牧草地で家畜にエサを食べさせることを互いに自制し続けたために，牧草地は手入れがなされず荒廃し，やがて誰もが自分の家畜を失うという「共有地の悲劇」について論じた。

2. シボーとケリー（Thibaut, J. W. & Kelley, H. H.）は，対人関係の本質は相互作用にあるとし，相互作用の成果を報酬とコストの差によって捉え，相手の成果に及ぼす影響力の高さは，成果の相互依存性に規定されるとした。こうした考え方は社会的バランス理論と呼ばれる。

3. ホーマンズ（Homans, G. C.）は，強化理論の立場から，大きな利益を生み出す関係は継続されるが，利益の少ない関係は強化されないので終焉すると考えた。さらに，交換関係から利益が得られたとしても，その利益が期待を不当に

第 1 章
態度・説得

択一問題
記述問題

第 2 章
集団過程・集合現象

択一問題
記述問題

第 3 章
自己過程・集団と自己

択一問題
記述問題

第 4 章
社会的認知

択一問題
記述問題

第 5 章
社会的影響

択一問題
記述問題

第 6 章
組織・リーダーシップ

択一問題
記述問題

第 7 章
攻撃・援助

択一問題
記述問題

第 8 章
対人魅力・対人行動

択一問題
記述問題

第 9 章
犯罪・非行

択一問題
記述問題

下回ると怒りなどの負の情動が生じるとした。

4. アダムズ（Adams, J. S.）は，人は，他者と比較して自分が投入したコストに対する成果の比率が，相手のそれより少し高い場合に衡平だと感じ，自分の方がさらに高い場合は幸福感を持つため，自分のコストより成果が上回る状態を追求するという衡平理論を提唱した。

5. アクセルロッド（Axelrod, R.）は，「囚人のジレンマ」ゲームの様々な戦略アルゴリズムをコンピュータ上で競わせた。その結果，最初の 10 回は "協力" を選択肢，その間に相手が 1 回でも "非協力" なら 11 回目以降は "非協力" を選択するという「目には目を」戦略が優勝した。

(5) 恋愛の三角理論

次の記述のうち，A, B に当てはまるものの組合せとして最も妥当なのはどれか。ただし，解答に使用する語句は，必要に応じて最初の文字が大文字になったり，品詞が変化したりするものとする。（国総　R 元）

Since the distinction between passionate and companionate love was introduced, similar but more differentiated classifications have been proposed. One of these divides love into three components: $\boxed{\text{A}}$, $\boxed{\text{B}}$, and commitment (Sternberg, 1986). $\boxed{\text{A}}$ is the emotional component and involves closeness and sharing of feelings. $\boxed{\text{B}}$ is the motivational component that captures sexual attraction and the romantic feeling of being "in love." Commitment is the cognitive component that reflects the person's intention to remain in the relationship. Combining these components in different ways yields the eight kinds of relationships shown in the Table 1 below. As can be seen, $\boxed{\text{B}}$ love is split in this scheme into two types: infatuated love and romantic love. Both are characterized by high $\boxed{\text{B}}$ and low commitment, but infatuated love low on $\boxed{\text{A}}$, whereas romantic love is high on $\boxed{\text{A}}$. Companionate love is characterized by high $\boxed{\text{A}}$ and commitment but low $\boxed{\text{B}}$.

Table1　The three dimensions of love combine to produce eight types of love relationships

	A	B	Commitment
Nonlove	Low	Low	Low
Liking	High	Low	Low
Infatuated love	Low	High	Low
Romantic love	High	High	Low
Empty love	Low	Low	High
Companionate love	High	Low	High
Fatuous love	Low	High	High
Consummate love	High	High	High

	A	B
1.	intimacy	passion
2.	intimacy	eros
3.	attachment	passion
4.	attachment	intimacy
5.	passion	intimacy

第1章
態度・説得
択一問題
記述問題

第2章
集団過程・集合現象
択一問題
記述問題

第3章
自己過程・集団と自己
択一問題
記述問題

第4章
社会的認知
択一問題
記述問題

第5章
社会的影響
択一問題
記述問題

第6章
組織・リーダーシップ
択一問題
記述問題

第7章
攻撃・援助
択一問題
記述問題

第8章
対人魅力・対人行動
択一問題
記述問題

第9章
犯罪・非行
択一問題
記述問題

（1）対人魅力と関係の発展・維持・崩壊

　　人間関係について，以下の問いに答えなさい。（法専　R元）

　1．対人魅力を規定する要因を三つ挙げ，それぞれ具体的に説明しなさい。

　2．人間関係の発展や維持，崩壊について，心理学の理論や概念を用いて，具体
　　例を交えて説明しなさい。なお，以下の　　　　　の中から少なくとも一つの用
　　語を用い，初めて用語を使用するときは下線を引くこと。

> 　　SVR 理論，社会的交換理論，社会的浸透理論，初期分化理論，
> 　　段階理論，内的作業モデル，認知的不協和理論，バランス理論

第 9 章
犯罪・非行

例題とポイント解説

【例題】 犯罪・非行理論

犯罪・非行学説に関する記述として最も妥当なのはどれか。(法専　H28)

1. マートン(Merton, R. K.)は，アノミー理論を提唱し，限りある物質的資源や制度化されたパワーをめぐって集団間には不可避的に対立が生ずるところ，優勢な集団は自己の利益にかなうように法を作り，自己のパワーを維持するためにそれを施行するが，こうした法が作られることによってまた犯罪も作られるとした。すなわち，法とは優勢な集団が他集団を抑圧・支配するために構築するもので，抑圧された側の行為が犯罪とみなされる。

2. サザランド(Sutherland, E. H.)は，分化的接触理論を提唱し，下層階級の者が社会的地位に対する欲求不満の解決として不満の源泉である中流階級の価値に敵意を持ち，それと反対のものを強調する非行副次文化が生まれ，中流階級的生き方を軽蔑する彼らの行動が犯罪となって表れるとした。そのため，中流階級の社会においてよく適応している人は，たとえ近辺に犯罪文化が存在しても，それによって影響を受けることはない。

3. ハーシ(Hirschi, T.)は，社会的絆理論を提唱し，すべての人は非行や犯罪に走る潜在的な可能性を有しているという前提の下，なぜ人は犯罪を行わないのかという視点から，犯罪の抑止要因として社会的絆の存在を主張した。その一つに「愛着」があるが，ハーシは，たとえ非行仲間に対して愛着を形成している青少年においても，非行仲間同士の結びつきは，健全な友人同士の結びつきに比べて弱いことを指摘した。

4. コーニッシュとクラーク(Cornish, D. B. & Clarke, R. V.)は，合理的選択理論を提唱し，犯罪行為を，犯罪者に利益をもたらす意図で行われる計画的な行為と見たうえで，犯罪者は犯罪によって得られる利益とコストとを天秤に掛けて彼らなりに合理的に判断しているとした。この理論では，犯罪者の判断は主観的で，犯罪者に特有のものであり，本人の思考パターンを変えない限り再犯は防げないと考えられている。

5. ロンブローゾ(Lombroso, C.)は，刑務所の犯罪者を対象に，人類学的な計測・調査を行い，犯罪者に特異的な特徴として，頭の大きさや形の異常など類人猿に似た原始人の特徴を示し，犯罪者とは，人類の進化過程において初期の段階にとどまっている隔世遺伝者であるとする生来性犯罪者説を提唱した。ゴーリング(Goring, C.)が英国の刑務所で行った大規模な調査においても，犯罪者と

非犯罪者の身体的特徴が異なることが示された。

 ## ポイント解説

　　犯罪・非行をテーマとした出題が本格的に行われるようになったのは，平成
24年度の法務省専門職員の採用試験開始以降である。ゆえに，本書の専門択一
試験における犯罪・非行領域の問題は，平成24年度以降の法務省専門職員の
問題である。出題数は多くはないが，ほぼ毎年最低1問は出題されているため，
法務省専門職員志望者は基本事項を押さえておくべきである。

　　出題内容では，社会学的な犯罪理論が頻出である。プロファイリング（平成
26年度）や子供への司法面接（平成30年度）等の犯罪心理学寄りの出題もた
まにみられる。なお，国家総合職（人間科学）やかつての法務教官試験（とい
う独立した採用試験があった）の専門択一試験では，いわゆる時事問題として，
犯罪白書や警察白書，子供・若者白書からの出題が昔からあった。白書に基づ
いた時事的な動向や制度についての問題は本書では扱わないが，これらの白書
は，各省庁のサイトで全文公開されている。当該白書の「あらまし」やその年
の特集だけでも必ず目を通しておくこと。

　　近年，エビデンスに基づいた新しい犯罪心理学が発展している（原田，
2015）。今後はそうした新たな研究成果から出題される可能性もある。

　　余談であるが，地方警察が独自に採用する心理職（＝都道府県警察の科学捜
査研究所等で働く心理職）というものがある。単に心理職として募集が出るこ
ともあれば，職種を指定（プロファイリング，ポリグラフ，筆跡鑑定など）す
ることもある。後者の場合，専門試験は記述式で，通常の心理学の範囲に加えて，
募集する職種に関連した犯罪心理学領域の専門知識に関する問題が出題される
こともある。地方警察の心理職の募集は多くの場合，不定期である。志望する
人は，希望する自治体の警察のサイトをブックマークし，募集が出るのを常に
チェックすること。

覚えておきたい基礎知識

■犯罪人類学・犯罪生物学

▶ **Lombroso, C. の生来的犯罪者説（born criminals）**：犯罪者には共通した特有の身体
的特徴があり，それらの特徴を持つ者は，遺伝的素因により決定づけられた犯罪者で
あるという考え。Lombroso は，刑務所，精神病院などで多くの人間の身体を測定し，
それらのデータから，犯罪者には身体部分の大きさや形の特異な特徴があることを見
出し，それらは原始人類が持っていた特徴が隔世的に出現した「先祖返り（atavism）」
であるとした。19世紀後半に提出されたこの説は，20世紀には否定されるが，その
実証主義的な手法はその後の犯罪学の方法論に大きく影響した。

第1章
態度・説得
択一問題
記述問題

第2章
集団過程・集合現象
択一問題
記述問題

第3章
自己過程・集団と自己
択一問題
記述問題

第4章
社会的認知
択一問題
記述問題

第5章
社会的影響
択一問題
記述問題

第6章
組織・リーダーシップ
択一問題
記述問題

第7章
攻撃・援助
択一問題
記述問題

第8章
対人魅力・対人行動
択一問題
記述問題

第9章
犯罪・非行
択一問題
記述問題

■社会学的犯罪理論

犯罪・非行領域の出題は，多くが社会学的理論である。安香（1980），岡邊（2014）に基づき代表的かつ頻出の 11 の理論のポイントを整理しておく。

- ▶ **Durkheim, E. のアノミー論（anomie theory）**：Durkheim はあまり出題されないが，社会学的な犯罪理論を知るうえで必須であるため，簡単に触れておく。まず，Durkheim は，犯罪は健全な社会にとって正常な現象であるとした。これは犯罪正常説，犯罪常態説などと呼ばれる。また，アノミーとは本来無規制な状態を意味するが，彼のアノミーの定義は，社会の変化により伝統的な価値や規制が失われ，個人の欲望が際限なく肥大化していく状態を指す。Durkheim はアノミー状況において自殺や犯罪が増加すると考えた。

- ▶ **Merton, R. K. のアノミー論（anomie theory）**：Merton のアノミー概念は Durkheim とは異なり，文化的目標と制度的手段との間のバランスが崩れた緊張状態を意味する。文化的目標とはその社会に共有される目標であり，制度的手段は，その目標達成のための合法的な手段である。たとえば，経済的に裕福になることが目標とされる社会で，安定した高収入の職に就く機会がほとんどない場合，文化的目標と制度的手段の間にアンバランスな緊張状態が生じる。このようなアノミー下で，人は窃盗や詐欺などの非合法的な手段によって目標を達成しようとするようになるという。Merton のアノミー理論は，緊張理論（strain theory）を代表するものである。

- ▶ **Cohen, A. K. の非行サブカルチャー論（subcultural theory）**：非行サブカルチャーとは，いわゆる非行少年に特徴的な考え方や行動様式の総体を指す。勤勉さ，合理性，暴力の抑制などの中流階層の価値になじめない下流階層の少年たちの一部は，これらの価値を否定して新しい価値を構築しようとする。それが非行サブカルチャーとなる。Cohen はその新しい価値として，非功利性，破壊志向，否定主義などを挙げ，これらは既存の価値への「反動形成」によって生まれるとした。この理論では，下流階層の少年たちが非行に走るのは，経済的理由のためではなく，非行集団内部での地位獲得のためであると考える。Cohen の非行サブカルチャー理論は，緊張理論に含まれる。

- ▶ **Shaw, C. R. と McKay, H. D. の非行地域（delinquency area）論**：犯罪や非行が発生しやすい地域は，いわゆる都心部を取り巻く人口流動性の高い「遷移地帯」であることを明らかにし，そのような地域を非行地域（delinquency area）と呼んだ。シカゴ学派の人間生態学と社会解体論を背景に唱えられた理論である。

- ▶ **Sutherland, E. H. の分化的接触理論（differential association theory）**：犯罪・非行行動は，親密な周囲の人々との相互作用を通じて学習されるとする。犯罪の学習理論の代表である。Sutherland は分化的接触理論の 9 つの命題を提唱したが，それらの中に，犯罪の習得の主な部分は親密な私的集団の中でコミュニケーションを通じて行われること，学習される犯罪行動には，犯罪遂行の技術，動機，衝動，合理化，態度などを含むこと等が挙げられている。犯罪・非行行動の習得において，新聞や映像などメディアによる影響はあまり重要視されていない。なお，Cohen の非行サブカルチャー論をこの学習理論の流れに含めることもある。

- ▶ **Hirschi, T. の社会的絆（ボンド）理論（social bond theory）**：Hirschi は，「多くの人はなぜ犯罪を行わないのか」という問いを立て，犯罪・非行を抑制するのは，社会的絆であるとする理論を提唱した。社会的絆とは，人が犯罪を行うことを押しとどめる

社会的な要因を意味する。Hirschi はこの絆として，①愛着（attachment）：両親など大切な他者に対して抱く愛情や尊敬の念，②投資（commitment）：犯罪・非行によってもたらされる結果への恐怖から規範に沿った行動を選択すること，③没入（involvement）：犯罪や非行に従事する時間がないほど趣味や仕事に忙しい状態，④信念（belief）：所属する集団の規範をどの程度信じているか，の４つを挙げた。社会的絆理論はボンド理論とも呼ばれる。「統制（コントロール）理論」の代表である。

▶ Gottfredson, M. R. と Hirschi, T. の自己統制（セルフ・コントロール）理論：自己統制の低さが犯罪の本質であるとする理論である。ただし，低自己統制の現れ方は多様であり，特定の犯罪行為を追求するようなこだわりを持つものではなく，様々な犯罪や犯罪類似行為に関係する。喫煙，飲酒，事故との関連も高い。この理論では，低自己統制の主な原因は育児にあると考える。子供に自己統制を身につけさせるために必要な育児の最低条件として，①子供の行動を監視する，②逸脱行動が起こったときにこれを認識する，③こうした行動を罰する，の３つを挙げている（Gottfredson & Hirschi, 1990）。

▶ Lemert, E. M. の一次的逸脱（primary deviation）と二次的逸脱（secondary deviation）：一次的逸脱とは，社会的，心理的な様々な要因によって生じる逸脱行動で，自らが逸脱者であるという役割意識の下に行われるものではない。二次的逸脱とは，その最初の逸脱への社会的反作用（societal reaction）が内面化され，逸脱者としての役割意識の下に行われる逸脱行動である。ラベリング理論の先駆として位置づけられる。

▶ Becker, H. S. のラベリング理論（labeling theory）：ラベリング理論では，ある行為が逸脱行為かどうかは行為の性質によって決まるのではなく，法などの規則が作られ，それを特定の人に適用することで決まると考える。つまり，逸脱行動は社会によって構成されるとする立場である。Becker のラベリング理論は象徴的相互作用論を背景に持つが，その後の発展により社会構成主義（社会構築主義）につながっていく。

▶ Wilson, J. Q. と Kelling, G. L. の割れ窓理論（broken windows theory）：小さな無秩序の放置が治安悪化という大きな無秩序になるとする理論。割れ窓とは軽微な犯罪や秩序違反を意味し，これを放置することは，管理の意識が低い場所であることを示す手がかりとなり，犯罪者の侵入を促す。犯罪が増えれば住民がその地域から離れていくことを促し，さらに重篤な犯罪を助長することになり，やがては地域コミュニティが崩壊するに至る，という考え。環境犯罪学の理論の１つ。

▶ Cornish, D. B. と Clarke, R. V. の合理的選択理論（rational choice theory）：犯罪によって得られる利益が犯罪のコストやリスクを上回ったとき，人は合理的に犯罪行為を選択するとする。環境犯罪学の理論の１つである。この立場からは，犯罪を防止するためには犯罪のコストやリスクを増やすことで犯罪の機会を与える状況を改善することが効果的とされる。

【例題】の正答： 3
頻出度：★★★　難易度：★★☆
解　説：定番の社会学的な犯罪理論を主とした出題である。標準的な難易度。

第１章
態度・説得
択一問題
記述問題

第２章
集団過程・集合現象
択一問題
記述問題

第３章
自己過程・集団と自己
択一問題
記述問題

第４章
社会的認知
択一問題
記述問題

第５章
社会的影響
択一問題
記述問題

第６章
組織・リーダーシップ
択一問題
記述問題

第７章
攻撃・援助
択一問題
記述問題

第８章
対人魅力・対人行動
択一問題
記述問題

第９章
犯罪・非行
択一問題
記述問題

1. ×　Merton のアノミー理論ではなく，ラベリング理論に関する記述である。ラベリング理論では，ある行為が犯罪かどうかは行為の性質によって決まるのではなく，法などの規則が作られ，それを特定の人に適用することで犯罪が作られると考える。

2. ×　Sutherland の分化的接触理論は，犯罪を容認するような文化に長く接することで犯罪に親和的になるという，犯罪を後天的な学習によるものと考える理論である。本選択肢の記述は Cohen の非行サブカルチャー（非行副次文化）理論である。

3. 〇　Hirschi の社会的絆理論は「覚えておきたい基礎知識」も参照のこと。

4. ×　1 文目は妥当。合理的選択理論では，犯罪者も，普通の人間の日常的行為と同様に，犯罪によって得られる利益とコストを比較して犯罪を実行すると考える。この理論に基づけば，犯罪を防ぐには，犯罪者本人を変えるのではなく，環境等の操作によって犯罪のコストやリスクを増やすことが有効である。

5. ×　Lombroso の生来的犯罪者説の説明は妥当。2 文目の Goring は，Lombroso の説に異議を唱えたことで知られる。Goring は犯罪者と非犯罪者の調査から，Lombroso が主張するような身体的な違いはみられないとした。ただし，Goring は犯罪は生得的な要因によるという考えに立ち，それを知的障害によるものと主張した（これについては Goring の研究計画や統計結果の解釈等にそもそも不備があることが指摘されている）。

文　献

安香　宏　1980　犯罪心理学　心理学事典　平凡社　pp.701-703.

Gottfredson, M. R., & Hirschi, T.　2000　*A general theory of crime*. Stanford University Press.　大渕憲一（訳）　2018　犯罪の一般理論　低自己統制シンドローム　丸善出版

原田隆之　2015　入門　犯罪心理学　筑摩書房

岡邊　健　2014　犯罪・非行の社会学　有斐閣

(1) 犯罪・非行理論①

犯罪・非行学説に関する記述として最も妥当なのはどれか。（法専　H24）

1. ショウとマッケイ（Shaw, C. R., & McKay, H. D.）は，社会が，それを構成する個人に社会とのつながりを保たせてゆくだけの魅力を失い，そのために個人が社会の規範や価値を尊重せずに社会から離れて行ってしまうという社会解体論と人間生態学に基づき，非行地域論（又は非行文化伝達論）を唱えた。この理論に立てば，都市では，商工業地帯周辺の遷移地帯（zone in transition）と呼ばれる人口流動の多い地域において，世代間で遵法的な行動規範の継承がうまくいかず，犯罪や非行が発生しやすくなると考えられる。

2. ロンブローゾ（Lombroso, C.）は，人は，自らが環境によりよく適応していけるように様々な形質を改変してきたという見地から，犯罪行為も適応の一形態として生じているものであると考えた。この理論に立てば，経済的な利益を多く得ることに高い価値を置く社会においては，人はまず仕事などの社会的に容認される方法で利益を得ようとするが，それが達成できない場合，逸脱的な方法で利益を得ようとすると考えられる。

3. ハーシ（Hirschi, T.）は，人は皆，潜在的には逸脱や犯罪への傾性を同様にもっているという前提に立ち，人が法を守る理由として，愛着（attachment），交流（communication），包摂（involvement），制裁（sanction）という四つの社会的絆を挙げた。この理論に立てば，家族や友人との交流が乏しいなど人間関係が希薄である者，逸脱行動をすると罰や制裁を受けるという学習が進んでいない者などは，非行や犯罪に走りやすくなると考えられる。

4. サザランド（Sutherland, E. H.）は，犯罪行動は，その手口だけではなく，犯罪に及ぶ動機や犯罪を合理化する理屈も学習されるものであるとした上，学習における映画や新聞等のマス・コミュニケーションの役割を重要視した。この理論に立てば，犯罪の手口や動機，犯罪を合理化する犯罪者の主張などの報道を視聴することは，犯罪の手口や犯罪を合理化する術を学習することにつながり，そうした情報に接する機会が多いものほど犯罪に及ぶ危険性が増すと考えられる。

5. ヒーリー（Healy, W.）は，少年非行についての調査研究を行い，社会・文化的，身体医学的，精神医学的，知的，心理テストによる人格の各側面にわたる多数の因子について測定し，統計的な比較を行った結果，非行性と関連すると考えられる因子を見出し，非行早期予測のための理論を提唱した。この理論に立てば，愛情面での母親の無関心・敵意，家族どうしの結びつきのなさなどの社会的因子，情緒不安定，頑固さなどの人格特性因子などが顕著に認められる者ほど，非行

に走る危険性が大きいと考えられる。

(2) 犯罪・非行理論②

犯罪・非行理論に関する記述 A，B，C とそれに該当する人名の組み合わせとして最も妥当なのはどれか。（法専　H24）

A. 青年期の人格の心理社会的発達を特徴づける心性として，自我同一性の確立が重要な課題であるとした。しかしながら，その達成は容易ではなく，自我同一性の「拡散」又は「混乱」状態になり，「否定的同一性」が生じる場合もあるとした。

B. 社会集団は，これを犯せば逸脱となるような規則を設け，それを特定の人々に適用し，彼らにアウトサイダーのレッテルを貼ることにより逸脱を生み出すとした。また，逸脱者とはこのレッテルを貼られた人間のことであり，逸脱行動とは人々によってこのレッテルを貼られた行動のことであるとした。

C. 第一次的逸脱に対する他者の反作用により，逸脱をした行為者自身が逸脱者としての自己イメージを持ち，そのイメージに合った逸脱行動を取るようになるとした。これを第二次的逸脱と定義し，第一次的逸脱と自ら逸脱者の役割を受け入れることにより生じる第二次的逸脱とを区別した。

	A	B	C
1.	エリクソン（Erikson, E. H.）	ベッカー（Becker, H. S.）	サザランド（Sutherland, E. H.）
2.	エリクソン（Erikson, E. H.）	マッツァ（Matza, D.）	レマート（Lemert, E. M.）
3.	エリクソン（Erikson, E. H.）	ベッカー（Becker, H. S.）	レマート（Lemert, E. M.）
4.	コーエン（Cohen, A. K.）	マッツァ（Matza, D.）	サザランド（Sutherland, E. H.）
5.	コーエン（Cohen, A. K.）	ベッカー（Becker, H. S.）	サザランド（Sutherland, E. H.）

(3) 犯罪・非行理論③

次は，犯罪非行理論に関する記述であるが，A ～ D に当てはまるものの組み合わせとして最も妥当なのはどれか。組み合わせとして最も妥当なのはどれか。（法専 H25）

ハーシ（Hirschi, T.）は，すべての人は犯罪や非行に至る潜在的な可能性を有しているという前提のもと，「なぜ人は犯罪を行わないのか」という視点に基づき， A 理論の立場から，犯罪の抑止要因として， B の存在を主張した。

この B は，次の四つの主要な要素から成り立っているとしている。

「愛着（attachment）」は，他者との情緒的な結びつきのことであり，家族や友

人など，重要な他者への愛情や尊敬の念が，他者の気持ちや願いを尊重しようとする姿勢や両親を育み，道徳的な価値や規範の内面化を促すとされる。

「　C　」は，合法的な生活を維持するため，個人がその代償としてどれほど努力や時間などを投資してきたかを示す。犯罪を行うことによって，それまでに築いてきた社会的な地位や他者の信頼が無に帰すことを恐れるため，これが大きいほど，犯罪への抵抗が高まる。

「　D　」は，日常の様々な合法的活動に没頭し，あるいは忙殺されることによって，犯罪を起こす暇がなくなるということを示す。

「信念（belief）」は，社会的規範の正当性，道徳性を信じる気持ちを示す。

	A	B	C	D
1.	統制（control）	社会的引力（social pulls）	関与（commitment）	包摂（involvement）
2.	統制（control）	社会的引力（social pulls）	包摂（involvement）	関与（commitment）
3.	統制（control）	社会的絆（social bond）	関与（commitment）	包摂（involvement）
4.	緊張（strain）	社会的引力（social pulls）	包摂（involvement）	関与（commitment）
5.	緊張（strain）	社会的絆（social bond）	関与（commitment）	包摂（involvement）

（4）防犯心理学

環境に着目した防犯心理学に関する記述として最も妥当なのはどれか。（法専H27）

1. 環境設計による犯罪防止（CPTED: Crime Prevention Through Environmental Design）の考え方の源流の一つとして，1961年にジェイコブス（Jacobs, J.）が『アメリカ大都市の死と生』で提唱した「自然監視性（natural surveillance）」の概念が挙げられる。自然監視とは，住人，通行人，店員などの公共の目による街への自然な注目と防犯活動のことである。

2. 防犯のための環境設計においては，私的空間又は準私的空間と公共空間とを明確に区別し，そこが侵入を許されない空間であることを犯罪者に分からせる必要があるが，高低差をつけたり芝生を植えたりするだけでは侵入防止の効果はなく，高い塀や鍵などの見た目にはっきりとわかる物理的障壁を設置する必要がある。

3. ウィルソンとケリング（Wilson, J. Q. & Kelling, G. L.）が提示した「割れ窓理論」は，ニューヨーク市における，犯罪・非行は容赦なく徹底的に取り締まるべきであるというジュリアーニ（Giuliani, R. W.）市長時代のゼロ・トレランス政策に取り入れられた。この理論では，地域を守るのは住人ではなく，警察をはじめとする行政機関であるという姿勢を強く打ち出している。

4. 「割れ窓理論」とは，住居の窓ガラスを防犯ガラスにする，ドアに解錠しにく

第1章
態度・説得
択一問題
記述問題

第2章
集団過程・集合現象
択一問題
記述問題

第3章
自己過程・集団と自己
択一問題
記述問題

第4章
社会的認知
択一問題
記述問題

第5章
社会的影響
択一問題
記述問題

第6章
組織・リーダーシップ
択一問題
記述問題

第7章
攻撃・援助
択一問題
記述問題

第8章
対人魅力・対人行動
択一問題
記述問題

第9章
犯罪・非行
択一問題
記述問題

い高性能の鍵をつける，電子的なセキュリティシステムを導入するなどして，犯罪の対象となる場所や物自体の防御力を強化することにより，犯罪の遂行にかかるコストを上げることを目指したものである。また，その波及効果として，一般市民の防犯意識を高めることが認められている。

5. 小宮信夫は，小学校等での犯罪被害防止教育において，犯罪被害に遭う危険性の高い場所について認識する必要があるという観点から，「地域安全マップ」を生徒たち自身の手で作ることを提唱した。「地域安全マップ」作りは，犯罪が起きたことのある場所や不審者が目撃された場所を地図上にプロットした上で，そこを実際に訪れ，その特徴を覚えることが中心となる。

(5) プロファイリング

次は，犯罪者プロファイリングに関する記述である。A，B，C に当てはまるものの組み合わせとして最も妥当なのはどれか。(法専　H26)

The profiling of someone's personal characteristics is more commonly associated with offender profiling. The types of characteristics profiled include demographic characteristics such as an offender's gender, age, ethnicity, and educational and employment history. This approach assumes that the way a crime is committed is related to the characteristics of the person, which enables the profiler to draw inferences about the characteristics of a criminal from the way in which he or she behaved during the crime.

The different approaches to this type of profiling can be broadly broken down into three categories. The first is what is known as A profiling. This approach aims to generate A relationships between actions displayed at crime scenes and offender characteristics and is carried out through the use of large-scale B of solved crimes.

An alternative approach is clinical profiling. Clinical profilers, rather than using B of offenses, develop their inferences about an offender's characteristics from their clinical experience of working with apprehended offenders. They are therefore acting in a similar way to A profilers, but their inferences are based on their own personal experience and, of course, rely on their accurate recollection of these.

Another approach to profiling is that of the FBI. On the basis of interview with serial offenders, FBI profilers have developed C of offenders that are thought to differ in their offending behavior and therefore in their characteristics. One such example is the distinction made between disorganized and organized murders. This approach has continued to develop with time, but other profilers have criticized the empirical basis of this approach because of the small number of offenders on which the ┌─ C ─┐ were initially developed.

	A	B	C
1.	statistical	databases	typologies
2.	statistical	databases	trait theories
3.	statistical	narratives	trait theories
4.	dynamic	narratives	trait theories
5.	dynamic	databases	typologies

（6）子供への司法面接法

　NICHD プロトコル[*1] 又は MOGP[*2] に基づく，主として子供を対象とした司法面接法に関する記述として最も妥当なのはどれか。（法専　H30）

1. 事件についての情報を繰り返し求められることで，被面接者の精神的な二次被害が引き起こされたり，記憶を変容させたり供述が誘導されてしまったりすることがある。そうしたことを防ぐため，司法面接法では，司法機関や福祉機関等が連携し，特に NICHD プロトコルでは，可能な限り一度の面接で必要な情報を収集することが望ましいとされる。

2. 司法面接法は，「特定の出来事」や「事実」を聞き取ることに焦点を当てているが，捜査機関の一般的な取り調べと異なり，心理カウンセリングの理論に基づいている。そのため，被面接者に対して「つらかったね。」と応答するなどして被面接者の心理に寄り添い，共感しながら話を聞いたり，被面接者の思いをくみ取って代弁したりすることが重要であるとされる。

3. 被面接者に「はい」，「いいえ」で答えさせる質問や選択式の質問であるクローズド質問は，被面接者自身の言葉で自由に話させるオープン質問よりも効率的に情報を引き出せるため，被面接者にかかる時間的負担は少ない。そのため，司法面接法では，最初にクローズド質問から始め，情報が得られないときに限りオープン質問をすることとされている。

4. 司法面接法では，被面接者が過度に緊張することを避けるために，原則として面接の録音・録画が禁止されている。そのため，情報の信頼性を担保することを目的として，面接を行う部屋に３名以上が立ち会うことが推奨されている。この際，被面接者が安心して面接を受けられるように，親等の親族が立ち会うことが望ましいとされている。

5. 司法面接法では，事件について最初に尋ねる際，異なるエピソードについて話すことを避けるために，対象となる事件を明確にする。具体的には，「何かありましたか。」といった質問ではなく，「今回は A ちゃんが，6 月 10 日に，おう

第1章
態度・説得
　択一問題
　記述問題

第2章
集団過程・集合現象
　択一問題
　記述問題

第3章
自己過程・集団と自己
　択一問題
　記述問題

第4章
社会的認知
　択一問題
　記述問題

第5章
社会的影響
　択一問題
　記述問題

第6章
組織・リーダーシップ
　択一問題
　記述問題

第7章
攻撃・援助
　択一問題
　記述問題

第8章
対人魅力・対人行動
　択一問題
　記述問題

第9章
犯罪・非行
　択一問題
　記述問題

ちでＢおじいちゃんに身体を触られたことについて聞くね。」といったように，
日時や場所，人物を特定することが推奨されている。

＊1　米国国立小児保健・人間発達研究所によって作成されたプロトコル
＊2　英国内務省・保健省によって作成されたガイドライン

実践問題
【記述】

(1) 社会的絆理論

　T. ハーシ（Hirschi, T.）の提唱した「社会的絆（social bond）理論」について説明した上で，少年と社会との絆を強化する4つの要素を挙げ，それぞれについて解説しなさい。（警視庁　H26）

学習のための参考図書

　試験対策に適したおすすめ本を以下に挙げる。いずれも，予備校や大学で学生に紹介している本でもある。コメントは筆者の個人的意見である。

① **『社会心理学事典』** 日本社会心理学会（編）　2009　丸善

　領域別の事典。1つのテーマが見開き2〜4頁でまとめられている。引いてもよいし読んでもよい。記述対策に役立つ。

② **『社会的認知ハンドブック』** 山本眞理子・外山みどり・池上知子・遠藤由美・北村英哉・宮本聡介（編）　2001　北大路書房

　社会的認知の理論や概念について，通常の社会心理のテキストには書かれていない細かいところまで説明がある。特に，社会的認知の用語がよくわからずに苦手意識を感じている人は，第Ⅲ部の「認知的アプローチの基礎用語」を読むとよい。必ず役立つ。出版年が古いと感じる人もあるだろうが，公務員試験を解くにあたってはまったく問題ない。

③ **『社会心理学 補訂版』** 池田謙一・唐沢　穣・工藤恵理子・村本由紀子　2019　有斐閣

　内容のバランスや新しさという点で，社会心理学で何か1冊良いテキストを紹介してほしいと言われたら，現時点ではこれを勧める。

④ **『グラフィック社会心理学第2版』** 池上知子・遠藤由美　2008　サイエンス社

　情報量が多い。択一試験に取り上げられる実験や理論はたいてい載っている。ただしかなり圧縮されているため，心理学の初学者だと重要な情報がわかりにくいかもしれない。基本が身についている人には特に勧める。

⑤ **『よくわかる社会心理学』** 山田一成・北村英哉・結城雅樹（編著）　2007　ミネルヴァ書房

　③や④と併用するとこのテキストの力が十二分に出ると感じる。マス・コミュニケーションやソーシャル・ネットワークについて載っているところが貴重。読書案内に力を入れているところもよい。

⑥ **『よくわかる産業組織心理学』** 山口裕幸・金井篤子　2007　ミネルヴァ書房

　産業組織心理学の中でも，心理職の試験で出題される問題は，だいたいこの本でカバーできる。山口裕幸先生ら著の有斐閣アルマのシリーズ『経営とワークライフに生かそう！産業・組織心理学』もよい。

⑦ 『セレクション社会心理学』(シリーズ本)　サイエンス社

シリーズ全体として勧めておく。択一問題で取り上げられた実験や記述問題のテーマなど，該当する本を開けばかなり高い確率で載っている。本書の執筆でもずいぶん利用させていただいた。かつて今井芳昭先生が家裁や国総の試験委員だったときには，『依頼と説得の心理学』からよく出題されていたと記憶する。新書サイズより少し大きい四六判であるが，紙が厚いせいか小さいわりに本は重い。中身は縦書きで索引がないため，どちらかというと「読み物」的ではあるが，試験対策に確実に役立つ。

⑧ 『[補訂新版] 社会心理学研究入門 』　安藤清志・村田光二・沼崎　誠　2017　東京大学出版会

国家総合職の二次の専門論述では，近年，あるテーマを提示して研究計画を立てて説明させるという問題がよく出るようになった。大学で実験演習を履修済みであっても，実験計画の基本的な考え方がよくわかっていない人や自分の研究法に関する知識を整理したい人に薦める。ところどころに差し挟まれるコラムがまた面白い。コラムだけ読んでも勉強になる。

!? 記述問題についての追加情報 —記述対策をする前に知っておくべきこと—

　ここで記述問題対策について知っておくべき事項を追加しておく。記述問題の対策の仕方については，本シリーズ『特訓式　試験にでる心理学　一般心理学編』のp.138，『臨床心理学編』のp.110でも説明しているので，あわせて読んでおいてほしい。

■論述の問題数・時間・解答用紙について

　現在，各試験での論述試験の概要は以下のとおりである。なお，用紙の文字数等の情報は過去の受験者の報告によるため，あくまで目安である。今後，解答の様式が変更される可能性もある。

　▶**国家総合職二次試験**：専門試験（心理学に関連する領域）2題。3時間30分。解答用紙はA3罫紙（32文字*×28行）で表裏あり。用紙の表は名前欄などの関係で少しスペースが削られるが，おおよそ表裏の両面で1780字程度。1題につき1枚であるが，用紙が足りなければ追加してもらうことも可能（受験者談）。社会心理学の知識を用いた総合的な問題が出題されることが多いが，毎年社会心理学から出題されるわけではない。

　＊マス目ではなく罫線に刻みがついている。

　▶**法務省専門職員**：1題。1時間45分。解答用紙は国家総合職に同じ。問題は矯正心理専門職と，保護観察官・法務教官の区分に分かれる。どちらの区分も社会心理学からの出題があるが，やはり毎年出題されるわけではない。

　▶**東京都**：5題中3題選択解答。2時間。解答用紙は罫紙（A4サイズ24行程度）で表のみ。各問題は，大問1問のこともあるが2〜3問の小問に分かれることが多い。解答用紙の追加は不可。

　▶**特別区**：6題中4題選択解答。1時間30分。解答用紙と出題形式は東京都とほぼ同様。社会心理学は語句説明の小問でのみ，出題される可能性がある。

　▶**警視庁**：7題中4題選択解答。2時間。解答用紙は東京都と同様。出題形式は大問のみ7題である。犯罪心理学の分野からも出題されることがある。

　▶**家庭裁判所調査官補二次試験**：令和2年度より，専門試験の記述は5領域（心理学3題，教育学3題，福祉3題，社会学2題，法律学4題）15題から任意の2題を選択。2時間。解答用紙は1題あたりA3サイズの原稿用紙の表裏。片面16文字×28行×2段組（横書き）。片面896字，両面1792字。1題につき1枚であるが，用紙が足りなければ追加してもらうことも可能（受験者談）。なお，二次試験の記述はペン書きである。

　家裁の解答用紙はやや特殊である。受験者の報告をもとに再現した図を以下に示す。

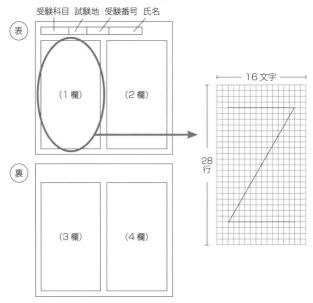

受験科目 試験地 受験番号 氏名

表

（1欄）　（2欄）

裏

（3欄）　（4欄）

16文字

28行

※横書きで1欄→4欄へと書くよう指示がある。

家裁の解答用紙

■本番でどのくらいの分量を書くのか

本シリーズ『特訓式　試験にでる心理学　一般心理学編』（p.140），『臨床心理学編』
（p.112）で既に述べたが，社会心理学編の読者に向けて，改めて書く。

東京都，特別区，警視庁のように1題につきA4（24行）用紙1枚までと決まって
いる場合は，その枠内で書く。これらの試験は，解答用紙は罫紙である。文字の大き
さや文字間のスペースが人によって違うため，1枚を埋めたときの文字数は異なって
くる。普段から，自分の1枚当たりの分量を把握するように練習をするとよい。

国総，法専，家裁の場合は，基本的に，配付される用紙の表と裏を埋める（およそ
1800字）ことを目標とすること。短すぎるのはまずいが，長く書けば必ず有利といっ
たこともない。出題内容に合わせ，受験者自身がどのような知識を使って答案を構成
するかによって文字数は決まってくる。

本書の論述問題の解答例は，国家総合職でおおよそ2000〜2500字前後，家裁，法
務省専門職員はおおよそ1500〜2000字前後，東京都や警視庁は1000字前後でまと
めた。解答例の中には例外的に短いものもあるが，全体に長めに書いたものが多い。
これは，「模範的」な解答例とするために，用語の定義を書くなど，知識を多く入れ
て詳しく説明した箇所が多いためである。

なお，論述試験の本番では，どの試験でも構想用紙（下書用紙）が1枚もらえる。
この用紙は提出時に解答用紙と同時に回収される。構想用紙に何を書いても，それは
試験の評価とは関係ないので，心配せずに自由に使ってよい。

■自分の記述スタイルを把握する

　長文論述では，記述するスピードや書き方に個人差が出る。問題文を読み，使用する鍵概念を書き出し，構成や展開を十分に検討して答案のイメージが固まったところで，一気に書き上げる人がいる。他方，解答の鍵概念が決まったら，すぐに書き始め，書きながら考えをまとめていく人もいる。どちらがより望ましいということはないが，学生には書き始める前にできるだけ構成を練るように指導している。筆者は後者，いわば「見切り発車」タイプなのだが，書き上がって全体を読み返した際に，論理的な矛盾があることに気づいて大慌てで書き直し……とならないように気をつけている。

　本番では，開始の合図とともに，問題冊子を開くと同時にペンを走らせる音が会場内に一気に広がるため，「もう書き始めてる人がいる！」と気圧（けお）されたり焦ってしまいやすい。あらかじめ，自分がどのような記述スタイルかを把握しておけば，周囲に惑わされずに自分の答案に集中できるであろう。

■記述に関する小さなヒント

＜時間配分を意識する＞　本番で，記述の途中で時間切れになるのだけは避けたい。
　ある程度記述に慣れてきたら，受験先に合わせて時間制限をして書く練習をすること。

＜日常の具体例の持ちネタを用意する＞　社会心理学では，本書の過去問をみるとわかるように，長文論述でも「具体例」を挙げて論じることを求められる場合がある。
　理論やモデルに合わせて，自分が書きやすい日常の例を用意しておくとよい。

＜「読み手」に向けて書く＞　記述問題の解答を書く際は，必ず「読み手」を意識して
　書くこと。ただ漠然と答えを書けばよいという気持ちで書くのと，「読み手」（この
　場合，出題者*）に，「あなたの問いに，私はこう答える」という明確な意思を持っ
　て書くのでは，答案の説得力が違ってくる。

　＊国総と家裁では，基本的に出題者＝採点者である。

人名索引

※解の付く頁数は，別冊子「解答・解説」の頁数を表す

あとがき —地上心理の専門択一における社会心理学の出題傾向について—

「本書の使い方」(p. iii) で述べたとおり，地上心理の「専門択一試験」について書く。地上心理の一次の専門試験は，原則，毎年6月の3週目の日曜日にいっせいに行われる。その専門択一試験40問は自治体共通である。ただし，例外もある。東京都と特別区，そして近畿圏の一部の自治体の心理職では，一次専門試験は記述式である。

地上心理の専門択一問題は原則非公開である（毎年2問だけ各自治体のサイトで公開される）。国家公務員試験の場合は，配付された試験問題冊子は持ち帰りができるし，別途人事院にお金を払って問題冊子（記述の解答用紙も）を入手することもできる。家裁は最近，過去3年分の試験問題を公開するようになった。しかし，地上心理の場合，いまだに試験終了時に問題冊子は回収され，持ち帰りは許されない。

このため，地上の専門択一問題を知ろうと思ったら，受験者に頼むしかない。筆者も，大学生協の心理職公務員講座を受講している学生に声をかけ，試験後にできるかぎりで試験問題を想起してもらうことをお願いしている。もちろん，一字一句正確に再現することは不可能なので，おおよそのテーマと出題形式(穴埋め式か単に五択か，英文かどうかなど) がわかる程度であるが，それだけでも十分にありがたい。

そのようにして絞り出された，平成24〜30年度の貴重な再現問題の報告のうち，社会心理学の出題のテーマや選択肢のキーワードを抜粋して以下に記す。

平成24年度：対応推論理論，議題設定効果，Milgram のアイヒマン実験，集団極性化，Schein の組織内キャリア発達

平成25年度：世論形成（沈黙の螺旋，多数無知等），単純接触効果，人事アセスメント，ドア・イン・ザ・フェイス法，自己高揚動機に基づく行動の事例選択，基本的帰属のエラー

平成26年度：パス−ゴール理論，職務動機づけ（X理論・Y理論），Heider の理論（穴埋め）

平成27年度：社会的抑制，フォールス・コンセンサス効果，ホーソン研究，パーソナル・スペース（Hall, E. T., パーソナル・スペースの形状，男女差等の選択肢）

平成28年度：恐怖管理理論（存在脅威管理理論），Asch の印象形成の実験（妥当な記述の組み合わせを選択），囚人のジレンマの応報戦略，Milgram のアイヒマン実験（発声条件では何%が最大強度の電撃を与えるか，数値を選択），Fiedler の条件即応モデルについて3か所穴埋め，衡平理論の妥当な具体例の選択

平成29年度：自己評価維持モデル，自己理論（Mead, Haltman, Higgins, 公的自己意識等），Rogers のイノベーション理論（採用の順番と層の名前がわかれば答えられる），対応推論理論，傍観者効果，集団極性化

平成30年度：フット・イン・ザ・ドア法，沈黙の螺旋，内集団バイアス，相互独立的自己観と相互協調的自己観

以上の報告を見る限り，社会心理学の出題数は心理学 40 問中，産業組織心理学も
あわせて 5 問前後のようである。出題傾向は，国総や法専とほとんど変わらない。違
いがあるとすれば，マス・コミュニケーション関連がやや目立つ点である。問題は，
国総や法専よりも問題文がシンプルで解きやすいという。また受験者によれば，地上
心理では，社会心理学以外でも今のテキストには載らないような古典が出たり，過去
国Ⅰや国総で出題された問題がそのまま出てくることもあるらしい。

　なお，上記のうち，本書で扱っていないのは，パーソナル・スペース，イノベーショ
ン理論，X 理論・Y 理論，人事アセスメントであるが，前二者は，『増補改訂　試験
にでる心理学　社会心理学編』（2009 年，北大路書房）に載っている。X 理論・Y 理
論とは，最近のテキストではほとんど見かけないが，McGregor, D. M. の経営論的人
間観で，X 理論は人間を外発的な存在，Y 理論は人間を内発的な存在と仮定するもの
である。人事アセスメントについては，「学習のための参考図書」（p.161）で紹介し
た産業・組織心理学のテキストで調べるとよい。

　そこで，読者にお願いがある。地上心理の専門択一問題は非公開ゆえに，その出題
内容に関する情報は貴重である。今後も非公開のままかどうかはわからないが，公認
心理師資格ができたことで，試験の傾向が変わる可能性もゼロではない。皆さんが受
験をしたら，直ちにできるだけたくさん問題を思い出し，書き留めてもらいたい。そ
してそれを，心理職を志望する皆さんの後輩に伝えてほしい。可能ならば，筆者にも
教えてほしい。

　最後に，本書の執筆にあたり，北大路書房の若森乾也氏，同編集部の西端薫氏，古
川裕子氏に大変お世話になった。若森氏には，本シリーズの既刊である『一般心理学
編』，『臨床心理学編』に続き，多方面から支援をいただいた。本書校正においては西
端，古川両氏の高い専門性を備えたアドバイスに大いに助けられた。深く感謝し，こ
こに記す。

2020 年 4 月

髙橋　美保

◆著者略歴

髙橋　美保（たかはし・みほ）

1964 年　東京都品川区生まれ
1988 年　上智大学文学部心理学科卒業後，労働省（国家 I 種心理職）に入省，1996 年同省退職
2008 年　東京大学大学院教育学研究科修士課程教育創発学コース修了（教育学修士）
2013 年　早稲田大学人間科学研究科博士後期課程満期退学
現　在　群馬大学教育学部非常勤講師。放送大学非常勤講師。前橋工科大学非常勤講師。
　　　　心理職公務員受験指導では，クレアールの他，大学生協が行う学内公務員試験対策講座で心理
　　　　職コースを担当。「シケシン」販促に資するべく Twitter を始めるべきか思案中です。

【主著・論文】

「試験にでる心理学」シリーズ　北大路書房　2001 ～ 2009 年
心理学教育のための傑作工夫集（分担翻訳）　北大路書房　2010 年
誤解から学ぶ心理学（分担執筆）　勁草書房　2013 年
高等学校「倫理」教科書の中の心理学（共著）　日本高校教育学会年報，18，57-66．2011 年

心理系公務員試験対策　実践演習問題集 3

特訓式 試験にでる心理学　社会心理学編

| 2020 年 5 月 10 日　初版第 1 刷印刷 | 定価はカバーに |
| 2020 年 5 月 20 日　初版第 1 刷発行 | 表示してあります。 |

著　者　　髙橋　美保

発行所　　（株）北大路書房

〒 603-8303　京都市北区紫野十二坊町 12-8
電 話（075）431-0361（代）
FAX（075）431-9393
振 替 01050-4-2083

©2020　　　　　　　　　　装幀／野田　和浩

印刷・製本／（株）太洋社

検印省略　落丁・乱丁本はお取り替えいたします。

ISBN978-4-7628-3107-2　Printed in Japan

通称"シケシン"のスピンオフ企画

心理系公務員試験対策 実践演習問題集

特訓式 試験にでる心理学

全5巻
順次刊行!

過去10年間の国家公務員総合職，家庭裁判所調査官補，法務省専門職員，東京都，特別区の試験の出題傾向を徹底的に分析，最頻出の重要テーマに絞って〈合格力の基礎〉をつくる良問を厳選。基本知識の定着をねらって，各領域ごとに「例題」を挙げ，豊富な図表を交え丁寧に解説する。解きやすさを追求した「問題編」＋「解答・解説編」のブックインブック製本。

第1巻
[一般心理学編]
2018年10月発刊

第2巻
[心理測定・統計編]
2019年7月発刊

髙橋美保・山口陽弘（著）

B5判（ブックインブック製本）
約250～310頁
予価3200円～3400円＋税

第3巻
[社会心理学編]
2020年5月発刊

第4巻
[発達心理学・教育心理学編]
2021年刊行予定

第5巻
[臨床心理学編]
2019年9月発刊

心理系公務員 3

試験対策 実践演習問題集

特訓式

試験にでる心理学

社会心理学編

高橋 美保 著

【解答・解説編】

SOCIAL PSYCHOLOGY

DEVELOPMENTAL AND EDUCATIONAL PSYCHOLOGY
PERSONALITY AND CLINICAL PSYCHOLOGY
FUNDAMENTAL PSYCHOLOGY
STATISTICS AND PSYCHOMETRICS

大路書房

特訓式　試験にでる心理学　社会心理学編

【解答・解説編】

目　次

第1章
態度・説得

【択一問題】

(1) 要請の技法（連続的説得技法）①
正答： 2

頻出度：★★★　　難易度：★☆☆

◆解　説：　正答必須の基本的な問題。BとDは説明を逆にすれば妥当な記述になる。要請の技法については問題編「覚えておきたい基礎知識」p.3 を参照のこと。

　なお、ザッツ・ノット・オール・テクニック（ザッツ・ノット・オール法）とは、一度要請し、要請された相手が応じるか断るかの意思表示をする前に、好条件をつけ足す方法である。販売場面では、おまけをつける方法と値引きする方法がある。利益付加法、特典付加法とも訳される。譲歩の返報性と係留点の変更で説明される（今井, 2006）。また「今買うなら、おまけをつける」、「今買うなら、特別に価格を安くする」などと有利な条件を付加する場合、「希少性（scarcity）の原理」によっても説明できる。

(2) 要請の技法（連続的説得技法）②
正答： 4

頻出度：★★☆　　難易度：★☆☆

◆解　説：　要請の技法についての知識があれば容易に正答を選べる。易しい。要請の技法については、問題編「覚えておきたい基礎知識」p.3 を参照のこと。

1. ×　コミットメントの公表が一貫した行動を起こさせることを示した実験である。コミットメントについては、【例題】を参照のこと。この場合、紙に書き留めることがコミットメントであるが、それを実験協力者に渡すことがコミットメントの公表（パブリック・コミットメント）にあたる。つまり、コミットメントの公表により自分の立場を明確にした人は、自己の一貫性を保たせるべく自分の立場に

固執する。本選択肢は、2文目の実験結果が妥当ではない。「第1群は最初の判断に固執し、第3群は最初の判断を容易に変化させ、第2群はその中間程度であることが示された」が妥当である。

2. ×　強制承諾の実験と呼ばれ、認知的不協和理論で説明される。なお、本選択肢の実験結果も妥当ではない。「1ドル支払われた条件群の方が、20ドル支払われた条件群よりも、その作業を面白かったと評価した」が妥当である。つまり、この実験では、私的意見（作業はつまらない）と公的表明（作業は面白い）が矛盾するため、参加者に不協和が生じる。これは、20ドル群は20ドルの謝礼と引き換えに嘘をついたと正当化されて不協和が解消したため、作業に対する態度は変わらなかった。他方、1ドル群は謝礼1ドルでは不協和解消に至らない。ゆえに「面白かった」と自分の態度の方を変えることで不協和を解消したと解釈される。

3. ×　フット・イン・ザ・ドア法の実験である。

4. ○　ロー・ボール法の実験である。「氏名が新聞に載る」がこの場合、後で取り除かれる「よい条件」にあたる。

5. ×　ドア・イン・ザ・フェイス法の実験である。

(3) 要請の技法（連続的説得技法）③
正答： 1

頻出度：★★★　　難易度：★☆☆

◆解　説：　1975年に報告されたある実験とは, Cialdini, R. B. ら（1975）のドア・イン・ザ・フェイス法の実験である。問題文の条件と依頼内容の記述から、直ちに、ドア・イン・ザ・フェイス法であるとわかる。

　フット・イン・ザ・ドア法、ドア・イン・ザ・フェイス法、ロー・ボール法の3つは最低限、定義と代表的な実験、承諾率が上がる理由について確認しておくこと。本問は瞬時に正答が出せるタイプの容易な問題。要請の技法については、問題編「覚えておきたい基礎知識」

p.3 を参照のこと。

（4）要請の技法（連続的説得技法）④

正答： 4

頻出度：★★☆　　難易度：★★★

◆解　説：　態度や認知の一貫性についての穴埋め問題。特定の社会心理学の実験について述べているものではないため、英文をちゃんと読まねばならないが、要請の技法や認知的不協和についての知識があれば、空欄の周辺だけを読んで答えを出すことも可能である。その際、空欄Aは迷いやすいので、比較的容易な空欄BとCを埋めて消去法で正答を選ぶとよい。

　以下、問題文を訳す。

＜訳＞

　A：フット・イン・ザ・ドア（foot-in-the-door）法は、人々の態度に影響を及ぼす1つのやり方が人々のふるまいを通して行われることを説明する。あなたがもし、人々に取り入れてほしいと思う態度と一致する行動を彼らに取らせることができるなら、彼らは最終的には求められている態度を取り入れることで自分たちの行動を正当化するであろう。この一連の出来事を最もうまく説明するのは、レオン・フェスティンガーの認知的不協和理論である。

　認知的不協和理論は、いくつかの種類の一貫性の欠如に焦点を当てているが、個人の態度に反するふるまいの結果を予期するという点で最も刺激的であった。態度と行動の解離に対してわれわれが貼るレッテルの1つが偽善である。たとえば、キリスト教原理主義の牧師がたびたびストリップ・バーに通えば、彼を偽善者と呼ぶ。完全な否定的態度というこのレッテルは、行為と信念のあらゆる解離から生じる不快感についての洞察を与えてくれる。認知的不協和理論の核となる概念は、態度と行動がずれていれば、その不快な不協和という状態から逃れる最も簡易なルートを人は選ぶということである。すなわち、　B：態度を変えること（changing our attitudes）によって、調和や一貫性を作り出すのである。過去の行動はつまるところ変えられない。既に起こしてしまった一連の行動を変えることは—Milgramの実験の電気ショックを与えるのを止めるとか喫煙をやめるとかのような—さらに不協和を作り出しうる。というのも、それは、自身の最初の判断がまずかったという考えを取り入れることであり、概して良い人間であるという自己観と矛盾するからである。そのように、行動は、新たな調和的な認知を付け加えたり認知を変えることによって維持されたり正当化されるのである。　C：合理化（Rationalization）は、自己正当化のプロセスの別の呼び名である。Milgramの実験のケースでは、参加者の中にはこのように思いたがる者もいた。「少なくとも自分は命令に従っていた、単語の対を覚えようとしない手に負えないやつとは違って」。あなたがもし喫煙者なら、自分自身や他人に対して次のように言うことで、不協和を減らせるかもしれない。「長期的に喫煙が体に悪いことはわかっている、だけど、喫煙はリラックスできるし、その方が自分には大事なんだ」。

（5）要請の技法（連続的説得技法）⑤

正答： 3

頻出度：★★★　　難易度：★★☆

◆解　説：　要請の技法の知識を正確に持っていれば容易に正答を出せる問題ではあるが、英文を読んで正答を出せねばならないという点でややハードルが高い。

　まず、各選択肢を全訳してから、解説する。

＜訳＞

1. この技法は、容易に拒否できるような弱い説得の攻撃に人々を曝すことにより、説得への抵抗力を作り出す手続きである。この技法は、自分の態度を防御する練習となると同時に、自分の態度が常に試されていることに気づかせ、それによって、後に続くより強い説得メッセージへの抵抗を作り出す。

2. この技法は、ある要請に対して最初に同意を得、その後この要請の隠されたコストを明らかにすることによって、承諾しやすくする手続きである。目標とする要請の承諾は、もし最初の要請のときにそのコストが明らかにされていた場合よりも起こりやすい。

3. この技法は、同意を得るための2段階の手続きであり、目的とする比較的緩やかな要請の直前に、極端な最初の要請を行うものである。最初の要請を断ることによって、目的とする要請が単独で提示された場合よりも、その要請を受け入れる可能性が高くなる。

4. この技法は、同意を得るための2段階の手続きであり、最初の小さな要請が、より本質的な目的とする要請の直前に提示される。最初の要請に対する同意があることで、目的と

する要請が単独で提示された場合よりも，その要請を受け入れる可能性が高くなる。

5. この技法は，同意を得るための2段階の手続きで，最初に大きな要請をして，その後，受け手が反応する直前に，直ちにその要請を，目的とするより穏やかな要請に変える。目的とする要請は，何がしかの特典が付加されて，より魅力あるものにされることもある。目的とする要請への承諾は，その要請が単独で提示される場合よりも，最初の要請に続いて起こりやすくなる。

1. ×　説得への抵抗は，ドア・イン・ザ・フェイス法とは関係ない。

2. ×　ロー・ボール法である。

3. 〇　ドア・イン・ザ・フェイス法である。

4. ×　フット・イン・ザ・ドア法である。

5. ×　ドア・イン・ザ・フェイス法と似ているが，「受け手が反応する直前に」が妥当でない。ドア・イン・ザ・フェイス法では，「受け手が反応した直後に」，目的とするより緩やかな要請をするところがポイントである。

（6）態度変容の理論①

正答：　3

頻出度：★☆☆　　難易度：★★☆

◆解　説：　スリーパー効果とは，信憑性の低い送り手からの説得メッセージであっても，時間の経過によって，送り手情報がメッセージ内容から分離するため，説得の効果が上がる現象である。スリーパー効果を理解していれば，直ちに図2が選べる。

　しかし，Hovland の理論的立場を選ぶのが案外に難しいかもしれない。今の大学でHovland について知る機会はほとんどなさそうである。Hovland はもともとは，イェール大学（Hull, C. L. がいた）で学習理論の領域で研究をしていた。説得による態度変化を，学習理論の立場で説明したことで知られる。

（7）態度変容の理論②

正答：　3

頻出度：★★☆　　難易度：★★☆

◆解　説：　認知的斉合性理論，自己知覚理論についての基本知識が求められる問題。標準的な難易度。ただし，Osgood と Tannenbaum の適合性理論は現在の社会心理学のテキストにはほとんど載っていないので要注意であるが，本問が出題された平成22年以前でも，既にほとんど出題されなくなっていたこと，本問以降も一度も出題されていないことを考えると，今後出題される可能性は低いと考えられる。

1. ×　Osgood と Tannenbaum の適合性理論である。Heider の均衡理論（バランス理論）に，SD 法を取り入れた理論である。基本的に均衡理論の P-O-X モデルと同様の考え方であるが，変化の方向と量を示すのに SD 法的に数値（＋3 〜 −3）を取り入れているところがポイントである。

2. ×　Festinger ではなく，Heider の均衡理論である。この理論の三者関係は，P-O-X モデルで表される。

3. 〇　妥当である。Newcomb のモデルは A-B-X モデルと呼ばれる。基本的に P-O-X モデルと同様の考え方であるが，不均衡による緊張を解消するための手段としてコミュニケーション行動が重要であるとするのがポイントである。

4. ×　Heider ではなく，Festinger の認知的不協和理論である。

5. ×　Bem の自己知覚理論である。1文目は妥当であるが，2文目以降は妥当でない。自己知覚理論では，自己知覚プロセスは，他者知覚プロセスと基本的に同じであると仮定する。ゆえに，人は他者の行動から他者の態度や性格を推論するのと同様に，自己の行動やその状況から，自己の態度や性格を推論する。

（8）態度変容の理論③

正答：　1

頻出度：★★★　　難易度：★☆☆

◆解　説：　それぞれの研究を知らなくても，認知的不協和や態度変容の知見を理解できて

第1章
態度・説得
択一問題
記述問題

第2章
集団過程・集合現象
択一問題
記述問題

第3章
自己過程・集団と自己
択一問題
記述問題

第4章
社会的認知
択一問題
記述問題

第5章
社会的影響
択一問題
記述問題

第6章
組織・リーダーシップ
択一問題
記述問題

第7章
攻撃・援助
択一問題
記述問題

第8章
対人魅力・対人行動
択一問題
記述問題

第9章
犯罪・非行
択一問題
記述問題

いればすぐに正答が選べる。認知的不協和理論を検証した研究は数多くあり，それらによれば，不協和低減のための態度変化が起こりやすい条件として，①反態度的行為に対する正当化（報酬）が不十分なとき，②罰の脅威が小さい状況で行為がなされたとき，③行為が自由意思に基づいてなされたとき，④他に魅力的な選択肢が存在していたとき，⑤行為の遂行に多くの労力を費やしているとき，などが挙げられる（池上，2008）。

1. ○　上記の態度変化が起こりやすい条件の④にあたる。

2. ×　厳しい入会儀礼を受けた実験参加者ほど，入会後に当該クラブに対する魅力は低減しにくい。上記の条件の⑤にあたる。

3. ×　報酬が少ない実験参加者の方が，当該課題が実際に面白かったと評定する傾向があった。上記の条件の①にあたる。

4. ×　小さい罰を与えられる実験参加者の方が，当該おもちゃへの執着を低減させやすかった。上記の条件の②にあたる。

5. ×　「主張①」ではボタン押し回数とタバコの本数に負の相関，「主張②」では正の相関が認められた。この実験は，自分に不協和をもたらす情報は避け，不協和をもたらさない情報には接触しようとするという認知的不協和理論に基づく仮説（「新たな情報への選択的接触」）を表している。

(9) 精緻化見込みモデル①

正答：　1

頻出度：★★★　　難易度：★★★

◆解　説：　実験結果を選ばせる問題はしばしば出題される。本問はテスト・リテラシーだけで瞬時に解ける問題ではない。精緻化見込みモデルからいえることを示している図を慎重に選ぶ以外にない。精緻化見込みモデルを理解していれば，少なくとも，結果（1）と結果（2）では，グラフの傾向が反対になっているはずだと予想できるであろう。

一応前提を確認しておくと，精緻化見込み

モデルにおいては，受け手にメッセージを吟味する「動機づけ」と「能力」の双方が備わっていれば精緻化可能性が高くなり，中心ルートの処理が行われる。どちらかが欠けていれば，周辺ルートの処理が行われる。この実験で自我関与の高低の条件は，「動機づけ」の操作に相当する。

まず結果（1）について。受け手の自我関与が高い場合は，中心ルートでメッセージが処理される。したがって，送り手の専門性に関係なくメッセージの内容を吟味する（送り手の専門性で態度が大きく変わらない）。他方，受け手の自我関与が低いと周辺ルートの処理になるため，送り手の専門性で態度が大きく変わる。「専門家の意見なら正しいに違いない」のように高専門性の送り手に対して好意的な態度変化，低専門性の送り手には非好意的な態度変化が起こると予想できる。ゆえに図1を選ぶ。

次に，結果（2）について。受け手の自我関与が高い場合は，中心ルートの処理となるため，論拠の質に注目する。このため，強論拠のメッセージには好意的な態度変化が起こり，弱論拠のメッセージに対しては非好意的な態度変化が起こる（論拠の質によって態度が変わる）。受け手の自我関与が低い場合には，周辺ルートの処理となるため，論拠の強弱いずれに関しても，高自我関与群ほど大きな変化が生じないと考えられる。ゆえに図3を選ぶ。

(10) 精緻化見込みモデル②

正答：　1

頻出度：★★★　　難易度：★★☆

◆解　説：　精緻化見込みモデルが理解できていれば，選択肢の語句からそれほど苦労せずに正答が出せる。題材に用いられている実験は，平成16年にも一度日本語で出題されている。元祖シリーズの方，『増補改訂　試験にでる心理学　社会心理学編』p.51を参照のこと。以下，問題文を訳す。

＜訳＞

この研究では，学部生が12の雑誌広告を含む冊子を調べることが求められた。各広告には，

広告の目的についての簡単な説明が書かれていた。冊子には，なじみのあるものもないものも含め様々な広告が載っていたが，焦点となる広告は，架空の新製品「エッジ使い捨てカミソリ」であった。すべての実験参加者が実験の始まる前に，実験の終わりに実験に参加した謝礼として景品がもらえることが告げられた。関与度の高い群では，いくつかのブランドの使い捨てカミソリの中から１つ選べると告げられ，関与度の低い群では，いくつかのブランドの歯磨き粉から選べると告げられた（歯磨き粉の広告も広告冊子の中にある）。

　４種類のカミソリの広告が作られた。２つは，有名で人気のあるスポーツ選手の写真が使われ，もう２つは，カリフォルニア出身と書かれた中年の市民が使われた。商品の宣伝者によって A：周辺的手がかり の操作がなされた。最後に，２つの広告では，商品について６つの説得的な文言を載せ，もう２つの広告では６つの見せかけだけの曖昧な文言を載せた。

　広告冊子を調べるのに続き，実験参加者は，エッジ使い捨てカミソリを含む描かれた製品に対する態度を示した。議論の質と関与度の主効果に加えて，２つの重要な交互作用が以前の研究の結果と同様になった。

　「関与度×メッセージの質」の交互作用によって明らかになったのは，広告における論拠が，関与度の C：低い 群よりも B：高い 群にとって，商品態度へのより重要な決定要因となったことである。しかし，「関与度×宣伝者」の交互作用によって明らかになったのは，宣伝者の地位は，関与度の B：高い 群よりも C：低い 群にとって，商品態度へのより重要な決定要因になったことである。このように，論拠を処理する動機づけが減じれば， D：周辺的手がかりは 相対的により重要な説得の決定因と D：なる 。反対に，論拠に対する吟味が強まれば， D：周辺的手がかりは 相対的にあまり重要ではなく D：なる 。

(11) 計画的行動理論

正答： 2

頻出度：★★☆　　難易度：★★☆

◆解　説：　計画的行動理論（図 1-4）は，国家総合職（かつての I 種）や家裁の二次論述で過去に取り上げられたことがある。以下，今井（2006）に基づいて解説する。

　人の社会的行動は４つの要因の影響を受ける。直接影響を与えるのが「行動意図」である。

「行動意図」に影響を与えるのが，「行為者の態度」（当該の行動に行為者自身がどのような態度を持つか），「主観的規範」（行為者にとっての重要他者の期待），「コントロール感」（行動を遂行する能力の認知）である。

1. ×　１文目は妥当。２文目，行動意図とともに実際の行動の発現にも直接的に影響を与えるのはコントロール感である。

2. ○　妥当である。

3. ×　１文目と２文目は妥当。３文目，主観的規範における他者とは，配偶者や家族といったいわゆる重要他者のことである。初対面の人は含まない。

4. ×　計画的行動理論のコントロール感は，行動を遂行することの能力に関連する要因である。Rotter のローカス・オブ・コントロールは，自分の行動の結果を自分がコントロールしていると認知するか，自分以外の外的要因がコントロールしていると認知するかの「統制の所在」を意味する。

5. ×　今井（2006）によれば，Armitage らの研究では計画的行動理論について 185 の研究をメタ分析したが，その結果，計画的行動理論を用いることで，行動意図の 39%，実際の行動の 27% を説明できることが見出された。また，態度，主観的規範，コントロール感の３つの要因のうち，主観的規範の説明率が最も小さいことも明らかにされた。

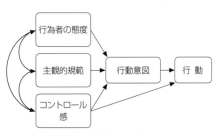

図 1-4　計画的行動理論　（今井，2006，p.214 を改変）

(12) 潜在連合テスト（IAT）

正答： 2

頻出度：★☆☆　　難易度：★★☆

◆解　説：　IAT は，潜在連合テスト（Implicit

第1章
態度・説得
択一問題
記述問題

第2章
集団過程・集合現象
択一問題
記述問題

第3章
自己過程・集団と自己
択一問題
記述問題

第4章
社会的認知
択一問題
記述問題

第5章
社会的影響
択一問題
記述問題

第6章
組織・リーダーシップ
択一問題
記述問題

第7章
攻撃・援助
択一問題
記述問題

第8章
対人魅力・対人行動
択一問題
記述問題

第9章
犯罪・非行
択一問題
記述問題

Association Test）の略称で，潜在的な態度を測定する技法である。ある概念と属性または概念と概念との潜在的な連合の強さを反応時間によって測定する。たとえば，文系は女性，理系は男性という潜在的な連合を持っている人の場合，「物理学」という概念を，「男性」に分類するよりも「女性」に分類する方が反応時間が長くなる。なお，本問は，IAT を体験したことがある人なら容易に正答できる。

1. ×　IAT が測定するのは，他者はもちろん自分でも把握できていない態度である。

2. ○　妥当である。なお，日本語で IAT を実施することができるサイトがある（https://implicit.harvard.edu/implicit/japan/；潮村，2016）。IAT を一度も体験したことがない人は，試してみることを勧める。

3. ×　図 1 の反応時間が長くなるのは，「A 国」と「良い」の連合が弱いからである。したがって，反応時間が長くなるのは A 国に好意的でないことを意味する。

4. ×　質問紙の場合，意図的無意図的に回答が歪曲されることがある。また回答者自身が意識的に思い込んでいる態度が測定されることもある。このため，しばしば現実の行動をうまく予測できないという欠点がある。

5. ×　IAT は，刺激に「自己」，「他者」，「好ましいもの」，「好ましくないもの」等を選んで設定すれば，自尊感情などの感情的，パーソナリティ的なものも測定可能である。

（13）社会心理学の領域横断的問題①

正答：　3

頻出度：★★★　　難易度：★☆☆
◆解　説：　国総の全員必答の問題で出題された平易な基本問題。心理系の受験者なら全員正答できるレベル。社会的認知や社会的行動など社会心理学の複数領域にまたがる問題であるが，正答が「態度・説得」領域であるため，本章に入れた。

1. ×　「シェイピング」ではなく，「ステレオタイプ」である。また一般にステレオタイプは変化しにくい。

2. ×　「基本的な帰属の誤り」は，他者の行動の原因を推論する際，外的な要因よりも内的な要因を重視することである。

3. ○　「説得」の社会心理学における定義といった基本的なことが問われている。

4. ×　「社会的促進」は習熟した課題や単純な課題が集団時に遂行が促進されることを指し，「社会的抑制」は不慣れな課題や複雑な課題の遂行が抑制されることを指す。

5. ×　「集団思考」は，凝集性の高い集団において，集団の方向性とは異なる自分の意見は控えられてしまい，結果として意思決定の質が低下することをいう。

（14）社会心理学の領域横断的問題②

正答：　2

頻出度：★★☆　　難易度：★☆☆
◆解　説：　問題文が長いわりにはシンプルな問題である。Festinger と Carlsmith の強制承諾の実験と Milgram の服従の実験を知っていれば，確実に消去法で解ける。

1. ×　いわゆる「強制承諾」の実験である。1 ドルの報酬条件の方が「面白かった」と評定する人が多かった。この結果は認知的不協和理論で説明される。つまり，この実験では，私的意見（作業は退屈でつまらない）と公的表明（作業は面白い）が矛盾するため不協和が生じる。20 ドルの報酬群は謝礼の 20 ドルで嘘をついたことになり，不協和が解消したため，作業に対する態度は変わらなかった。他方，1 ドル群は謝礼 1 ドルでは不協和解消に至らない。ゆえに「面白かった」と自分の態度を変えて不協和を解消したと解釈される。

2. ○　妥当である。なお，Dienstbier & Hunter（1971）によれば，この結果には

性差があり，男性でのみ有意であった。

3. ×　傍観者効果による説明は妥当ではない。Milgram の服従実験については，問題編第 5 章の「覚えておきたい基礎知識」p.94 を参照のこと。

4. ×　A の実験結果が妥当ではない。また，実験結果の説明に関して，共通して強化の概念を用いるのも妥当ではない。特に

本選択肢の B の実験結果は，強化による説明とは相いれない。

5. ×　B の実験結果が妥当ではない。また，実験結果の説明に関して自己統制感の概念を用いるのは妥当ではない。特に本選択肢の C の実験結果は，自己統制感による説明とは相いれない。

文　献

Cialdini, R. B., Vincent, J. E., Lewis, S. K., Catalan, J., Wheeler, D., & Darby, B. L.　1975　Reciprocal concession procedure for inducing compliance: The door-in-the-face technique. *Journal of Personality and Social Psychology*, **31**, 206-215.

Dienstbier, R. A., & Hunter, P. O.　1971　Cheating as a Function of the Labeling of Natural Arousal. *Journal of Personality and Social Psychology*, **17**, 208-213.
　http://digitalcommons.unl.edu/cgi/viewcontent.cgi?article=1299&context=psychfacpub&sei-redir=1&referer
　（2019 年 11 月 11 日閲覧）

池上知子　2008　態度　池上知子・遠藤由美　グラフィック社会心理学第 2 版　サイエンス社　pp.69-88.

今井芳昭　2006　依頼と説得の心理学　サイエンス社

潮村公弘　2016　自分の中の隠された心　サイエンス社

【記述問題】

(1) フット・イン・ザ・ドア法

頻出度：★★★　　難易度：★☆☆

解答例

　　要請の技法の一つであり，目的とする要請に先立って，比較的小さい誰でも承諾するような要請をすることで承諾率を上げる手法である。

　　たとえば，社会人となった卒業生に母校の学生のために就職について講演をしてもらいたい場合，手始めに「就職活動の体験について」の簡単なアンケートを依頼して書いてもらう。その後で本来の目的である講演の依頼をすれば，最初から講演を頼むよりも承諾率が上がるということである。

　　この効果の説明の一つに Bem の自己知覚理論がある。つまり，小さな依頼の承諾をすることで本人に「自分は依頼に応じる人間である」という自己知覚が生じる。このため次の依頼を受けることに対する抵抗感が薄れて承諾しやすくなる。また，この技法は，第一の要請と第二の要請を行う人物が異なっていても効果があること，二つの要請が時間的に離れていても効果があることが指摘されている。

(373 字)

 記述のポイント

　　最初は小さい要請，次に目的とする比較的大きな要請を段階的に行うというフット・イン・ザ・ドア法の要点を押さえることが重要である。なお，フット・イン・ザ・ドア法が効果的である理由は，Cialdini の「コミットメントと一貫性」でも説明できる。

　　同様に，受験先に合わせた文字数で，他の要請の技法（ドア・イン・ザ・フェイス法，ロー・ボール法）についても書けるようにしておくこと。要請の技法については問題編「覚えておきたい基礎知識」p.3 を参照。

(2) バランス理論①

頻出度：★★☆　　難易度：★★☆

解答例

　　Heider はバランス理論において，自己 P と他者 O と事物 X とからなる P-O-X モデルを想定した。P-O, P-X, O-X の関係は，いずれも正負の符号で表される。符号の積が正であれば均衡状態，負であれば不均衡状態であり，後者の状態において，人はその解消を動機づけられる。

　　自分（P），ある作家（O），ある作品（X）の関係を例に挙げる。自分がその作家のファンである場合，P-O の符号は正となる。その作家が新作 X を発表し

た場合，O-Xの符号は正となる。しかし自分はその新作が気に入らないとき，P-Xの符号は負となる。この三者の積は負となり，不均衡状態である。バランス理論に基づけば，これを解消する方法は，①新作は素晴らしいと思い直し，P-Xを正へ変化させる，②その作家を嫌いになり，P-Oを負へと変化させる，③こんな駄作はこの作家の作品ではないと，O-Xを負へと変化させる，の三つである。

(369字)

 記述のポイント

　心理学を学んでいる者にとっては基本知識であるため，むしろ，何をどう書くかで差が出やすい問題である。ポイントは，①均衡・不均衡となる条件，②不均衡の場合，それをどう解消するかの2点であろう。丁寧に説明しようとすると，どうしてもことばが多くなり，字数を超過しがちになる。本解答例でも，「センチメント関係」，「ユニット関係」の説明は省略した。なお，次の問題（3）の解答例も参照のこと。

(3) バランス理論②

頻出度：★★☆　　難易度：★★☆

解答例

　バランス理論とは，Heiderが対人関係の原理の一つとして提唱した理論である。自己Pと他者Oと事物XとからなるP-O-Xモデルを想定し，P-O，P-X，O-Xの三者関係における均衡（バランス）を扱う。

　関係はセンチメント関係かユニット関係に分けられる。前者は，好きか嫌いかといった心情の関係を指し，後者は，対象がひとまとまりとして知覚される状態を指す。

　自分（P），ある作家（O），ある作品（X）の関係を一例として挙げる。自分はその作家のファンであるため，P-Oの符号は正（＋）となる。ある作品を鑑賞したところ好みではなかったため，P-Xの符号は負（－）となる。しかし，その作品を創作したのはその作家であったため，O-Xの符号は正（＋）となる。このとき，P-OとP-Xはセンチメント関係，O-Xはユニット関係である。

　均衡を決めるのは，上記の三者関係の符号の積である。積が正となれば均衡状態，負となれば不均衡状態である。したがって，この三者関係の場合，三つの符号の積は負となるため，不均衡状態となる。均衡状態は快であり，安定しているが，不均衡状態は不快な緊張状態となり，均衡状態へと向かう力が生じる。このとき，三者関係のいずれか一つの関係の符号が変化することで，関係は不均衡から均衡状態へと変化する。この例の場合，均衡状態の回復のために，理論的には三通り考えられる。①何度もその作品を鑑賞し，やはりこの作家の作品は素晴ら

第1章
態度・説得
択一問題
記述問題

第2章
集団過程・集合現象
択一問題
記述問題

第3章
自己過程・集団と自己
択一問題
記述問題

第4章
社会的認知
択一問題
記述問題

第5章
社会的影響
択一問題
記述問題

第6章
組織・リーダーシップ
択一問題
記述問題

第7章
攻撃・援助
択一問題
記述問題

第8章
対人魅力・対人行動
択一問題
記述問題

第9章
犯罪・非行
択一問題
記述問題

しいと思い直すことで，P-X を負から正へ変化させる，②こんな作品を作る作家を自分は認めない，とその作家を否定することで，P-O を正から負へと変化させる，③こんな駄作をこの作家が作るはずがない，これはこの作家の作品ではないはずだと，O-X を正から負へと変化させる，である。しかし現実には，起こりやすい変化とそうでない変化があり，③のような変化は通常は起こりにくい。

　Heider のバランス理論は，今日では認知的斉合性理論の一つとして区分されるが，当時，バランス理論の提唱に刺激され，Newcomb のコミュニケーション理論（A-B-X モデル），Festinger の認知的不協和理論など，社会行動の認知的側面を強調する諸研究が大きく展開した。

（905 字）

 記述のポイント

　問題（2）と比較すると，字数制限が緩やか（A4 罫紙 1 枚）であるため，比較的丁寧に説明できる分，書きやすいと思われる。ポイントは問題（2）とほぼ同じ。

文　献

中島義明（監修）　1999　心理学辞典　有斐閣
末永俊郎・安藤清志（編）　1998　現代社会心理学　東京大学出版会

（4）精緻化見込みモデル

頻出度：★★☆　　難易度：★★☆

解答例

1.　精緻化見込みモデルは，説得メッセージが送られた際，受け手がメッセージの内容を精緻に処理する見込み，つまり，メッセージを詳しく吟味するかどうかの可能性によって，態度変化が異なる過程を経ることを説明するモデルである。

　このモデルでは，説得メッセージによる態度変化の過程を中心ルートと周辺ルートとに分ける。中心ルートとは，メッセージ内容そのものをよく考える過程であり，論拠の質などを検討した上で態度を変化させる過程である。周辺ルートとは，メッセージ内容そのものとは関係のない周辺手がかり，たとえば，送り手の魅力や専門性，論拠の数によって態度変化が生じる過程である。

　どちらのルートで態度変化が生じるかは，説得メッセージを精緻化するにあたっての動機づけと能力によって決まる。動機づけとは，メッセージ内容の自己関連度や認知欲求によって決まる。能力は，メッセージの理解しやすさや反復，受け手の知識に影響を受ける。メッセージを処理する動機づけと能力の双方が高い場合，中心ルートで処理される。いずれか一方が低い場合には，精緻化の見込

第1章
態度・説得
　択一問題
　記述問題

第2章
集団過程・集合現象
　択一問題
　記述問題

第3章
自己過程・集団と自己
　択一問題
　記述問題

第4章
社会的認知
　択一問題
　記述問題

第5章
社会的影響
　択一問題
　記述問題

第6章
組織・リーダーシップ
　択一問題
　記述問題

第7章
攻撃・援助
　択一問題
　記述問題

第8章
対人魅力・対人行動
　択一問題
　記述問題

第9章
犯罪・非行
　択一問題
　記述問題

みは低くなり，周辺ルートの過程を経る。なお，中心ルートで処理されたとしても，好意的にも非好意的にも認知的変化が起こらなければ，処理は周辺ルートへ向かうことになる。

2．中心ルートによって処理された場合の態度変化は，メッセージ内容そのものに対する検討と理解によって認知が再構成されるため，一度態度変化が起こればそれは安定的であり，他の説得に対する抵抗力は高く，行動との一貫性もある。

　周辺ルートによって処理された場合は，メッセージと関係ない周辺手がかりに頼った態度変化のため，認知の再構成は伴わず，本質的な変化ではない。このため，変化後も態度は一時的であり，他の説得に影響を受けやすく，行動とも一貫性がない。

3．生活習慣病は，日々の食事や運動からの改善が重要であるといわれる。改善の効果を上げるには，医師の説得によって，患者の側に中心ルートによる態度変化が起こることが望ましい。

　中心ルートによって生じる態度変化は，メッセージ内容そのものの吟味によって認知が再構成されるため，変化後の態度は安定し，行動にも一貫性が生じる。このため，食事や運動といった長期的に継続して初めて効果が上がる治療の場合，特に有効と考えられる。

　このため医師は，患者がメッセージを処理する動機づけを高め，能力を高めるような説得を行うことが重要となる。具体的には次のような方法が考えられる。

　①精緻化への動機づけを高める：生活習慣病について，それがいかにQOLを低下させるかといった現実的な情報を具体的に症例を用いて提示する。生活習慣の見直しによって治療の効果を上げた症例も紹介する。これによって生活習慣病が自分の問題であることを強く認識し，防護動機が活性化し，「生活習慣病を改善したい，改善する方法を知りたい」という動機づけを高めることができる。

　②精緻化への能力を高める：患者が自分自身でメッセージを精緻化するためには，食事や運動でなぜ効果が上がるのか，なぜ民間療法やサプリメント等の代替療法に頼ることを避けた方がよいかといった知識を，図解や映像を用いて丁寧に説明する必要がある。また，説明を一回で終わらせず，方法を変えて繰り返し行うのも効果的である。さらには，説明を行う際の環境は，他の医療スタッフや他の患者がいるざわついた場所ではなく，個室のような落ち着いた快適な場所で行うことも大事である。集中できる環境で，わかりやすい説明を複数回聞くことによって，患者はそのメッセージの本質を考えやすくなる。

　上記の働きかけによって，患者の動機づけと精緻化への能力が高まれば，「効果が出たという口コミが多い」，「食後に飲むだけで数値が下がる」等のサプリメントの広告やエビデンスのない代替療法に安易に流されず，生活習慣病改善に配慮した日常生活を，主体的に送ることができるようになるであろう。

（1622字）

11

 記述のポイント

　理論やモデルに基づいて，具体的な問題や社会的事象を説明させるタイプの問題である。精緻化見込みモデル（精緻化可能性モデル）の正確な知識が必須である。モデルの要点については，問題編「覚えておきたい基礎知識」p.4 を参照のこと。

　小問 3. の具体例については，精緻化見込みモデルに基づいて，「精緻化のための動機づけと能力をどう高めるか」について書くことがポイントとなる。ちなみに，小問 3. 解答例の「防護動機」とは，Rogers, R. W. の防護動機理論（Protection Motivation Theory: PMT）の防護動機を指す。

（5）態度の 3 成分

頻出度：★★☆　　難易度：★★☆

解答例

1. 態度の三成分とは，①認知，②感情（評価），③行動である。たとえば，「万引き」に対する態度を例にこの三つの成分を説明すると次のとおりである。

　①認知：万引きとは，お店の商品などをお金を払わず無断で取ってくることである，万引きは窃盗という犯罪であるといった態度対象に対する知識や信念の側面を指す。人によっては，「万引きは犯罪とはみなされない」など誤った認知を持っている場合もある。

　②感情（評価）：万引きはよくないことである，万引きはわくわくする行為である，などといった態度対象に対する「よい・わるい」，「好き・嫌い」といった評価的，感情的側面を指す。

　③行動：万引きをする，しない，したい，したくないといった態度対象に対する接近・回避，または受容・拒絶などの行動的側面を指す。

2. 一般には，態度に含まれる認知，感情（評価），行動の三つの成分は互いに関連し，一貫性があるものと考えられる。「万引きは犯罪である」という認知を持っている者は，「万引きはよくない」と評価し，ゆえに「万引きはしない」という一貫性を持つということである。

　認知，感情，行動の三成分に一貫性があることを前提とするならば，既存の態度を説得によって変容させる場合，これら三成分のいずれかにはたらきかけるという方法が考えられる。たとえば，認知的不協和理論によれば，認知的な一貫性が崩れれば，そこに不協和が生じて態度変容が生じることになる。

　しかし，説得の効果は現実にはそれほど簡単には上がらないこともある。新たな正しい知識を与えて認知にはたらきかけても，受け手が理解しようという動機や能力がなければ，理解されない可能性がある。また感情にはたらきかけようと恐怖喚起を用いれば，相手のリアクタンスを引き起こしたり，恐怖ゆえに送り手

第1章
態度・説得
択一問題
記述問題

第2章
集団過程・集合現象
択一問題
記述問題

第3章
自己過程・集団と自己
択一問題
記述問題

第4章
社会的認知
択一問題
記述問題

第5章
社会的影響
択一問題
記述問題

第6章
組織・リーダーシップ
択一問題
記述問題

第7章
攻撃・援助
択一問題
記述問題

第8章
対人魅力・対人行動
択一問題
記述問題

第9章
犯罪・非行
択一問題
記述問題

のメッセージを遮断することも起こり得る。そして強い禁止などにより行動にはたらきかけたとしても、リアクタンスやブーメラン効果が生じる可能性もある。説得によって既存の態度の変容を促すには態度対象の特性や受け手のパーソナリティや能力等にあった方法を取ることが望まれる。

3. 万引きを繰り返す者に対して効果的な介入・矯正を図るには、2. で述べたとおり、万引きに対する態度、すなわち、認知・感情（評価）・行動が個人の内部で相互に関連していることを考慮することが重要である。万引きを繰り返す男子中学生を仮定すると、その少年にとって万引きは「大した犯罪ではない」とか「ゲームのようなもの」のように認知されている可能性がある。さらには、万引きという行為に対して「わくわくする」、「スリルがある」といったポジティブな感情を持っている可能性もある。そのような少年に対し、体罰を加えたり厳しく叱責するなど行動面のみに焦点を当てて罰を加えたとしても、万引きに対する認知や感情は変わらないままであろう。場合によっては心理的リアクタンスが生じて、むしろ万引きに対する既存の態度を改めて強く持ち直すというおそれもある。

　効果的な介入・矯正を図るためには、認知や感情にもはたらきかけていくことが必要となる。具体的には、万引きは犯罪であることを中学生にわかるように教えることで認知の変容を促す。また、感情にはたらきかけるには事例を用いる方法が考えられる。たとえば、万引きから徐々に深刻な犯罪にエスカレートした事例を紹介し、その顛末や、被害者ならびに本人の保護者の心情を聞かせる。具体的な事例を知ることで、「自分はこうなりたくない」、「万引きは周囲を悲しませる」といった感情や動機づけの面での変容が生じるよう促す。

　そして、こうしたはたらきかけの結果、万引きをためらったり思いとどまるように行動面が変化したならば、肯定的なフィードバックを与えて強化する。

　以上のように、認知、感情、行動の三つの側面の一貫性を意識したアプローチによって、万引きを繰り返す者の態度を効果的に変容させることが可能となると考える。

(1619字)

 記述のポイント

　「態度の3成分」は、Rosenberg, M. J. と Hovland, C. I. によるものである。「態度の3成分が個人内で一貫性を持つ」ことを鍵概念とすることが最大のポイントとなる。

　小問の1. と2. では「万引き」ということばはないが、論述全体のまとまりを出すために、本解答例では、小問1. の解答からそれを意識した書き方をしている。また、小問2. では、「既存態度に対する説得効果」を「態度変容」と捉え、「態度の3成分の一貫性」とからめて、認知的不協和理論を用いた。ただし、認知的不協和理論においては、認知と感情と行動は区別せず、一括して認知としている（酒井, 2001）。

　なお、本問の問題文では「3成分」という表記であるが、解答例の中では、記述の一貫性の観点から「三成分」と漢数字にした。

文　献

酒井春樹　2001　認知的斉合性理論　中島義明（編）　現代心理学［理論］辞典　朝倉書店　pp.524-562.

竹村和久　2009　態度　日本社会心理学会（編）　社会心理学事典　丸善　pp.82-83.

（6）A-B-X モデル

頻出度：★★☆　　　難易度：★★☆

解答例

1. A-B-X モデルとは，環境内の事物 X と二者 A と B とからなる A-B-X システムを想定し，X に対する A および B の態度が非対称の場合に緊張が生じ，対称性に向かって態度を回復しようとする力が生じるとする理論である。Newcomb によれば，緊張の強さは A にとって X が重要であるほど，また B が魅力的であるほど強い。この緊張を低減する最も重要な手段がコミュニケーション行動である。すなわち，A が X に対する B の態度が同じになるようにコミュニケーションを行うか，B からのコミュニケーションによって X に対する自己の態度を変えることで，A-B-X の構造を対称にしようとする。このようにして対称性が達成されない場合，A が B に対する好意度を下げることによっても緊張は低減される。

A-B-X モデルは，これに先んじて提唱された Heider の P-O-X モデルと類似している。P-O-X モデルはバランス（均衡）理論とも呼ばれるが，このモデルでも，事物 X と二者 P と O からなるシステムを想定し，P-O，P-X，O-X の三者関係におけるセンチメント関係ならびにユニット関係の均衡・不均衡を扱う。すなわち，均衡状態は快であり，安定しているが，不均衡状態は不快であり，不安定で変化しやすい。不均衡状態の場合は，P および O が認知を変化させることで均衡状態へ向かう。

A-B-X モデルは，認知的斉合性理論としてはバランス理論の P-O-X モデルと同類とみなされるが，P-O-X モデルが特に対人認知の問題に焦点を当てているのに対し，A-B-X モデルは，バランス理論を現実の社会的相互作用状況に拡張したものであり，社会的相互作用におけるコミュニケーション行動の発現過程の理論化に焦点を当てている点で異なる。

2. A と B の間で X に対する態度が一致しない場合として，ここでは，子供を持つこと（X）に対して意見が非対称である男女の例を挙げることとする。結婚を考えている男女のカップルだが，男性（A）は子供を早く欲しいと思う一方で，女性（B）は特に欲しくないと思っている。A-B-X モデルによれば，このような場合，2 人は非対称の関係にあり，両者の間には緊張が生じる。このとき，両者の緊張状態は，複数の要因に影響される。たとえば，①態度の食い違いの程度，②A-B の相互魅力，③X の重要性，④X の共通関連性，⑤地位・身分，⑥役割，

等である。

　Aにとって，結婚をしたら子供を持つのは当然のことであり，人生において子供を育てることを非常に重視している。同時に，AはBを深く信頼しており，AにとってB以外の結婚相手は考えられない。子供を持ったらAも育児を手伝うつもりである。他方，Bも同様にAを深く信頼し心を寄せているが，子供は持ちたくない。それは，Bにとっても子供を持つことは重要であるものの，結婚してすぐ子供を持てば，仕事を犠牲にして家事も育児も自分が担当することになりそうで，今まで積み上げたキャリアを断念せざるを得なくなることを恐れているためである。

　ここでAのBに対する気持ちが冷めて，Bとの結婚はあきらめ，子供を持つことに賛同する他の女性と結婚するという選択肢もあるわけだが，上記の要因からも，Aはそのようなことはせず，何とかBとの間の緊張を解消しようとするであろう。

　このような二人に対して，A-B-Xモデルに基づき，行うべき工夫や配慮を挙げる。先に，両者の緊張状態に影響を及ぼす六つの要因を挙げたが，これらのうち，特に①態度の食い違いの程度，④Xの共通関連性，⑥役割の三点にターゲットを絞る。なぜなら，AとBとの間の相互魅力（上記の②）は十分と思われ，子供を持つことについても両者は同程度に重視している（上記の③）と思われるためである。なお地位や身分（上記の⑤）については，ここでは措く。

　すなわち，第一に，子供を持つこと（X）について，子育てまで含めて具体的に両者で話し合い，子供を持つことが両者の仕事や生活にどのようにかかわってくるか，互いに認識を共有しあうことである（上記の④にあたる）。第二に，Aは子育てを手伝うという態度を示しているが，一般に家事育児に関して，「男の"俺も手伝う"はあてにならない」ことが女性側からしばしば指摘される。このため，出産から子育てについて，お互いの役割をどのように配分するかを，両者で具体的に十分に話し合い，認識を共有しあうことである（上記の⑥にあたる）。AとBが，Xについてのコミュニケーションを通じて，認識をすり合わせることで，AとB双方の態度の食い違いの程度（上記の①）が是正され，緊張が解消し，両者の良好な関係を作り出すことが可能となると考えられる。

(1879字)

記述のポイント

　NewcombのA-B-XモデルとP-O-Xモデルとの違いを理解している必要がある。酒井（2001）によれば，A-B-XモデルはP-O-Xモデルを社会的相互作用状況に拡張したものであり，最小の社会集団としての2人の人物（A－B）が事物（X）を媒介として相互作用している状況を想定している。AとBの間にXをめぐって食い違い（非対称性）があれば，それを解消しようとする力がはたらき，それがコミュニケーション行為として現れるという。

　具体例は，受験者自身が書きやすいテーマであることも大事だが，一般性の高いテーマを選ぶ

方がよい。採点者に伝わりやすいからである。

文　献

中島義明（監修）　1999　心理学辞典　有斐閣

酒井春樹　2001　認知的斉合性理論　中島義明（編）　現代心理学［理論］辞典　朝倉書店　pp.524-562.

(7) 認知的不協和理論

頻出度：★★☆　　　難易度：★★☆

解答例

1．認知的不協和理論は，Festinger によって提唱された人の認知的な動機づけや態度，行動の変化を予測および説明する理論である。人は認知的な一貫性を求めているという前提に立ち，二つの矛盾する認知要素が同時に存在するなど，心理的な矛盾が発生した状態を認知的不協和と呼ぶ。認知的不協和状態は不快な緊張を引き起こすため，人はその不協和を低減ないしこれ以上増やさないように動機づけられる。すなわち，行動の変化，認知の変化，新たな認知の付加，新たな情報への選択的接触等によってその低減を図る。

2．誘惑にかられて不道徳な行為を行った場合と思いとどまった場合とでは，いずれにおいても自分が選択した行動と認知との間に何らかの不協和が生じる。Festinger が不協和が発生しやすい状況として指摘した「決定後」に相当する。このとき，認知的不協和理論に従うならば，1．で述べたように，不協和に伴う不快感を低減するために，認知を変化させたり，新たな認知を付加したり，情報への選択的接触等を試みることが予想される。

　ここでは「試験でカンニングすること」を例に挙げて論じることとする。誘惑にかられてカンニングをしてしまった人は，不道徳なことをしてしまったという認知と，不道徳な人間でありたくないという認知の間に矛盾が生じ，認知的不協和に陥る。このため，たとえば歴史上の偉人や著名人のカンニングの逸話を検索し「カンニングは皆がやっていることで不道徳ではない」と認知を変化させる，「中国では科挙の時代から試験でカンニングはあたりまえだった」といった認知を新たに付け加える，あるいは，カンニングで退学になったり社会的制裁を受けた人のニュースなどは極力聞かないようにする等によって不協和を低減することが予想される。

　他方，カンニングの誘惑にかられたが思いとどまった人であれば，「カンニングをしていたら留年せずに済んだのに」といった後悔と自分は不道徳な行為をしない人間であるという認知の間に矛盾が生じ，やはり認知的不協和が生じる。このため，「カンニングが発覚したら完全に人生は終わっただろう。やはりすべきでなかった」と認知を変化させる，「自分は誘惑に負けない善い人間なのだ」と

新たな認知を付加する，またはカンニングをして社会的制裁を受けた人のニュースに進んで接触したりすることで，思いとどまったことをより正当化し，不協和を低減することが予想される。

3．2．で述べたように，二つの選択肢のうちいずれの行動を取った場合でも，人は自分の選択を肯定し，正当化することによって，生じた認知的不協和を低減しようとする。

したがって，試験でのカンニングに対して寛容にならないように，かつ，厳格な態度を維持・強化するためには，何よりも，「学生にカンニングという行動を取らせない」ことである。しかし，「カンニングは不道徳である」，「自分は不道徳な行為はしない人間である」という認知を個人に内面化させ，内面から行動をコントロールすることは簡単なことではない。

そこで，コミットメントを利用することが一つの方法として考えられる。コミットメントとは，個人が行動に言質を与えることで，その行動に束縛されることを意味する。Cialdini によれば，人はコミットメントにより，自分の選択した行動と一貫した思考や態度を持つようになる。つまり，「自分はカンニングはしない」と学生に宣言させ，紙に書いて大学に提出してもらうことである。これにより，学生のカンニングに対する厳格な態度を維持・強化することが可能となる。

なお，カンニングに対して，試験会場における厳格な監視体制や発覚した場合の重い罰則の設定は，むしろ逆効果になる恐れがある。認知的不協和理論によれば，罰の脅威が大きいと，禁止された行為に対する魅力が変化しにくいことが明らかにされているためである。つまり，試験でのカンニングに対して，厳格な監視体制や重い罰則があることを知らせると，厳しい規則を破ってでも利益を得たい学生たちにとっては，重罰という外的要因にカンニングが阻まれることになるため，カンニングを行うことの魅力自体は低下しない。ゆえに，その厳しい監視をかいくぐってカンニングに挑戦しようとする者が出てくる可能性もある。

(1746字)

 記述のポイント

本問のテーマが「決定後の不協和」を扱っていることに気づくことが記述のポイントとなる。小問1．と2．は認知的不協和理論の基本を知っていれば書きやすいと感じるであろうが，このポイントを外すと論述のピントがぼける。

気をつけたいのが小問3．である。不道徳な行為のリスクとコストの大きいシステム作り（監視や罰則の徹底等）をすることで，不道徳な行為との間に認知的不協和を起こさせる方法が有効と考える人もあるだろう。確かに今の時代は，個人の認知を変えるよりも，そういうシステムを作った方が早い。しかし，認知的不協和理論の観点からは要注意である。解答例にもあるように，ある行為を禁止する際，罰の脅威が小さいほど，その行為に対する魅力度が下がることが指摘されている（Aronson & Carlsmith, 1963）からである。本問が「決定後の不協和」をテーマとしていることを踏まえれば，不道徳な行為に対する監視や罰で書くことは避けられるはずである。

17

この小問3．で取り上げた「コミットメント」は，まさに Cialdini の社会的影響の原理の１つ，「コミットメントと一貫性」にもつながる。

文　献

Aronson, E., & Carlsmith, J. M.　1963　Effect of the severity of threat on the devaluation of forbidden behavior. *Journal of Abnormal and Social Psychology*, **66**, 584-588.

（8）社会的影響手段と倫理

頻出度：★☆☆　　難易度：★★★

解答例

1．「コミットメントと一貫性」，「社会的証明」は，Cialdini が提出した，人間行動を導く六つの基本的な心理学の原理のうちの二つである。

「コミットメントと一貫性」とは，人が自分の態度と行為を一貫したものにしたい，他者からも一貫しているとみられたいという傾向を利用した原理である。人は一貫性を求めるがゆえ，以前の決定と一貫した行動を取ろうとする。このとき，鍵となるのがコミットメントである。すなわち，自分の意見を表明したり，自分の立場を明確にすると，人はそのコミットメントに合致した要請に同意しやすくなる。

「社会的証明」とは，他者が何を正しいと考えているかに基づいて物事が正しいかどうかを判断する傾向を利用した原理である。この原理は，類似性とあいまいさという二つの要因がかかわる状況で強い影響力を発揮する。すなわち，状況があいまいで自分の判断に確信が持てないとき，または他者が自分に類似しているときに，人は他者の行動に注意を向け，それを正しいものとして受け入れようとする。

これら二つの原理を，環境配慮行動を取るよう，人々にはたらきかけるために用いるための要点は次の二点である。第一に，「コミットメントと一貫性」の原理によれば，ある行動を取るようにはたらきかけるには，要請しようとしている行動と一貫するような立場を最初に取らせるようにすることである。第二に，「社会的証明」の原理によれば，多くの人々が，要請に応じた行動を取っていると告げたり，実際に見せるようにすることである。

具体的には，「コミットメントと一貫性」として，まず，学校や地域で「あなたが環境を守るために行動していること」のようなテーマで作文を書かせたり，「環境を守るための標語」を募集することである。作文や標語を実際に書くことを通じ，人は，自分は環境配慮行動を取る人であるというコミットメントを示すことになる。これらに加え，「社会的証明」を用い，若者から高齢者まで多くの人が，マイバッグを持って買い物に行く，マイボトルを持参しペットボトルの飲

料を買わないなどの行動を取っているところをテレビやSNSで流す。環境配慮行動が流行していることを示すことで，それを見た人に環境配慮行動は正しい行動であるという判断を促すことになる。

　二つの原理の相乗効果で，環境配慮行動に「コミットメント」を示した個人は，その「一貫性」を保つべく，実際に環境配慮行動を求められればそれに同意しやすくなり，実際に，環境配慮行動が流行していることを知れば，より一層，その行動を取りやすくなるであろう。

2. フット・イン・ザ・ドア法とは，最初に誰もが応諾するような応諾コストの小さな要請を行い，受け手がそれを応諾した後，本来の目的である比較的大きな要請を行う方法である。ドア・イン・ザ・フェイス法とは，最初に誰もが断るような応諾コストの大きな要請を行い，受け手がそれを拒否したところで，本来目的とする比較的小さな要請を行う方法である。

　上記のいずれの技法も，目的とする要請を単独で行う場合よりも応諾率が高くなる。両技法の違いとしては，各技法の効果を説明する原理が挙げられる。フット・イン・ザ・ドア法は，最初の小さな要請を承諾することによる自己知覚の変化や一貫性要求によって説明される。つまり，小さな要請であっても一度応諾することで，「自分は人から何かを要請されると応諾する人間である」と自己を認識し直す。このため，その後の第二の要請に際しては，一貫性要求によって再び要請に応じやすくなる。

　ドア・イン・ザ・フェイス法は，最初の大きな要請を拒否したことへの罪悪感や，譲歩への返報性によって説明される。前者は，応諾コストの高い第一要請を断った受け手は罪悪感が生じるため，第二の比較的小さな第二要請には応諾しやすくなるという説明である。後者は，受け手が第一要請を拒否した後，送り手が直ちに譲歩して応諾コストの相対的に小さい第二要請をするため，受け手はこれに対する返報性から，その第二要請に応じやすくなるという説明である。

3. 1. や2. で挙げた原理や手段を使用する場合，倫理的問題としてまず考えられるのは，人の行動を変容させるにあたって，インフォームド・コンセントを得るという手順が省略され，受け手が気づかないまま応諾を誘導する形になる点である。特に「コミットメントと一貫性」，「フット・イン・ザ・ドア法」，「ドア・イン・ザ・フェイス法」のような段階を設けて要請する方法がこれにあたる。そもそもこれらの原理や手段はビジネスや販売の場面で用いられることが多く，インフォームド・コンセントを前提としていない。ゆえに，この問題を回避するとすれば，受け手側の教育が重要になる。つまり，何らかの依頼や要請を提示されたときに，その要請を受けるかどうかの選択を常に意識的に検討する習慣を身につけさせることである。

　また，特に「社会的証明」の原理を用いる場合，メディア等を通じて目的とする環境配慮行動を広告などの形で情報提示することになる。このとき，実際以上

に多くの人がエコバッグを利用しているように見せかけるなど，事実を誇張した表現になることもありうる。その場合，事実とは異なる情報で人の行動を操作することになり，倫理的に問題となる。この場合は，制作者に倫理的教育を行うこと，実際に制作されたコンテンツをチェックする体制を整えること，あるいは受け手側のメディア・リテラシー教育により，問題を回避することが可能となる。

　環境配慮行動という，社会的に望ましい，人々のためになる行動であったとしても，それを促すために倫理を軽んじてよいことにはならない。情報を発信する側も受け手側も，倫理とリテラシーを持つことが求められるといえよう。

(2345 字)

 記述のポイント

　小問 1. と 2. に関しては，Cialdini の社会的影響の原理や「フット・イン・ザ・ドア法」，「ドア・イン・ザ・フェイス法」の知識があれば比較的容易に書き進めることができる。

　小問 3. の倫理的問題がなかなか手ごわい。心理学研究における倫理の知識にとどまらず，日頃から社会的事象に関心を持ち，考える態度が求められる。

文　献

Cialdini, R. B.　2001　*Influence: Science and Practice*（4th ed.）．Allyn & Bacon.　社会行動研究会（訳）　2007　影響力の武器［第二版］　誠信書房
今井芳昭　2006　依頼と説得の心理学　サイエンス社

第2章
集団過程・集合現象

【択一問題】

(1) 集団思考

正答： 1

頻出度：★★☆　　難易度：★★☆

◆解　説： 英文であるという点で★2つとしておく。ただし，集団思考の概念を理解しており，空欄Aか空欄Bのどちらか（これらは単語の意味がわかりやすい）が1つでも埋まれば，即座に正答が出る問題でもある。普段から心理学の重要なタームの英語表記は必ずチェックしておけば，こういう問題には非常に力を発揮する。

集団思考については問題編「覚えておきたい基礎知識」p.29 を参照のこと。問題文は，Janis が指摘した集団思考の8つの徴候（symptoms）のうちの4つである。以下，問題文アからエの概要を訳す。

＜訳＞

ア．集団思考の犠牲者は，自らを A：マインドガード に任命して，集団の過去の決定の有効性や正当性について成員が共有している満足感を損なうような都合の悪い情報等から，リーダーや成員を守る。

※ここでいう「マインドガード」とは，グループの信念や決定に疑念を抱くことがないようにはたらきかけたり，グループに不都合な情報を入れないようにしようとする「用心棒」のようなもの。

イ．集団思考の犠牲者は，集団が共有する幻想に異議を表明する，あるいは多数派によって是認される方針を支持する論点の妥当性に疑問を示すどんな個人に対しても，直接的な B：圧力 を与える。

ウ．集団思考の犠牲者は，多数派の意見に立つ成員によって表明されたほぼすべての判断に関して，C：満場一致 の幻想を共有する。この徴候の一部は，先行する徴候の効果，つまり，議論の中で沈黙しているどんな個人も他の人の発言に完全に賛成しているという誤った仮定によって増幅されるという効果によって生じる。

エ．ほとんどすべての内集団の成員が D：不敗 の幻想を分かち合う。それは，明らかな危険に対しても成員にいくらかの安心を与え，成員を過度に楽観的にさせ，大きなリスクを取りたがるようにさせる。また，明らかな危険の徴候にも注意を払わなくなる。

なお，集団思考の8つの徴候とは，①マインドガードの任命，②異議を唱える者への直接的な圧力，③満場一致の幻想，④不敗の幻想（ここまでが問題文で扱われた4つ），⑤集合的合理化，⑥外集団のステレオタイプ化，⑦自己検閲，⑧集団内の道徳性に対する信奉（順不同）である。

(2) 集合現象

正答： 4

頻出度：★★★　　難易度：★☆☆

◆解　説： 本問は，正答以外の選択肢が基本知識ばかりであるため，正答の選択肢である 4. の Thibaut と Kelley の統制の相互依存性の知識がなくとも，消去法で難なく正答が出せる。そこで★は1つとした。なお，選択肢 4. について，囚人のジレンマは知っていても，運命統制，行動統制という用語になじみがない人もあるだろう。これについては，近年の社会心理学のテキストでは，池田ら（2019, p.170～171）のコラムがわかりやすい。

1. ×　1文目は妥当。2文目，「二次的ジレンマ」ではなく，「社会的手抜き」と呼ばれる現象である。

2. ×　Sherif のサマーキャンプ実験は集団間葛藤の解決の研究として有名。2文目，「二つの集団が協力しなければ達成できない目標を導入したところ，集団間葛藤が解消した」が妥当。3文目，「食事会など同じ楽しみを共有するだけの接触機会を設けたところ，集団間葛藤はさらに悪化した」が妥当である。

3. ×　1文目が誤り。Allport の唱えた多元的無知とは，「自分の公的行為は自分の感情や意見と一致していないと思うにもかかわらず，他人の公的行為は当人の感情や意見を反映していると推測すること」である。2文目は妥当。

4. 〇 Thibaut と Kelley の「統制の相互依存性」の研究。ここでいう「統制」とは，自分の利益や他者の利益を左右することを意味する。「相互依存性」とは，他人に親切にすれば，自分はその分コストを負い，相手に利益をもたらす。逆に自分の利益は他者の行動によって左右される。このように互いの利益が相手の行動に依存する関係を「統制の相互依存性」という。囚人のジレンマなどを想起のこと。二者間の利得行列は，次の3成分に分解できる。①自己利得を左右する程度である「自己統制」，②相手の利得を左右する程度である「運命統制」，③相手の選択を左右する程度である「行動統制」。

5. × 1文目，Moreno のソシオメトリック・テストの説明は妥当。2文目，「恣意的な基準で集団が構成され集団間の相互交渉もほとんどない場面においても，内集団バイアスが表れる」ことを明らかにしたのは Tajfel らの「最小条件集団パラダイム」による研究である。

(3) 集団過程と集合現象

正答： 5

頻出度：★★☆　　難易度：★★☆

◆解　説：　集団過程や社会的影響に関する標準的な問題であるが，やや細かい知識が必要。

ア． × 1文目，ブレイン・ストーミングの原則は，①提出されたアイディアについて評価や批判をしない，②自由奔放なアイディアを尊重する，③アイディアの量を求める，④提出されたアイディアの結合と改善をする，である。2文目も妥当ではない。本間（2011）によれば，1人で考えるときよりも集団でブレイン・ストーミングを行うときの方が多くのアイディアが産出されることは「一貫して示されて」はいない。

イ． 〇 集団思考については，問題編「覚えておきたい基礎知識」p.29 を参照のこと。

ウ． × 1文目は妥当。2文目，たとえば，ヒヨコは，すでに満腹であっても，空腹の他の仲間と一緒にするとさらに食べること，アリは1匹よりも他のアリとペアの場合の方が長い穴を掘ることが明らかにされている（Zajonc, 1965）。

エ． 〇 集団間差別や集団間葛藤の解消については，過去に国家総合職の記述でも出題されている。Allport の「接触仮説」，Sherif のサマーキャンプ実験における「上位目標の導入」，そして「脱カテゴリー化」を確認しておくこと。

(4) 集団研究の歴史

正答： 2

頻出度：★☆☆　　難易度：★★☆

◆解　説：　社会心理学の歴史の知識が必要な問題。易しいようにも見えるが，知識がないと消去法も使えずにお手上げというタイプの問題である。以下，末永（1998）に基づいて解説する。

1. × Ross ではなく，McDougall が妥当である。

2. 〇 「集団心（group mind）」の概念は後の心理学者らによって否定された。

3. × Allport ではなく，Cattell, R. B. である Allport（といっても兄の Floyd の方である。弟の Gordon と混同しやすいので要注意）は，末永（1998）によれば，1924 年に公刊した『社会心理学』の中で，集団心理学などありえない，あるのは個人心理学だけであると主張した。また彼は，民族精神とか集団心といったものを非科学的であるとして否定し，これを集団錯誤と呼んだ。

4. × 1文目，そもそも Lewin 自身がグループ・ダイナミクスの創始者である。Lewin は，彼の場理論から集団を力動的全体（dynamic whole）として捉え，個人間の相互依存性で考えようとした。そしてグループ・ダイナミクスを「全体としての集団の構造内に，集団のある部分や，全

体の変化によって誘導された結果として
生じた集団の自己調節的な変化の科学的
分析」と定義した。

5. ×　ソシオメトリック・テストは「集団
のフォーマル構造からメンバーが受けて
いる影響を測定する方法」ではなく，集
団成員間の「好き・嫌い」といった感情
的関係に基づいて集団構造を解明しよう
とする方法であり，Moreno によって考
案された。Moreno はソシオメトリーを，
「集団内のメンバー間の魅力と反発の型を
分析して，その強度や頻度を測定するこ
とによって，個人の行動特性，個人の集
団に対する関係や位置，さらには集団全
体の構造や発展の状況を発見し，記述し，
且つ評価する測定法である」としている。

(5) ソーシャル・キャピタル（社会関係資本）

正答：　3

頻出度：★★☆　　難易度：★★★

◆解　説：　ソーシャル・キャピタル（社会
関係資本）は，心理系の国家公務員試験（国総・
法専）では，平成 24 年度が初出である。今
後も出題される可能性がある。ソーシャル・
キャピタルについては，問題編「覚えておき
たい基礎知識」p.30 を参照のこと。

1. ×　1 文目，「テレビを始めとする電子メ
ディア的娯楽の増加，仕事時間や通勤時
間の増加」は「増加させる要因」ではなく，
「減少させる要因」である。

2. ×　3 文目，ソーシャル・キャピタル指
数が高い自治体と低い自治体が逆である。

3. 〇　「橋渡し型」と「結束型」については，
令和元年度にも出題されている。

4. ×　最後の一節が妥当でない。「増加して
いる」のではなく，正しくは「減少して
いる」。

5. ×　1 文目，「インターネット上のコミュ
ニティ」にも当てはまる。

(6) 信頼・ソーシャル・キャピタル（社会関係資本）

正答：　4

頻出度：★★☆　　難易度：★★☆

◆解　説：　山岸俊男の「安心」，「信頼」概
念の区別ができていることが必須。標準的な
難易度。以下，池田（2019），山岸（1999）
に基づいて解説する。

ア．×　本選択肢の記述は，山岸のいう「安心」
である。山岸によれば「信頼」は，社会
的不確実性が存在している（相手の行動
によって自分に損失や害がもたらされう
る）にもかかわらず，相手の人間性ゆえに，
相手が自分に対してひどい行動は取らな
いだろうと信じることである。

イ．〇　山岸は「安心」と「信頼」とを対比
的に論じていることに留意。

ウ．〇　ソーシャル・キャピタルの定義は，
問題編「覚えておきたい基礎知識」p.30
を参照のこと。

エ．×　橋渡し型（架橋型）と結束型の説明
が反対である。

(7) 囚人のジレンマ

正答：　4

頻出度：★☆☆　　難易度：★☆☆

◆解　説：　国家総合職や法務省専門職員（あ
るいは一次専門試験があったころの家裁）で
は，囚人のジレンマは社会学の領域で出題さ
れることもある。本問は基本知識で解ける。
易しい。なお，囚人のジレンマについては，
問題編「覚えておきたい基礎知識」p.30 を参
照のこと。

　この利得構造の特徴は次の 2 つである。非
協力とは「相手を裏切って自首すること」，協
力とは「2 人で協力して黙秘すること」にあ
たる。

①　A，B 各人にとっては，相手の選択にか
かわらず，非協力を選択する（選択 Y）
方が，協力を選択する（選択 X）よりも，
利得が大きい。

第 1 章
態度・説得
　択一問題
　記述問題

第 2 章
集団過程・集合現象
　択一問題
　記述問題

第 3 章
自己過程・集団と自己
　択一問題
　記述問題

第 4 章
社会的認知
　択一問題
　記述問題

第 5 章
社会的影響
　択一問題
　記述問題

第 6 章
組織・リーダーシップ
　択一問題
　記述問題

第 7 章
攻撃・援助
　択一問題
　記述問題

第 8 章
対人魅力・対人行動
　択一問題
　記述問題

第 9 章
犯罪・非行
　択一問題
　記述問題

②しかし，A，Bの双方が，自分にとって利得が大きいはずの非協力を選択（選択Y）すれば，双方が協力（選択X）したときよりも利得が小さくなる。

この2つの特徴を持つのは，選択肢4の図以外にない。

(8) 社会的ジレンマ

正答：　3

頻出度：★★☆　　難易度：★☆☆

◆解　説：　社会的ジレンマを理解していれば，即座に正答が出る問題。問題文が長いため，ぱっと見で圧を感じる人もあるだろうが，問題自体は易しい。なお，社会的ジレンマについては問題編「覚えておきたい基礎知識」p.31を参照のこと。

「協力者より非協力者の方が得をするが，非協力者の数が増えるほど，最終的には全員の利得が減少する（全員にとって不利益になる）」という社会的ジレンマの本質を表すのは，「グラフが右下がり」かつ「非協力者の利得が協力者の利得より多い」図であり，選択肢3（図3）が正答となる。

(9) 社会的ジレンマと集合行動の閾値モデル

正答：　4

頻出度：★★☆　　難易度：★★☆

◆解　説：　集合行動の生起メカニズムに関する Granovetter, M. の閾値モデルである。問題文に丁寧な説明はあるが，やはりある程度の知識がないと正答を出すのは難しそうである。以下，亀田（2010），村本（2019）に基づいて解説する。

閾値モデルとは，集合行動の生起過程（暴動に加わる，「スマホ決済」を導入する等）を説明するものである。以下の3つの仮定を持つ。

①各個人は，ある選択肢を採用するか否かの固有の閾値を持ち，全体の採用率が自らの持つ閾値以上になると，その選択肢を採用する。これは，「周囲の1割がある行動を取ったら自分もその行動を取る」という閾値の低い人もいれば，「周囲の9割がその行動を取らない限り自分はその行動をしない」という閾値の高い人もいるということである。

②各個人の閾値は，集合体全体で，ある確率分布を持っている。これは問題文の図1に示されている。

③各個人の閾値は時間的に一定である。これは，個人の閾値は時間が経過しても変わらないということである。

1.　×　閾値モデルが想定するのは，各個人がある行動を採用するか未採用のままかであり，ある行動の維持のしやすさは説明しない。

2.　×　二次的ジレンマとは，元のジレンマ状況において生じた非協力者を罰するか罰しないかという派生的なジレンマ状況を指す。

3.　×　図2の6%という値は，最も協力率が低い場合の協力者を示す。

4.　〇　この分かれ目の値（45%）を限界質量という。

5.　×　正答の選択肢4の記述を参照のこと。すなわち，図2の集団では，最初に協力行動を示している人数の比率が限界質量である45%を超えていれば協力率は拡大し，45%を下回る場合は協力率が縮小していく。

(10) 災害行動・防災行動

正答：　2

頻出度：★★☆　　難易度：★★☆

◆解　説：　災害時の行動や心理，リスク認知などについては，今後も出題される可能性がある。本問は教科書的知識のみでは解きにくいが，正常性バイアスの知識があれば，それが正答であると判断できる。

A.　×　災害時の身体的被害の受けやすさには多数の要因が関連するが，予測力があるのは性別であると考えられる（舞田，

2019）。なお，災害時は男性より女性が被害を受けやすい（あらゆる年齢層で男性より女性の死者が多い）。

B. 〇 正常性バイアス（normalcy bias）は日常化バイアスとも呼ばれる。

C. × 楽観主義バイアスとは，自分は被害にあう確率が低いと考える傾向のことである。広域災害後の被災者の心理状態は①茫然自失期，②ハネムーン期，③幻滅期の経過をたどる（岩井，2012）。①茫然自失期とは，被災後数時間から2，3日間の適切な対処行動を取れない時期であり，②ハネムーン期とは，その後被災者たちが互いにいたわりあい，連帯して災害後の対処をしようとする時期，その後③幻滅期へと展開するという。

ちなみに災害ユートピアとはノンフィクション作家 Solnit, R.（2009／高月（訳）2010）の提出した概念で，災害後のある一時期，相互連帯感が生じて互いに助け合う「ユートピア」的状況が現れることを指す。

D. × 「パニック」は，「生命や生活に危害をもたらすと想定される脅威を回避しようとして起こる，集合逃走現象」と定義される（濱島ら，1983）。「逃避パニック」となっているのは，今日は「パニック」がむしろ「パニック障害」，「パニック発作」の意味合いで用いられることが多いためであろうか。一般には，災害発生時には，パニックではなくショックで呆然として何もできない状態（freeze＝凍りつき状態）になる人が多い（Leach, 2004）。逃避パニックの報告例が少なかったのは，このためと考えられる。

(11) 流言

正答：　3

頻出度：★☆☆　　難易度：★☆☆

◆解　説：　Allport と Postman（1947／南（訳），1952）の流言に関する古典的研究に関する出題である。この10年で国総，法専では，ほとんど試験でみかけなくなったが，基本中

の基本である。知識を確実にしておくこと。本問は極めて易しい。

Allport らは，流言の基本法則として，R ～ i × a を提唱した。R は流言，i は当事者に対する問題の重要性，a はその証拠のあいまいさである。つまり，流言の流布量は，重要性とあいまいさの積で表される。したがって，空欄 A には「重要性」，空欄 B は「あいまいさ」が入る。

また，Allport らは，ある状況を描いた絵を用いて，いわゆる伝言ゲームのような手続きで，記憶した絵の内容を次の実験参加者に伝えるという実験を行った。その結果，絵の内容は伝達過程で変容することが示され，その特徴は，平均化（leveling），強調化（sharpening），同化（assimilation）であった。したがって，空欄 C は「平均化」，空欄 D は「同化」が入る。

(12) マス・メディアの影響

正答：　2

頻出度：★☆☆　　難易度：★☆☆

◆解　説：　マス・コミュニケーション，マス・メディアについてはこの10年，出題頻度は低い。出題されるとしても，10年以上前とあまり出題傾向が変わっていない。少なくとも，コミュニケーション二段の流れ，議題設定効果，第三者効果，知識ギャップ仮説，培養（教化）理論（カルチベーション理論）は押さえておくこと。拙著『増補改訂　試験にでる心理学　社会心理学編』（髙橋，2009）でもこれらのテーマが扱われている。

1. × 第一の段階は，情報源からオピニオンリーダーへ，第二の段階は，オピニオンリーダーから個々人へ，である。

2. 〇 つまり，新聞やテレビがある話題をトップニュースに持ってくると，人々はその話題が重要なのだと思い込まされるということである。しかし今日では，ネットを含む複数のメディアがあり，人は特定の新聞やテレビだけに依存しているわけではないので，かつてほどには議題設定効果が有効とはいえないだろう。

3. × 自分はマス・メディアの情報に影響

されないが，他の人たち（第三者）は影響される，と思うのが第三者効果である。

4. × マス・メディアからの情報量が増すと，社会経済的地位の高い層は低い層よりも早く情報を獲得するために，地位の高低における知識の差が増加すること。

5. × Gerbner らによれば，テレビの視聴時間が長くなるほど，視聴内容が現実を反映したものだと思う割合が増える。

（13）マス・コミュニケーション
正答： 3

頻出度：★☆☆　　難易度：★☆☆

◆解　説：　平成22年度以来7年ぶりに出題されたマス・コミュニケーション関連の問題である。ここ10年，マス・コミュニケーション領域の問題はほとんど見かけなくなったが，それ以前はしばしば出題されていた。拙著『増補改訂試験にでる心理学　社会心理学編』（髙橋，2009）が手元にある人は，そちらも確認のこと。本問と同様の問題が出題されている。

1. × 1文目は妥当。2文目，Allport と Postman の流言の発生モデルでは，「主題が重要であるほど，根拠が曖昧であるほど，流言は広がりやすくなる」と考える。換言すれば「流言の流布量は，主題の重要さとその根拠の曖昧さの積に比例する」である。

2. × 沈黙の螺旋では，少数派の人は意見表明をしにくくなり，多数派の人はより声高になっていき，その結果，多数派の意見が優勢になり世論になる，と考える。

3. ○ 他の選択肢が明らかに妥当でないため，これが正答ということでよいのだろうが，やや疑問が残る。というのは，この選択肢の記述では，あたかも Festinger がこの地震にまつわる流言を認知的不協和理論で解釈したかのようにみえるためである。Festinger によれば，インドの心理学者 Prasad, J. による1934年のインドの地震の流言についての報告に言及して「そのお陰でわれわれは不協和という概念および不協和低減に関する仮説に到達した」（Festinger, 1957 ／ 末 永（訳），1965, p.vi)とある。つまり，サトウ（2019）も述べているように，Festinger の認知的不協和理論は，むしろ Prasad の論文に影響を受けたものであって，すでに出来上がった理論を当てはめてその流言の説明をしたわけではないように読めるのだが。

4. ×「多元的無知」とは，集団や社会の成員が互いに，自分は行為と感情や意見が一致していないと思うのに，他人は行為と感情や意見とが一致していると推測すること。成員が互いに，各自の私的な感情や意見を知らないために起こる認知状態で，傍観者効果が生起する要因の1つとしても用いられる。

5. × 本選択肢の記述は, Katz と Lazarsfeld の「コミュニケーション二段の流れ」である。Gerbner の教化効果とは，マスメディアの影響に関する理論的概念で，テレビドラマなどのフィクションに長期的・反復的に接すると，その個人の現実認識がテレビドラマに描かれる現実像に近いものになるというもの。

文　献

Allport, G. W., & Postman, L. 1947 *The psychology of rumor*. Henry Holt & Co.　南　博（訳）1952　デマの心理学　岩波書店

Festinger, L. 1957 *A theory of cognitive dissonance*. Row, Petersons & Co.　末永俊郎（監訳）1965　認知的不協和の理論　誠信書房

濱島　朗・竹内郁郎・石川晃弘 1983　社会学小辞典 増補版　有斐閣

廣田君美 1994　社会心理学　梅本堯夫・大山　正（編著）心理学史への招待　サイエンス社　pp.269-294.

本間道子 2011　集団行動の心理学　サイエンス社

池田謙一 2019　参加と信頼　池田謙一・唐沢　穣・工藤恵理子・村本由紀子　社会心理学 補訂版　有斐閣

pp.291-311.

池田謙一・唐沢　穣・工藤恵理子・村本由紀子　2019　社会心理学 補訂版　有斐閣

岩井圭司　2012　心の復興と心のケア　藤森立男・矢守克也（編著）　復興と支援の災害心理学─大震災から「なに」を学ぶか　福村出版　pp.30-42.

亀田達也　2010　社会的影響過程　亀田達也・村田光二　複雑さに挑む社会心理学［改訂版］　有斐閣　pp.31-59.

Leach, J.　2004　Why people 'freeze' in an emergency: temporal and cognitive constraints on survival responses. *Aviation, Space, and Environmental Medicine*, **75**（6）, 539-542.

舞田敏彦　2019　災害での死者数は，なぜ女性の方が多いのか　ニューズウィーク日本版
https://www.newsweekjapan.jp/stories/world/2019/10/post-13240.php （2019 年 11 月 20 日閲覧）

村本由紀子　2019　集合行動とマイクロ＝マクロ過程　池田謙一・唐沢　穣・工藤恵理子・村本由紀子　社会心理学 補訂版　有斐閣　pp.373-394.

内閣府　2003　平成 14 年度 ソーシャル・キャピタル：豊かな人間関係と市民活動の好循環を求めて
https://www.npo-homepage.go.jp/data/report9.html （2019 年 12 月 30 日閲覧）

日本社会心理学会（編）　2009　社会心理学事典　丸善

サトウタツヤ　2019　心理学史 諸国探訪　第 2 回 インド　心理学ワールド，**84**，29.

Solnit, R. A.　2009　*Paradise built in hell: The extraordinary communities that arise in disaster*.　Hill Nadell Literary Agency.　高月園子（訳）　2010　災害ユートピア　なぜそのとき特別な共同体が立ち上がるのか　亜紀書房

末永俊郎　1998　社会心理学の歴史　末永俊郎・安藤清志（編）　現代社会心理学　東大出版会 pp.238-268.

髙橋美保　2009　増補改訂 試験にでる心理学 社会心理学編　北大路書房

山岸俊男 1999　安心社会から信頼社会へ　中央公論社

Zajonc, R. B.　1965　Social Facilitation. *Science*, **149**, 269-274.

【記述問題】

(1) 集団凝集性

頻出度：★★★　　難易度：★☆☆

解答例

> 　集団成員に集団にとどまるように作用する，心理学的な力の総量のことをいう。その測定にあたっては，質問紙法を用い，成員がその集団に感じる魅力の程度で測定されることが多い。
>
> 　集団凝集性が高い集団においては，集団が安定し，活動が活発化する等，肯定的な効果がある。その一方，凝集性が高すぎるために，逆に集団が全員一致の幻想のもと，集団思考と呼ばれる愚かな集団意思決定に陥りやすいことも指摘されている。

（194 字）

 記述のポイント

　本問は，集団過程における基礎概念である。定義，測定法，集団凝集性の効果について，200字の枠内でまとまるように情報を取捨選択するとよい。

　令和2年度から，家裁では語句説明はなくなるが，他の試験（東京都や特別区等）で出題される可能性がある。あるいは，家裁や法専，国総でも，小問で語句説明が必要になることがある。その意味では，語句説明を短時間で適切にできるようにしておくのも大事である。

(2) 内集団バイアス

頻出度：★★★　　難易度：★★☆

解答例

> 　内集団とは自分が所属する集団であり，外集団とは自分が所属していない集団のことである。内集団と外集団がひとたび区別され，個人が自らの集団成員性を認知すると，そこに内集団バイアスが生じる。内集団バイアスとは，内集団を肯定的に，外集団を否定的に評価し，内集団と外集団の差を過大視する傾向である。
>
> 　これは，Tajfelの最小条件集団実験によって実証された。偶発的かつ些細な基準で二つの集団が作られ，自分以外の集団成員に報酬を分配するという課題が実施された。結果，実験参加者の多くが，同じ集団に属すること以外に接点のない，面識もない内集団成員の方に一貫して有利な分配を行った。この結果から，Tajfelらは社会的アイデンティティ理論を展開した。すなわち，人は外集団に対する内集団の優位を確認することで，望ましい社会的アイデンティティを維持し，自尊感情を高めているとする理論である。

（378 字）

記述のポイント

内集団バイアス（内集団びいき）がキーワードとなる。さらに，最小条件集団実験や社会的アイデンティティ理論へと展開させるとまとめやすい。

文　献

池上知子　2008　集団と個人，池上知子・遠藤由美　グラフィック社会心理学第2版　サイエンス社　pp.227-252.
村田光二　2010　集団間認知とステレオタイプ　亀田達也・村田光二　複雑さに挑む社会心理学［改訂版］　有斐閣　pp.203-238.

（3）集団規範の生成

頻出度：ーーー　　　　難易度：★★☆

解答例

　　自動運動とは，静止した光点が動いて見える主観的な現象であり，知覚される運動の量には大きな個人差がある。Sherif は，この現象を用いて集団規範の生成について研究を行った。

　　実験では，参加者が，個人条件ないし二，三人の集団条件で暗室内で提示される光点がどのくらい動いて見えるかを判断する。実験条件は，①個人条件の後に集団条件での判断を行う群，②集団条件の後に個人条件で判断を行う群に分けられた。①では，個人条件では判断値には大きなばらつきがあった参加者も，集団条件で試行を繰り返すにつれ，各個人の判断値が徐々に一定の値に収束していった。②では，集団条件で繰り返し試行を経験して判断値の規範が成立した後に個人条件で測定すると，判断値は集団条件での値が持続した。

　　この結果から，集団規範がひとたび成立すると，それは成員個人に内面化され，後も個人規範として維持されていくことが示された。

(384 字)

 記述のポイント

自動運動の値の推定において，集団条件を経験するとその集団としての推定値に収束し，個人条件に戻ってもそれが維持されることを必ず書くこと。これを規範の内面化として述べればよい。

(4) 社会的ジレンマ

頻出度：★☆☆　　難易度：★☆☆

解答例

　　社会的ジレンマとは，個人に利益をもたらす行動であっても，皆がその行動を取ることによって社会全体が不利益を被るような状況である。社会的ジレンマは，次の三つの条件により定義される。①各個人は，その状況で協力か非協力を選ぶことができる。②一人ひとりにとっては，協力よりも非協力を選ぶ方が有利な結果が得られる。③全員が自分にとって有利な非協力を選んだ場合の結果は，全員が協力を選んだ場合の結果よりも悪い。

　　「共有地の悲劇」とは，農民たちが共有する牧草地があるとき，各々が自分の利益を増やすために自分の飼育する家畜を増やせば，やがて牧草地の草は食べつくされ，皆が不利益を被ることになる話である。つまり，個人が私的利益を追求して行動することにより，公共財やその資源が過剰に使用ないし消費されるという事態を指す。具体例としては，地球温暖化と CO_2 削減の問題が挙げられる。たとえば，自家用車の利用は，個人レベルでは大きな利便性をもたらす。しかし，皆が自家用車を好きなだけ利用すれば，CO_2 排出量は増大し，地球温暖化を促進することになる。そうなれば，国レベルで，自家用車の利用を制限する法制度が整備されたり，新たな税金が課されるかもしれない。これは皆にとって望ましくない結果である。

　　「ただ乗り問題」とは，集団規模が大きくなると，共通の集合財や公共財にコストを支払わない人が現れることである。一人くらいコストを負担しなくともその財は供給されるが，そのような人が増えればそうはいかなくなる。具体例として，NHK 受信料の支払い問題が挙げられる。日本では現在，受信契約をせずにNHK 番組を視聴する「ただ乗り」が可能である。不払いの人が増えれば，NHKは公共放送として成り立たなくなる。Olson によれば，この問題を解決するには，ただ乗りをする人に対する処罰による強制かコストを負担する人への報酬といった選択的に作用する誘因が必要であるという。事実，NHK は近年，受信料不払いの個人や企業に対して督促を強めたり訴訟を起こしている。

(844 字)

💡 記述のポイント

　　社会的ジレンマの 2 つのタイプの知識をそのまま使って書ける問題なので難しくはない。しかし，解答用紙（A4 サイズ 24 行程度 1 枚分）を埋めるには，適切な具体例を挙げてある程度詳しく記述する必要がある。

　　なお，解答例の NHK 受信料については，NHK の「受信料・受信契約に関するデータ」によれば，平成 20 年以降，「地上放送」の受信契約数は一貫して漸減傾向であったが，平成 30 年には微増している。

文 献

亀田達也・村田光二 2010 複雑さに挑む社会心理学 [改訂版] 有斐閣
NHK 受信料・受信契約に関するデータ
　https://pid.nhk.or.jp/jushinryo/know/jyushinryo.html（2019 年 9 月 9 日閲覧）
オルソン, M.（著）／依田　博・森脇俊雅（訳）1996 集合行為論―公共財と集団理論　ミネルヴァ書房

第 1 章
態度・説得
　択一問題
　記述問題

第 2 章
集団過程・集合現象
　択一問題
　記述問題

第 3 章
自己過程・集団と自己
　択一問題
　記述問題

第 4 章
社会的認知
　択一問題
　記述問題

第 5 章
社会的影響
　択一問題
　記述問題

第 6 章
組織・リーダーシップ
　択一問題
　記述問題

第 7 章
攻撃・援助
　択一問題
　記述問題

第 8 章
対人魅力・対人行動
　択一問題
　記述問題

第 9 章
犯罪・非行
　択一問題
　記述問題

(5) 集団思考

頻出度：★★★　　　難易度：★★☆

解答例

1. 集団思考とは，質の低い意思決定へと導く集団過程のことである。それは政治的指導者，科学者などの優れた人々の集団であっても生じる。Janis は失敗に終わった過去のさまざまな政治的意思決定のケーススタディを行い，集団思考の過程を分析した。その結果，集団思考の生起にはいくつか共通した特徴があることが見出された。以下，集団思考に陥る過程を，前提条件，集団思考の徴候，質の低い意思決定の順に述べる。

　【前提条件】第一に，集団思考に陥りやすい前提条件として Janis が挙げたのは，①集団の凝集性が高いこと，②公平でないリーダーや均一な集団成員等，集団意思決定における構造的な欠陥があること，③集団が注目され，外的な脅威にさらされている等の刺激の多い状況にあることである。

　【集団思考の徴候】第二に，上述の三つの条件が揃っている集団では，意思決定に至る過程で，集団思考の徴候が現れる。これらは全部で八つあるが，以下の三つのタイプに大別される。

　①内集団の過大評価：自分たちが負けることなどありえないという不敗の幻想が生じる。集団内の規範や倫理を無批判に信奉するようになる。

　②閉鎖的な心性：不都合な情報は割り引いて解釈する等合理化をしたり，外集団をステレオタイプ化して軽視するようになる。

　③斉一性への圧力：成員の中で自己検閲が起こり，意見を控えるようになる。その結果として皆が同意見だという満場一致の幻想が生じ，外部からの批判的意見は排除するようになる。また，異議を唱える者に対して直接の圧力をかける。そして不都合な情報から集団を守る監視人（マインドガード）が現れる。

　【質の低い意思決定】上記の徴候の結果として，本来であれば，外部からの批判を含むさまざまな意見を取り入れ検討し，複数の選択肢から，より質の高い意思決定が行われるべきであるにもかかわらず，集団での一致を求めるがゆえに，質の低い，問題のある意思決定に至る。

2. 上述のような集団思考の結果，その集団の成員には，次に示す七つの問題行動が起こりうる。ここでは，「雪崩注意報が発令される中，合宿中の大学のスキー

31

部が冬山でスキー訓練を決行する」という例を挙げる。

　①目標を十分に検討しない：スキーの訓練自体が目標であれば，わざわざ雪崩の危険のある雪山に入る必要はないのに，それを十分に検討しない。②別の選択肢を十分に検討しない：筋トレなど室内で行える訓練などの選択肢があるのに，それらを考えない。③候補となっている選択肢の問題点を十分に検討しない：雪崩の危険がある中で「雪山でスキー訓練」をすれば，事故や場合によっては命の危険があることは明らかなのに，そこまで考えが及ばない。④一度却下された代替案は顧みない：山に入るのはやめた方がよいという合宿所の人からの助言があってもそれは却下され，再び検討されることはない。⑤情報を十分に探索しない：現在の山の気候や積雪がどのように危険な状況なのかを十分に調べようとしない。⑥手持ちの都合のよい情報しか選択しない：「毎年やっている訓練だ」，「今までも似たような気候で大丈夫だった」など都合のよい情報だけを考える。⑦非常事態を想定しない，しても対応策を考えない：雪崩が実際に起こるという可能性を考えず，雪山ビーコン（電波受発信機）を持たない，など。

　このように，集団思考に陥った集団においては，部外者から見ると無謀と思えることでも，自分たちは大丈夫だと信じ込んで愚かな意思決定をしてしまう。

3. 集団思考に陥らないための対処法としては，1. で述べたことを踏まえるならば，集団の心理的閉鎖性を解き，斉一性への圧力を減弱し，自分たちの集団への過大評価を是正することが重要である。このために，①リーダーは強権的にふるまうことをせず，成員が自由に意見を出し合えるようにする，②内部，外部からの反対意見や批判を締め出さずになんでも受け入れて検討する，③起こりうるあらゆる可能性に目配りをし，取りうる選択肢を多面的に検討する，といったことが必要である。

　また集団思考に陥らないための予防策として Janis が悪魔の擁護者（Advocatus Diaboli）と呼んだ，集団への反対意見を意図的に述べる役割を設定するという方法もある。こうした対処によって，常に集団の意思決定の質を高めていくことができる。

（1760字）

 記述のポイント

　集団思考は頻出テーマであるため，受験者にとっては比較的書きやすい問題と思われる。しかし，本問を本番で体験した受験者によれば，集団思考が起こる過程を「時間的順序に沿って」書くところで，手が止まったという。つまり「時間的順序って何？」と。結局，集団思考に関する自分の知識を踏まえ，自分で順序を考えて書いたという（この受験者は合格した）。解答例では，小問 1. については杉森（2009）に基づき，「前提条件」→「集団思考の徴候」→「質の低い（問題のある）意思決定」の三段階を時間的順序とした。これらは Janis が集団思考が生じたと思われる事例を分析した結果得られた共通点であり，集団思考が生じるプロセスに相当する。

　試験本番では，本問の「時間的順序」のように，想定外の細かいところで戸惑ってしまうこと

もある。そのような場合，先の受験生のように，自身の持つ知識に基づいて書くしかない。家裁や国総のような論述では，テーマ（この場合，集団思考）についての知識が正確で，小問1. から3. の全体の流れが論理的に一貫し，出題者が求める内容に的確に答えようとする記述ができていれば，大きく失点することはないであろう。

文　献

Janis, I. L.　1982　*Groupthink: Psychological studies of policy decisions and fiascoes*（2nd ed.）.　Houghton Mifflin.
杉森紳吉　2009　グループシンク　日本社会心理学会（編）　社会心理学事典　丸善　pp.336-337.

（6）集団における意思決定

頻出度：★★★　　難易度：★☆☆

解答例

1. Janis は，集団意思決定の質の低下に影響を及ぼす要因となる集団思考の八つの徴候を，「集団への過大評価」，「閉鎖的心性」，「斉一性への圧力」の三つのタイプに分けて示した。ここでは，八つの徴候のうち，①不敗の幻想，②集団的合理化，③異議を唱える者への直接的圧力の三点を取り上げて説明する。

①不敗の幻想：「集団への過大評価」に含まれる徴候の一つであり，過度な楽観主義に基づいて，大きなリスクでも大したことがないと考えることである。

②集団的合理化：「閉鎖的心性」に含まれる徴候の一つであり，内集団にとって不都合な情報や警告は割り引いて判断し，内集団の持つ前提を再検討しようとしないことである。

③異議を唱える者への直接的圧力：「斉一性の圧力」に含まれる徴候の一つであり，集団内の多数派の意見に異議を唱えようとする成員に，直接圧力をかけて反対意見を封じようとすることである。

これらの徴候は，特に集団凝集性の高い集団において，その集団が孤立しているなどの組織上欠陥があり，かつ外部からの強いストレスなどの誘発的な状況に置かれたときに，集団がより一致を求めようとするために現れる。これらの症状によって，緊急時などに代替となる選択肢の検討が不十分，リスク評価の失敗，情報処理の選択バイアスなどが起こり，結果として意思決定の質が低下すると考えられる。

2. 集団極性化とは，意思決定において個人の意見よりも集団での討議後の意見の方が，当初よりも極端になることをいう。集団極性化が生じる原因として，①社会的比較説，②説得的論拠説，そして③初期多数派主導型の決定プロセスという観点からの説明がある。以下，順に説明する。

①社会的比較説：一般に人は，自分が集団の価値観に見合う態度を持っていることを望んでいる。たとえばリスクを冒すことが望ましいという価値観の集団が

第1章
態度・説得
択一問題
記述問題

第2章
集団過程・集合現象
択一問題
記述問題

第3章
自己過程・集団と自己
択一問題
記述問題

第4章
社会的認知
択一問題
記述問題

第5章
社会的影響
択一問題
記述問題

第6章
組織・リーダーシップ
択一問題
記述問題

第7章
攻撃・援助
択一問題
記述問題

第8章
対人魅力・対人行動
択一問題
記述問題

第9章
犯罪・非行
択一問題
記述問題

あるとする。集団討議で自分よりもリスキーな意見を提出するメンバーがいれば，その価値観に合わせて自分もさらにリスキーな意見を出すようになる。そのようにして集団の意見がより極端な方向へ変化していく。

　②説得的論拠説：集団討議では各メンバーが自分の意見の論拠を提出しあう。その中で思いもつかなかった説得力のある論拠に接すると，それを受け入れようとする。その結果，各メンバーが意見をシフトさせ，より極端な意見へと変化していく。

　③初期多数派主導型の決定プロセス：この説は，前二者とは異なり，個人の意見変化を前提としておらず，集団の決定が一般に集団討議前の多数派の意見に集約されると説明する。たとえば，集団内でリスキーな意見が個人レベルで優勢であれば，集団レベルの決定においてより優勢になるということである。この場合，集団サイズが大きくなると，極性化の傾向はより強調される。

　集団意思決定の質の低下は，この集団極性化の原因や過程から説明される。

　上記の①と②の観点からは，極性化が生じる場合，集団の凝集性が高ければなおのこと，各成員はよりその集団らしい意見を持つことに動機づけられる。これによって，その意見の質を批判的に考えたり評価することがないまま，意見が極端な方向へとシフトしていき，結果として質の低い意思決定に至ると考えられる。上記③の場合は，その集団内の個人レベルで"正しい"意見を持っているメンバーがどの程度いるかによって，質の低い決定になるか否かが決まる。もし，"正しい"意見を持っている側が少数派の場合，多数派の意見がなぜ間違っているかを示すだけの客観的な証拠や説得できる知識がなければ，意思決定は自然に多数派に従うことになる。

3．集団思考に代表される集団意思決定の質の低下は，主として，集団の凝集性が高く，内集団が閉じていて，自らが最良であるという誤信念が集団内に蔓延し，それに気づかないために生じると考えることができる。平時においても集団意思決定の質の低下を防ぐには，何よりまず，集団内の風通しをよくすることが必要である。

　1．と2．で論じたことを踏まえて具体的に述べるならば，①リーダーが率先して意見の集約において批判を受け入れる態度を示す。②メンバーに批判を含む多様な意見の提出を促す。③意思決定場面においては，集団全体での意見を出す前に，小集団に分かれて討議をして集団ごとに異なる意見をまとめる。その上で全体で討議するなど意思決定の過程を工夫する。④リーダーもメンバーも集団内のみに目を向けるのでなく，外部や他集団の在り方や運営方法にも注意を向け，課題に対して常に柔軟な態度でよりよい意思決定を模索するようにする。

　上記四つの方策を実行することで，意思決定の質の低下を避けることが可能になると考える。

（1920字）

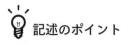 記述のポイント

　集団思考，集団極性化についての正確な知識があれば，比較的記述しやすい。しかし，集団思考も集団極性化も試験では最頻出であり，国総志望者にはこれらの概念はもはや常識である。ゆえに，むしろ受験者の記述力の巧拙が目立つことになりうる。

　本番で，この手の「誰でも書けそう」な基本的な問題（最近では令和元年度に出題された家裁の社会心理学「A-B-X モデル」がまさにそれ）が出たときほど，慎重に構成を考え，使う知識，使わない知識を精選し，より質の高い論述をするように心がけることである。

文　献

Janis, I. L. 1982 *Groupthink: Psychological studies of policy decisions and fiascoes* (2nd ed.). Houghton Mifflin.
亀田達也　1997　合議の知を求めて　共立出版
大坪庸介　2007　集団意思決定　山田一成・北村英哉・結城雅樹（編著）　よくわかる社会心理学　ミネルヴァ書房　pp.108-111.

（7）集団差別の成り立ちと解消

　　　　　　　　　　　　　　　頻出度：★★☆　　難易度：★★☆

解答例

　　集団差別とは，特定の社会的カテゴリーに属する人々に対して生じる差別のことであり，人種，民族，性，職業あるいは企業や学校といった社会組織など，さまざまな社会的カテゴリーに対して起こりうる。たとえば仮に，ある有名大学（A大学）が，あまり有名でない単科大学（B大学）を合併したという場合，元からのA大学生がB大学から来た学生に差別的にふるまうということが起こりうる。具体的には，学生食堂のよい場所をA大学生が占拠して元B大学生には使わせない，講義やゼミに関する重要な情報をわざと伝えないといったことである。通常，集団凝集性が高いほど，集団間での偏見や差別は起こりやすい。

　　こうした集団差別の成り立ちの背景には，社会的アイデンティティが関係する。社会的アイデンティティとは，自己を集団（社会的カテゴリー）の一員と自覚し，その集団の属性を自分の属性の一つとして認識するというアイデンティティのありようである。

　　Tajfelらの社会的アイデンティティ理論によれば，社会的アイデンティティは社会的カテゴリー化により生じる。人は何らかの集団に所属すると，その集団すなわち社会的カテゴリーを内集団と認知する。これが社会的カテゴリー化である。この状況においては通常，内集団バイアスないし内集団びいきという傾向が生じる。内集団の成員をポジティブに評価し，内集団と外集団の差をより拡大して認知し，直接面識のない人であっても内集団成員とわかれば有利に扱おうとするといったバイアスである。Tajfelらによる最小条件集団の実験において，その場限りの些細な条件で内集団・外集団に分けたときにも，こうしたバイアスが

働くことがわかっている。社会的アイデンティティ理論では，このようにして人は内集団の外集団に対する優位性を確認し，望ましい社会的アイデンティティを維持することを通じて，個人の自己評価を高めていると説明する。つまり，集団差別とは，外集団を差別して貶めることを通じて，間接的に自己の評価を高めようとする行為といえる。

　集団差別の解消については，これまでもいくつかの理論的観点から取り組まれてきた。古くはAllportの「接触仮説」である。偏見は外集団をよく知らないことが原因であり，集団成員どうしの接触を増やせば解消されるという考えである。しかしこの接触仮説は，Sherifらのサマーキャンプ実験においても途中で試みられて失敗したように，特定の条件が揃わなければ差別の解消には結びつきにくい。

　サマーキャンプ実験においては，少年たちで構成された二つのグループをあえて敵対させ，その後葛藤の解決が試みられた。このとき最終的にSherifらが用いたのが「上位目標の設定」であった。つまり，両グループが協力しなければ解決されない，両グループにとって重大な問題を生じさせた。結果，それまで対立していた両グループは協力して作業に取り組み，問題を解決することを通じて，互いの敵対関係も解消するにいたった。

　またBrewerらは，「脱カテゴリー化」という概念を提唱し，元の社会的カテゴリーを希薄化することで，偏見や差別が軽減されるとした。つまり，「男性」と「女性」の間に差別がある場合，性別の他に「出身地」，「趣味」といった複数のカテゴリーを交差させて集団を再構成することでもともとの男性，女性というカテゴリーを目立たなくしてしまうということである。

　例に挙げたA大学とB大学の集団差別においても，このような方法を取り入れることによって差別を減らしていくことが可能と考えられる。具体的には，元A大学と元B大学の学生がどちらも協力しなければ達成できない目標を掲げて取り組ませることである。あるいは，元A大学生と元B大学生という区分のみではなく，「出身地」あるいは「性別」といった別のカテゴリーと掛け合わせた基準でグループを作って，協同で課題を達成するといった状況をつくるのも有効であろう。

（1600字）

 記述のポイント

　集団差別や集団間葛藤とその解消は，社会心理学の定番テーマの1つである。あらかじめ準備していた人はすぐに書けるタイプの問題といえる。

　複数の用語を選択して論じるタイプの問題では，挙げられた用語をすべて使う必要はない（すべての用語を使って書くことは前提とされていない。すべて使おうとすると大論文になり，現実の試験時間でまとめきるのは困難）。問題文にあるとおり，最低3つ使うという条件を満たせば，後は自分なりの組み立てで論を展開できればOKである。「集団差別」については，具体例を挙

げると書きやすくなる。集団差別の成り立ちについては，社会的アイデンティティ理論や内集団・外集団認知の特性，あるいは Sherif の目標葛藤理論を使う。解消については，Allport の接触仮説，Sherif のサマーキャンプ実験での上位目標の設定，あるいは Brewer の脱カテゴリー化，など様々なアプローチがあるので利用するとよい。

　なお，解答例で用いられている「社会的アイデンティティ」については，第 3 章で扱っている。そちらも必ず確認のこと。

文　献

池上知子　2008　集団と個人　池上知子・遠藤由美　グラフィック社会心理学第 2 版　サイエンス社　pp.227-252.
村田光二　2010　集団間認知とステレオタイプ　亀田達也・村田光二　複雑さに挑む社会心理学［改訂版］　有斐閣　pp.203-238.

第3章
自己過程・集団と自己

【択一問題】

(1) 自己認知

正答： 1

頻出度：★★★　　難易度：★★☆

◆解　説：　自己に関する様々な概念や理論について，基本かつ幅広い知識が必要。標準的な問題。

ア．○　問題文にあるように，James が「物質的自己」，「社会的自己」，「精神的自己」の3つの領域に分類したのは「客我 (me)」であり，直訳すれば，上記の3つは「物質的客我」，「社会的客我」，「精神的客我」になる。なお，客我は James によれば，経験的自我とも呼ばれる。

イ．×　代理経験も自己効力を形成する1つの情報源である。Bandura (1977) は，自己効力を高める情報源として，遂行的達成 (performance accomplishments)，代理経験 (vicarious experience)，言語的説得 (verbal persuasion)，生理的喚起 (emotional arousal) の4つを挙げた。これらのうち，遂行的達成とは，自分でやってみて成功する経験であり，最も効果的な情報源であるとされている。なお，生理的喚起とは，たとえば，ある課題遂行を前に不安で緊張している場合，それを期待による緊張であると帰属を変えるなどである。

ウ．×　1文目は妥当。2文目，公的自己意識の高い人は，自分の容姿やふるまい方など他人から見られている自分を意識しやすい。私的自己意識の高い人は自分の感情や思考などの内的で他人が直接知ることができないような側面に注意を向けやすい。

エ．×　1文目，2文目は妥当。3文目，現実自己と当為（義務）自己とのずれが大きい場合に経験しやすいのは，不安や緊張である。本選択肢にある「落胆や失望感情」は現実自己と理想自己とのずれが大きい場合に経験しやすい。

(2) 社会的比較

正答： 3

頻出度：★★☆　　難易度：★☆☆

◆解　説：　社会的比較理論，自己評価維持モデルについての基本問題。易しい。

1．×　社会的比較理論では，「自分より劣る他者と比較する」つまり下方比較が起こりやすいのは，基本的に自己の能力や成績に対して自信を失っている個人においてである。社会的比較理論については，問題編「覚えておきたい基礎知識」p.51 を参照のこと。

2．×　自己評価維持モデルでは，「反映過程」で，「自己関与度の低い課題における心理的に近い他者の優れた遂行は自己評価を上昇させる」とされており，これは一般に栄光浴と呼ばれている。

3．○　Wills, T. A. の下方比較理論である。通常，自尊感情が脅威にさらされている状況で下方比較が起こりやすいとされる。しかし，脅威にさらされると常に下方比較が生じるわけではないという知見も多く提出されている（高田，2011）。

4．×　自己評価維持モデルでは，「誰にも負けたくない科目で自分より劣り，負けても気にならない科目で自分よりも優れるものを『一緒にいたい人』として選択する傾向」がある。自己評価維持モデルについては問題編「覚えておきたい基礎知識」p.52 を参照のこと。

5．×　社会的比較理論に基づけば，テストの成績が良くなかった場合，自己評価が下がり，下方比較が起こりやすくなるので，「他の者の成績が悪いと告げられた時の方が，その他者の成績を知りたがると考えられる」。ただこれも一概にはいえない。自分にとって関与度の高い得意科目で成績が良くなかった場合，むしろ自分

よりも良い成績の者の得点を知りたがる場合もある（上方比較の同化効果）。

(3) 自己評価維持モデル

正答： 5

頻出度：★★★　　難易度：★☆☆

◆解　説：　自己評価維持モデルの基本事項について理解していれば，確実に正答できる問題。易しい。なお，自己評価維持モデルについては問題編「覚えておきたい基礎知識」p.52 を参照のこと。

1．×　このモデルの基本的な前提は，①人は自己評価を維持したり高めたりするように行動する，②自分と他者との関係が自己評価に大きく影響する（山口，2001）。つまり「共感性」の影響は受けない。

2．×　自己評価は，その時々で変化しうるものであり，比較的安定的な特性である自尊心（自尊感情）とは区別されている。ただし，自尊感情を状態自尊感情と特性自尊感情に分けるならば，自己評価は状態自尊感情に近い。

3．×　1文目は妥当。2文目，「比較過程」と「反映過程」が反対である。入れ替えれば妥当な記述となる。

4．×　1文目は妥当。2文目，「関与度の高い事柄」と「関与度の低い事柄」が反対である。入れ替えれば妥当な記述となる。

5．○　妥当である。

(4) 社会的比較と自己の評価

正答： 2

頻出度：★★★　　難易度：★☆☆

◆解　説：　社会的比較や自己評価に関する基本的な問題。易しい。

ア．×　社会的比較が行われる頻度は，青年期に最も多くなる（高田，2011）。

イ．×　現実自己，理想自己，義務自己（当

為自己）のそれぞれの自己領域について，自分自身の視点と他者からの視点とが設定されている。セルフ・ディスクレパンシー理論については問題編「覚えておきたい基礎知識」p.52 を参照のこと。

ウ．○　つまり，不安を喚起された実験参加者が親和的な行動を起こした背景には，自分の感情状態（不安）の不明確さを自分と類似した状況にある他者との比較で解消しようとしたということである。この Schachter の実験をきっかけに，社会的比較の対象は，当初 Festinger が取り上げた意見や能力から感情状態，個人特性等へと拡大した（高田，2011）。

エ．×　自己評価維持モデルにおいて，栄光浴によって自己評価を高めようとするのは，「自己関連性のない（低い）課題で，心的距離が近い他者が優れた成績を獲得した場合」に相当する。

(5) 自尊感情

正答： 2

頻出度：★★★　　難易度：★☆☆

◆解　説：　自尊感情に関する標準的な問題。マスク・モデル，存在脅威管理理論，ソシオメーターなど公務員試験では初出の理論や概念が出てくるので難問であるかのような印象だが，正答の選択肢が心理職志望者には必須の基本知識なので，むしろ易しいくらいである。なお，存在脅威管理理論やソシオメーターは今後も出題される可能性がある。

1．×　1文目に書かれているような相関関係がかつては指摘されていた。今日では，それを否定する研究結果が提出されるなど，そのような相関関係は必ずしも「一貫して示されて」はいない。自尊感情が高いから学業成績が良いのではなく，その反対である（Baumeister, Campbell et. al, 2005）とか，自尊感情が高い人の中にはそれを否定され脅威を感じると攻撃性が強まるなどである（遠藤，2008）。ゆえに，自尊感情を人工的に高めても学

業成績を上げたり問題行動を防ぐことにはあまり効果がないという指摘もある（Baumeister, Campbell et al., 2005）。

2. ○ Markus と北山の文化的自己観は，これまでも国総や家裁の二次の専門論述の中にキーワードとして出てきている。

3. × マスク・モデルとは，自己愛傾向の強い人は潜在的な自尊感情が低く，その根底にある劣等感を覆い隠そうとして顕在的な自尊感情が高くなるという考え方である。なお，潜在的自尊感情は IAT（潜在連合テスト；「解答・解説編」択一問題(12)，p.5 参照）で測定される。

4. × 1文目，存在脅威管理理論では，「人は死の脅威に対する不安を和らげるために，自分の死後も存在する文化の中において価値ある存在として自己を位置づけようとする」とされている。2文目，同理論では，自尊感情を「文化的世界観の価値基準を満たした有意味な社会の有能な構成員であるという感覚」と定義している（脇本，2012）。存在脅威管理理論（terror management theory）は恐怖管理理論とも訳される。今後も出題される可能性があるので要注意。

5. × 本選択肢の文脈ではソシオメーターではなく，ソシオグラムが当てはまる。ちなみにソシオメーターとは，他者との関係の良好さの度合いを反映する主観的指標であり，自尊感情がその役割を果たしているという。ソシオメーター理論は，存在脅威管理理論とはまた異なる視点から自尊感情の機能を説明している（脇本，2012）。ソシオメーター理論と存在脅威管理理論，どちらも今後出題される可能性があるので要注意。

(6) 自己呈示

正答： 1

頻出度：★★☆　　難易度：★☆☆

◆解　説： Tedeschi と Norman の自己呈示行動の分類についての問題。図3-1のとおりである。易しい。「戦術的（tactical）」と「戦

略的（strategic）」の区別は問題文のとおりである。前者の自己呈示は個々の場面でそのつど使用する方法であり，後者の自己呈示は，戦術を組み合わせるなどして多くの場面で長期的に他者に特定の印象を与える方法である。

	戦 術 的	戦 略 的
防衛的	弁 解 正当化 セルフ・ハンディ 　キャッピング 謝 罪 社会志向的行動	アルコール依存 薬物乱用 恐怖症 心気症 精神病 学習性無力感
主張的	取り入り 威 嚇 自己宣伝 示 範 哀 願 称賛付与 価値高揚	魅 力 尊 敬 威 信 地 位 信憑性 信頼性

図 3-1　自己呈示行動の分類（末永・安藤，1998，p.38）

(7) 自己呈示・自己開示①

正答： 5

頻出度：★★★　　難易度：★★☆

◆解　説： 自己呈示に関する基本的な問題である。

1. × 自己呈示は，他者から特定の印象で見られることを目的として行われる行動である。2文目，自己呈示には言語・非言語双方のチャネルが用いられ，当然言語的な伝達も含む。ちなみに，自己開示に関しては，言語的な伝達のみなのか非言語的な伝達も含むのかについて議論が分かれている（繁桝，2009）。

2. × Tedeschi と Norman は，自己呈示を戦略的か戦術的か，防衛的か主張的かの2つの次元で分類した。上記の問題 (6) を参照のこと。1文目は妥当。2文目，「取り入り」は主張的な自己呈示である。防衛的な自己呈示には，「弁解」や「セルフ・ハンディキャッピング」がある。

3. × 返報性があるのは自己開示の方である。

4. × Jones と Pittman は，主張的な自己呈示を，「取り入り」，「自己宣伝」，「示範」，

「威嚇」，「哀願」に分けた。「威嚇」のように，他者に恐怖を抱かせて従わせるなど，社会的に望ましくない自己を意図的・積極的に提示することも自己呈示である。

5. ○　他方，自己呈示が呈示者個人に問題を起こすこともある。たとえば，他者に対して特定の印象を与えようとしてそれがうまくいくかどうか疑わしいとき，対人不安が高まること，また，感情労働等に従事する人において，経験している感情と表出が求められる感情との間のずれが大きいと，情緒的消耗感や職務満足に負の影響を及ぼすこともある（安藤，2009）。

(8) 自己呈示・自己開示②

正答：　2

頻出度：★★☆　　難易度：★★☆

◆解　説：　自己に関する標準的な問題。幅広く細かい知識が必要。

1. ×　自己呈示とは自己の印象を統制することであるが，否定的な印象を与えようとすることも含む。Jones と Pittman は，自己呈示を，「取り入り」，「威嚇」，「自己宣伝」，「示範」，「哀願」の5つに分類した。たとえば，他者に「威嚇」的な態度を取ることによって「この人は怖い人である」という印象を与えることができる（それによっていじめの標的になることから逃れることができる可能性が高まる，といった報酬に結びつく）。

2. ○　自己呈示の内在化は，令和元年度の法務省専門職員でも出題された。上記の問題（7）も参照のこと。

3. ×　セルフ・ハンディキャッピングは，通常，自己にとって重要な課題に成功する確信が持てない場合に行われる。課題遂行前に行うことで，結果が失敗に終わっても自己高揚的に帰属させることができる。

4. ×　Altman の社会的浸透理論では，関係が進展するほど，開示内容は広く，深く

なる。返報性の規範は関係構築の段階で最も強まり，安定的な信頼関係が構築された後は，返報性の規範は弱まる場合もある。

5. ×　1文目は正しい。2文目，正しくは，Pennebaker らの研究では，口頭ではなく，文章に書くことによる開示が行われた。

(9) 自己に関する諸概念

正答：　3

頻出度：★★★　　難易度：★☆☆

◆解　説：　Bandura の自己効力理論と Bem, D. A. の自己知覚理論（どちらも心理職公務員受験者には基本である）を理解していればすぐ正答が出せる。

A. ○　Bandura の自己効力理論は頻出。4つの情報源とそれらの中でどれが最も有効かなど，たびたび出題されている。

B. ×　Tedeschi と Norman の自己呈示行動の分類は，2つの次元（戦術的－戦略的，防衛的－主張的）で，4種類である。「弁解」や「謝罪」は，この分類によると戦術的・防衛的な自己呈示となる。なお，Tedeschi の日本語表記が本問では「テデッシー」であるが，平成28年度は「テダスキ」である（問題（6）を確認のこと）。基本的に，人名は英語で覚えておくとよい。

C. ○　Duval と Wicklund の自覚状態理論（古い本であれば「客体的自覚理論」）である。

D. ×　Festinger ではなく Bem の自己知覚理論である。Bem は，Festinger らの強制承諾実験を，認知的不協和ではなく自己知覚によって説明したことでよく知られている。

(10) セルフ・モニタリング

正答：　4

頻出度：★★☆　　難易度：★☆☆

◆解　説：　セルフ・モニタリング傾向は，

第1章
態度・説得
択一問題
記述問題

第2章
集団過程・集合現象
択一問題
記述問題

第3章
自己過程・集団と自己
択一問題
記述問題

第4章
社会的認知
択一問題
記述問題

第5章
社会的影響
択一問題
記述問題

第6章
組織・リーダーシップ
択一問題
記述問題

第7章
攻撃・援助
択一問題
記述問題

第8章
対人魅力・対人行動
択一問題
記述問題

第9章
犯罪・非行
択一問題
記述問題

社会心理学における「自己」研究の歴史的展開において1つの重要な研究である（押見, 2009）が, 択一問題では, 出題頻度は高くない。近年の社会心理学のテキストにもあまり紹介されていない。とはいうものの, 記述ではこれまで何度か出題されているので要注意である（ゆえに★は2つ）。セルフ・モニタリング傾向の定義, その傾向が高い人と低い人の違いは最低限, 押さえておくこと。

1. × 1文目, セルフ・モニタリング（以下, SMと略）とは, 対人場面において自己呈示や感情表出を注意深く観察し, それを調整・統制することを指す（安藤, 1994）。2文目, SMは自己呈示の個人差に関する概念であり, 帰属や基本的な帰属のエラーとは関係ない。

2. × 実験の結果が反対である。つまり, 高SM傾向の人には「イメージ広告」, 低SM傾向の人には「品質強調広告」がそれぞれ効果的という結果になった。

3. × 高SM傾向と低SM傾向の行動の記述が反対である。

4. ○ 高SM傾向の人が, どうすればその状況にふさわしい自分になれるかを重視するのに対し, 低SM傾向の人は, どうすればその状況で自分らしくいられるかに重きを置く。そのために低SM傾向の人は, 性格や態度といった自己の内的特性に基づいた情報を利用する。

5. × 3文目, 高SMの人の方が, 行動と態度の関連性が「弱い」と考えられる。

(11) 自己制御
正答： 1

頻出度：★☆☆　　難易度：★★★

◆解説： 本問は, Baumeister, Ciaroccoら（2005）からの出題である。正答を出すために必要な情報は提供されているが, 予備知識がまったくないと難しい。

　この実験は, 社会的排斥（social exclusion）により, 自己制御が弱まることを検証しようとするものである。本問中の「将来の孤立」が,

社会からの排斥を指す。つまり, この実験の結果は, 「将来の孤立を予測された人は, 体に良くともまずい飲み物を飲もうとしなかった（がまんして健康に良いことをしようという気持ちが低下した）」ということである。

　以下の解説は筆者が, 予備知識なく初めて本問を見て正答を出したときの解き方である。これではよくわからないという人は, 浦（2009）にこの実験が丁寧に解説されているので, そちらを読んで確認すること。

　結果の記述から, ①群と③群では同様に否定的な気分になっていることがわかる。そこだけ着目すると, 選択肢3. または4. を選びたくなる。しかし選択肢の説明を読むと, いずれも「将来の孤立を予想された人は……（中略）……これは, 単に否定的な予測を受けて不快な気分になったことによるものではないと考えられる」となっている。こうなると, 3. も4. も図と選択肢の記述に整合性がなく, どちらも誤りの可能性が強くなる。なぜなら, ①群と③群はほぼ同じ結果になるという考え方は, 不快な気分が自己制御に影響するという理解に基づくからである。

　ここで気づくべきは, 「将来の孤立」群がこの実験のテーマだということである（選択肢の記述はすべて「将来の孤立」群についてである）。これが他の2群と異なる結果になっているものが正解となるはずである。すると今度は, 選択肢1. か5. が正答の候補にあがる。しかし, 選択肢5. には「不快な気分を発散しようとした結果」とあり, これは「自己制御」が強まることと矛盾するため×である。ゆえに1. が正答に決まる。

(12) 社会的アイデンティティ理論
正答： 2

頻出度：★★☆　　難易度：★☆☆

◆解説： 社会的アイデンティティ理論が初めて出題されたのがこの平成23年度である。易しい。

　社会的アイデンティティ理論については, 問題編「覚えておきたい基礎知識」p.53を参照のこと。

文　献

安藤清志　1994　見せる自分／見せない自分─自己呈示の社会心理学　サイエンス社

安藤清志　2009　自己呈示　日本社会心理学会（編）　社会心理学事典　丸善　pp.22-23.

Bandura, A.　1977　Self-efficacy: Toward a unifying theory of behavioral change. *Psychological Review*, **84**, 191-215.

Baumeister, R. F., Campbell, J. D., & Krueger, J. I.　2005　Exploding the self-esteem myth. *Scientific American*, **292**, 84-91.

Baumeister, R. F., Ciarocco, N. J., & Twenge, J. M.　2005　Social exclusion impairs self-regulation. *Journal of personality and social psychology*, **88**, 589-604.

遠藤由美　2008　自己評価　池上知子・遠藤由美　グラフィック社会心理学第2版　サイエンス社　pp.135-153.

押見輝男　2009　自我と自己　日本社会心理学会（編）　社会心理学事典　丸善　pp.2-3.

繁桝江里　2009　自己開示　日本社会心理学会（編）　社会心理学事典　丸善　pp.24-25.

末永俊郎・安藤清志（編）　1998　現代社会心理学　東大出版会

高田利武　2011　新版 他者と比べる自分─社会的比較の心理学　サイエンス社

浦　光博　2009　排斥と受容の行動科学　サイエンス社

脇本竜太郎　2012　存在脅威管理理論への誘い　サイエンス社

山口　勧　2001　社会的比較の理論　中島義明（編）　心理学［理論］事典　朝倉書店　pp.586-598.

【記述問題】

(1) 自己呈示

頻出度：★★☆　　難易度：★☆☆

解答例 A

　　他者から特定の印象で見られることを目的として行われる行動を自己呈示とい
う。自己呈示には，①アイデンティティの確立，②目標の達成，③自尊心の維持
といった様々な機能がある。具体的には，①自分が「意識が高い」人間であるこ
とを示すために海外ボランティアに参加する，②就職活動で悪目立ちをしないよ
う，髪を黒くし濃紺のスーツを着る，③人に誤解され非難されたときに弁解をす
るといった行動が挙げられる。

(193 字)

解答例 B

　　他者から特定の印象で見られることを目的として行われる行動を自己呈示とい
う。主張的自己呈示と防衛的自己呈示とに分けられる。前者には，試験に合格し
たときに「大した勉強はしなかった」と主張して，自分の能力の高さを印象づけ
る「自己宣伝」などがある。後者は自分の印象が悪くならないよう行われる。大
事な約束を忘れて相手が激怒したとき，「実は突然実家の母親が倒れて」と説明
する「弁解」などがこれにあたる。

(195 字)

 記述のポイント

　　解答例 A では，自己呈示の機能を中心に具体例を挙げた。解答例 B では，自己呈示の種類と
それぞれの具体例を挙げて書いた。どちらで書く場合でも，適当な具体例を挙げられるように用
意しておくとよい。

文　献

安藤清志　1994　見せる自分／見せない自分—自己呈示の社会心理学　サイエンス社

(2) 自己開示

頻出度：★★☆　　難易度：★☆☆

解答例

　　自己開示とは，自己の個人的な情報を他者に知らせる過程である。自己開示の
機能は，①感情表出，②自己明確化，③社会的妥当性の判断，④社会的統制，⑤
関係性の発展の五つが指摘されている。以下，それぞれについて説明する。

第1章
態度・説得
　択一問題
　記述問題

第2章
集団過程・集合現象
　択一問題
　記述問題

第3章
自己過程・集団と自己
　択一問題
　記述問題

第4章
社会的認知
　択一問題
　記述問題

第5章
社会的影響
　択一問題
　記述問題

第6章
組織・リーダーシップ
　択一問題
　記述問題

第7章
攻撃・援助
　択一問題
　記述問題

第8章
対人魅力・対人行動
　択一問題
　記述問題

第9章
犯罪・非行
　択一問題
　記述問題

①上司の悪口を友人に話すなど，感情を表出したい欲求を満たすことができる。②人に話しているうちに自己や状況がより明確に理解できる。③自己開示をすると相手から何らかの反応を得る。これによって，自己と他者を比較し，自己の妥当性を判断する情報を得ることができる。④自分が開示する情報を調節して相手に与える印象を統制することができる。⑤特定の他者に自己開示をすると，相手からも同程度に自己開示が返報される。これが相互に繰り返されることで，親密化が進展する。ただし，常にこれらの機能が果たされるわけではない。特に④や⑤については，自己開示者と被開示者との関係に依存する部分がある。

（389字）

 記述のポイント

　解答例で示した自己開示の定義や機能等の基本知識のほかに，Altman, I. の社会的浸透理論や，Pennebaker, J. W. らの筆記による自己開示の効果の研究など，関連する理論や研究を確認しておくこと。

文　献

遠藤由美　2008　対人行動　池上知子・遠藤由美　グラフィック社会心理学第2版　サイエンス社　pp.179-202.
繁桝江里　2009　自己開示　日本社会心理学会（編）　社会心理学事典　丸善　pp.24-25.

（3）セルフ・モニタリング①

頻出度：★★☆　　難易度：★☆☆

解答例

　自己モニタリングとは，対人場面において，自己の感情表出や自己呈示を観察，調整，統制することと定義される。恋人の家での食事に招待された女子大学生が，その日着ていく服を決めるという場合を例に挙げると，ある人は，どのような服がふさわしいかをネット検索したり，相手の母親が好みそうな服装をリサーチするなど，外的な手がかりに頼るであろう。またある人は，自分の感情や態度などの内的手がかりを用いて，自分が一番自分らしいと思える服装で行こうとするであろう。

　自己モニタリングにはこのような個人差があり，自己モニタリング尺度によって測定される。たとえばSnyder らの作成した尺度では，自己呈示の社会的な適切さへの関心，自己呈示に外的な手がかりを利用する程度，自己呈示を統制・変容する能力など，自己呈示にかかわる五つの側面から測定する。得点が高いほど，自己モニタリング傾向は高くなる。自己モニタリング傾向が高い人（以下，「高SM」とする）は，その社会的状況が自分にどのような人間であることを求めて

いるのか，どうすればそのようになれるかを考えて行動しようとする。したがって，その場面における自分の行動の適切さに関心を持ち，周囲の人のふるまいなど，行動の適切さを示す外的な手がかりを中心に自己をモニターする。他方，自己モニタリング傾向が低い人（以下，「低 SM」とする）は，自分がどんな人間なのか，どのようにしたらこの社会的状況で自分自身になりきれるかを自分に問いかけ，そうあるべく行動しようとする。したがって，自分の内的な感情状態や態度を手がかりに，自分の行動を決めていく。このため，高 SM の場合，状況が変われば，行動もそれに合わせて変化することになるが，低 SM の場合，状況が変わっても行動に一貫性が認められる。

　このような高 SM と低 SM の違いは，これまで多くの研究により明らかにされている。たとえば公開されることが前提の集団討議の場面と，非公開の私的な集団討議の場面とでは，高 SM は，前者では他のメンバーに同調せず自律的にふるまうが，後者では同調性が高まった。これに対し，低 SM は，どちらの場面でも態度があまり変わらなかった。アメリカでは，人前で見せる行動としては，他人に同調せずに自律的にふるまうことが適切と考えられているため，高 SM ではそのように場面に応じて行動が変化したと解釈できる。

(981 字)

 記述のポイント

　本書では「セルフ・モニタリング」表記を用いているが，本問では問題文の「自己モニタリング」に合わせて記述した。本問の記述において，最初にセルフ・モニタリング傾向（以下，「SM 傾向とする」）の定義や説明をした後に，SM 傾向の高い人，低い人について書くという流れになるであろう。その際のポイントは，SM 傾向の高低の説明に入る際に，セルフ・モニタリング尺度の説明を入れることである。記述の流れが論理的になる。

文　献

安藤清志　1994　見せる自分／見せない自分―自己呈示の社会心理学　サイエンス社

(4) セルフ・モニタリング②

頻出度：★★☆　　難易度：★★★

解答例

1．セルフ・モニタリングとは，対人場面において，自己の感情表出や自己呈示を観察，調整，統制することと定義される。たとえば，就職活動をしている学生が，ある企業の説明会に参加することになったとする。「当日は平服で」と要項には書かれている。ふさわしい服装は何かをネットで調べたり，一緒に行く他の

学生に相談するなど，情報収集をするかもしれない。あるいは，自分が一番自分らしいと思う服を自分で決めていくかもしれない。このように，セルフ・モニタリングは，人が自分の行動を決めるにあたり，ある時は何が適切かを示す外的な手がかりを使ったり，ある時は自己の感情や態度などの内的な手がかりを使うといったことにも表れる。

　セルフ・モニタリング傾向の測定に関しては，Snyder により，セルフ・モニタリング尺度が開発されている。25 項目からなる真偽法の尺度で，①自己呈示の社会的適切さに対する関心，②状況に適した自己呈示を行う手がかりとしての他者の行動を参照する程度，③自己呈示や表出行動を統制・変容する能力，④特定の状況におけるこの能力の使用，⑤状況の違いによって表出行動や自己呈示が変化する程度の五つの側面を測定するものである。

2. 心理学において，人の態度と行動とは一貫性があるという考えがある。パーソナリティ研究には，状況が変わってもその人の行動に一貫性を与えるのがパーソナリティであるとする考え方がある。また，認知的不協和理論においても，人は態度と行動の一貫性を保とうとすることを前提としている。

　しかし，現実には，個人の態度は行動に結びつかないことがある。たとえば，普段は「皆と同じ格好は嫌だ」と髪型も服装も自分らしい個性を追求する態度を持つ人でも，就職活動の場面では他の学生と同じように髪を染めるのをやめ，スーツを着る。態度と行動が矛盾することは，日常ではしばしばある。こうした現象はセルフ・モニタリングの概念によってある程度説明が可能である。

　Snyder によれば，セルフ・モニタリングには個人差がある。セルフ・モニタリング傾向が高い人（以下，「高 SM」とする）は，自分の行動がその社会的場面において適切であるかどうかに関心を持ち，周囲の人のふるまいなど，行動の適切さを示す外的な手がかりを中心に自己をモニターする。したがって，高 SMの場合，状況が変われば，普段の本人の態度とは別に，行動もそれに合わせて変化することになる。普段はどれほど個性的な服装や髪形を好んでいても，企業の説明会で「平服で」と指示があれば，情報収集をして，その企業にふさわしい「平服」を検討し，着用しようとするだろう。他方，セルフ・モニタリング傾向が低い人（以下，「低 SM」とする）は，自分の内的な感情状態や態度を手がかりに，自分の行動を決定していく。したがって，低 SM の場合，状況が変わっても態度と行動に一貫性が保たれる。企業の説明会で「平服で」と指示があれば，周囲を気にせず，自分らしい「平服」を自分で決めるであろう。このように，態度と行動の一貫性には個人によって程度の差があり，セルフ・モニタリングの概念はその一端を説明する。

3. セルフ・モニタリングの高低によって，日常生活における行動に一定の違いがみられることが，さまざまな研究から明らかにされている。

　Snyder らの実験では，転職に迷っているケースを題材に，ある社会的判断を

第1章
態度・説得
　択一問題
　記述問題

第2章
集団過程・集合現象
　択一問題
　記述問題

第3章
自己過程・集団と自己
　択一問題
　記述問題

第4章
社会的認知
　択一問題
　記述問題

第5章
社会的影響
　択一問題
　記述問題

第6章
組織・リーダーシップ
　択一問題
　記述問題

第7章
攻撃・援助
　択一問題
　記述問題

第8章
対人魅力・対人行動
　択一問題
　記述問題

第9章
犯罪・非行
　択一問題
　記述問題

行う課題をグループで討議させ、参加者の同調性を評定した。このとき、討議の様子を録画し大学の講義で使うという条件（公的条件）と、録画をしない条件（私的条件）で分けたところ、高SMは公的条件では同調性が低く、私的条件では同調性が高くなった。低SMではどちらの条件でもあまり変わらなかった。多くのアメリカ人にとって、同調せず自律的であることが公的な規範となっている。ゆえに、高SMは、公的条件で自律的にふるまったと解釈される。

同調以外の社会的行動についても、セルフ・モニタリング傾向の高低による違いが指摘されている。たとえば、高SMは、もう一度会う可能性のある他者に対しては、その可能性がない他者に対してよりも協力的になった。また、高SMは、相手が自己開示を行うレベルに合わせて自己開示をするが、低SMは、相手の自己開示のレベルが深いか浅いかに関係なく、自己開示の水準は変わらなかった。

これらの研究結果は、高SMは状況の変化に敏感に対応して行動を変えること、低SMは行動に一貫性があることをよく示している。

(1835字)

 記述のポイント

本問の場合、小問1.と3.は、セルフ・モニタリング傾向の知識があれば書けるが、小問2.でつまずく人があるだろう。「態度と行動の一貫性」については、パーソナリティ理論や認知的斉合性理論の考え方を挙げて述べるとよい。パーソナリティ理論について述べる場合、Mischelの状況論（人＝状況論争）（『特訓式　試験にでる心理学　臨床心理学編』の「解答・解説編」p.2、p.44を参照）について触れるという解答例もあるだろう。

なお、解答例ではSnyder, M.のセルフ・モニタリング尺度について述べたが、その邦訳版の岩淵ら（1982）による尺度は、真偽法ではなく5件法の回答形式を取っている。

文　献
安藤清志　1994　見せる自分／見せない自分—自己呈示の社会心理学　サイエンス社
岩淵千明・田中國夫・中里浩明　1982　セルフ・モニタリング尺度に関する研究　心理学研究, 53, 54-57.

(5) 自己カテゴリー化理論

頻出度：ーーー　　難易度：★★☆

解答例

1. 個人のアイデンティティは集団や社会的カテゴリーへの所属と強く関連している。個人は通常複数の集団に所属するが、それらのうちどの集団を特に内集団とみなして同一視するかは、文脈によって変わる。自己カテゴリー化理論は、複数の自己を取り巻く社会的カテゴリーを個人がどのようにして内集団・外集団に

区別するか，自己カテゴリー化によってどのような効果が生じるかを説明する。

　自己カテゴリー化理論では，個人は内集団・外集団をメタ・コントラスト比によって区別すると考える。メタ・コントラスト比とは，「その集団内のメンバー間の平均的差異」に対する「他の集団メンバーとの平均的差異」の比であり，自己が所属する複数の集団メンバーとの比較を通じ，これが最大化するようなレベルで区別が決まるという。

　一人の中学生Ａが学校に不適応を感じ，他の生徒たちと「合わない」と感じているとする。そんなとき，街の繁華街で他校の"非行グループ"と知り合い，一緒にいて楽しいと感じた。すると，Ａの中では同級生よりもそのグループの中学生たちの方が自分と「合っている」と感じ，そのグループを自己カテゴリー化する。学校の教師や保護者が心配して，地元の友達と交流するように促しても，Ａの中では地元の友達は「ちょっと違う」と感じ，やはり"非行グループ"の方がより自分らしいと，再度自己カテゴリー化される。このような比較と自己カテゴリー化の繰り返しを通じて，その中学生は，学校の仲間たちとも地域の仲間たちとも違った"非行グループ"の一員としてのアイデンティティを形成し，維持・強化していくと考えられる。

2.　自己カテゴリー化が起こると，その集団内のメンバーは，独自な個人というよりも，置換可能な個人として，つまり各メンバーが類似した，同等なものに知覚される。つまり，自己ステレオタイプ化や脱個人化が起こる。集団による反社会行動も，自己カテゴリー化による脱個人化によって説明できる。

　ある集団，たとえば先に挙げた"非行グループ"において少年Ａの自己カテゴリー化が生じた場合，脱個人化によって，グループの魅力や好ましさが，そのままその少年自身の魅力や好ましさとつながり，少年自身の自尊感情を高めることになる。またそのような集団では集団凝集性も高まる。ゆえに，その少年は，よりその集団メンバーらしくふるまおうと，その集団が共有する規範や行動原理に沿った，その集団らしい行動を取ろうとするようになる。同時に，他の集団，たとえば学校の真面目な同級生たちや地域住民，警察などとの対比がより強調されるため，こうした外集団に対する敵意的行動が助長される可能性もある。

　したがって，個人がある"非行グループ"を自己カテゴリー化した場合，各メンバーはそれぞれに，窃盗や器物損壊といった"非行グループ"ならではの，反社会的な行動を抵抗なく行うと考えられる。

3.　自己カテゴリー化とは，自己ステレオタイプ化であり，その集団の魅力が高いほど，メンバーの自尊感情も高まる。したがって，ある集団にひとたび自己カテゴリー化が起これば，その集団が魅力的であり続ける限り，その集団とそのメンバーを切り離すことは困難と考えられる。

　先に2.で述べたように，ある"非行グループ"のメンバーが行う窃盗などの反社会的行動は，各メンバーにとっては，そのグループならではの魅力と結びつ

いている。したがって，単に「窃盗は犯罪だからダメだ」と正攻法で説諭したり，あるいは実際に罰したとしても，抑制の効果は薄いであろうし，それどころか，「俺たちのグループは警察からも一目置かれる悪の存在」のように，ますます集団としての魅力を高めかねない。

そこで，こうした集団の反社会的行動を抑制するための介入の留意点として，①集団の性質を変質させる，②各メンバーにとってよりメタ・コントラスト比が高くなるような別の集団を提示する，③各メンバーを切り離し，その「個人」としての自己認識に働きかける，などが考えられる。それぞれについて以下に具体的に述べる。

①集団の性質が従来と違ったものになれば，他の代替可能性のある集団とのメタ・コントラスト比も低くなり，元の集団に対する自己カテゴリー化の効果も減じてくると予想されるからである。たとえばその"非行グループ"の中核メンバーに，日ごろの反社会的行動の罰として地域の清掃など向社会的行動を行わせ，地域の人たちから大いに感謝されるという状況を作る，といったことが挙げられる。そうすることで，もともとあった"不良グループ"らしさが失われるため，集団の凝集性も低下し，末端メンバーの自己カテゴリー化も弱まり，反社会的行動への意欲も削がれるであろう。

②各メンバーを一人一人切り離し，各人にとって，より「似ている」，「合う」と思える別の集団を提示することを通して，そちらを内集団として知覚できるように促すことができるからである。具体的には，個々のメンバーに対し，その"非行グループ"よりも少し年上の誠実で魅力ある若者（BBS会など）と接するよう働きかけることなどが考えられる。たとえばBBS活動への参加を通じて，徐々に，それまでの内集団だったグループが，別の肯定的なグループに入れ替わるように仕向けていくことができるであろう。

③自己カテゴリー化によって脱個人化が生じ，「個人」としての自己に対する認識が後退するという。そこで，周囲の大人や年長者が，一対一でメンバーの「個」に働きかけて，個人としての考えや感情を表現させ，「個」のアイデンティティをより自覚させることが大事である。これらを通じて，個人の内面の良識や規範を取り戻すことができれば，反社会行動を抑制することにもつなげられるであろう。

(2341 字)

 記述のポイント

本問の場合，「集団による反社会行動」をモチーフに記述することが求められているので，小問1．の解答からそれを意識して書くと全体のまとまりが出る。小問2．では，「自己ステレオタイプ化」などの概念を援用すると書きやすくなる。小問3．で求められている介入については，特定の介入法があるわけではない。自己カテゴリー化の特徴を踏まえ，それを解くにはどうするかを自分で考えて書けばよい。

なお，自己カテゴリー化理論は平成 27 年度が初出のため，頻出度の★はつけなかったが，今後，択一，記述にかかわらず出題される可能性がある。

文 献

池上知子・遠藤由美　グラフィック社会心理学第 2 版　サイエンス社

唐沢　穣　2009　自己カテゴリー化　日本社会心理学会（編）　社会心理学事典　pp.16-17.

Turner, J. C., Hogg, M. A., Oakes, P. J., Reicher, S. D., & Wetherell, M. S.　1987　*Rediscovering the social group: A self-categorization theory.*　Blackwell.　蘭　千壽・磯崎三喜年・内藤哲雄・遠藤由美（訳）　1995　社会集団の再発見—自己カテゴリー化理論　誠信書房

（6）自尊感情の文化差

頻出度：★★☆　　難易度：★★★

解答例

1. 一般に，自尊心の高低は，社会的な適応と密接に関係するとされる。自尊心が高い人の方が，対人関係が良好で，高い要求水準を持ち，物事に自信をもって取り組み，身体的・精神的健康状態もよいという。ただしこれらの指摘は，主として欧米の研究から導かれたものである。

　自尊心は，自己観と結びついているが，自己観は文化の影響を受けることが知られている。よって自尊心のあり方にも文化差があると考えられる。文化の影響という観点から検討すれば「若者の自尊心が低い」ことはむしろ日本の文化的環境においては一概に「望ましくない」とは言えないであろう。

　Markus と北山は「相互独立的自己」と「相互協調的自己」を区別した。前者は北米など西洋文化で優勢な自己観で，自己は他者や周囲から区別された独立した存在であり，その人の行動は意図や能力などの内的要因より生じるという。このような文化では，コミュニティの中では自己の望ましい，誇れる特性を見出し，それを表現することが肯定される。後者は，日本など東洋文化に優勢とされ，自己は周囲の他者や集団と結びついたものとする自己観で，その人の行動は，その個人の意図などの内的要因のみではなく，周囲の他者や状況の要因の影響を受けるという。このような自己観の文化では，その個人が置かれた関係性の中で自己が定義される。他者と相互に協調し，周囲の人から受け入れられ，重要な存在であると認識されることが肯定される。

　日本的な文化の中では，周囲に合わせるために，自己のネガティブな面に着目してそれを修正しようという認知的傾向が強くなる。同様に，突出せずに周囲になじむことがコミュニティの中での自己の社会情緒的な満足度を高める。

　このような自己観の相違を考慮すれば，自尊心にも文化差があり，日本の若者が，諸外国との比較で「誇れるもの」が少ないことや，自己の価値が高く，優秀であると自ら評価しない傾向があることが説明できる。そして，それは日本文化

第 1 章
態度・説得
　択一問題
　記述問題

第 2 章
集団過程・集合現象
　択一問題
　記述問題

第 3 章
自己過程・集団と自己
　択一問題
　記述問題

第 4 章
社会的認知
　択一問題
　記述問題

第 5 章
社会的影響
　択一問題
　記述問題

第 6 章
組織・リーダーシップ
　択一問題
　記述問題

第 7 章
攻撃・援助
　択一問題
　記述問題

第 8 章
対人魅力・対人行動
　択一問題
　記述問題

第 9 章
犯罪・非行
　択一問題
　記述問題

への適応の結果であり，その意味で「自尊心が低い」ことは必ずしも望ましくないわけではない。

2. 「我が国の若者の自尊心が諸外国と比較して低いのは文化的な要因によるものであり，日本文化では自尊心が低いことがむしろ適応的である」ということを1. で検討した。これを実証的に裏付けるために，以下のような研究計画が考えられる。

　仮説：日本の若者においては，自尊心が低い方が，社会的に適応している。

　方法：大学生数百名を対象に，Rosenberg の自尊心尺度と精神的健康尺度を取り，その相関を調べる。

　想定される結果と解釈：自尊心尺度の得点と精神的健康尺度の得点の間に弱い負の相関が見られれば，仮説が支持される。理由は，1. で述べたように，日本的な文化・社会的な場では，自己の価値を高く評価したり，自己を優秀だと思わない人の方が，コミュニティの中で周囲と調和し，周囲から受け入れられる。ゆえに，対人的なストレスも少なく，主観的な健康度が高くなると考えられるからである。

　結果の別の解釈：自尊心尺度得点と精神的健康尺度得点に弱い負の相関が見られた場合，別の解釈も考えられる。それは，自己記入式の尺度で測定される自尊心は，日本文化に適応した自己卑下的な自己呈示であるという可能性である。現実には自分の能力にふさわしい高い自尊心を持っている人でも，日本的配慮によってあえてつつましく自己を評定する人は少なくないだろう。そのような人が一定数いると考えたなら，やはり欧米の研究結果と同様に，本来の自尊心が高い人が主観的健康度が高いという解釈も否定できなくなる。

3. 先に述べたように，Rosenberg の自尊心尺度は米国で開発されたものである。文化心理学の諸研究からも指摘されているように，日本人と欧米人では，様々な心理特性において異なる点があり，自尊心にもそれは当てはまる。

　相互独立的自己観を持つ欧米人の場合，自己が誇れる，優れた特性を見出し，それを確認して周囲に示すことが適応的で望ましいとされる。一方で，相互協調的自己観を持つ日本人の場合は，実際に能力が高く，誇れる特性を持っている人でも，「自分の成功は周囲のおかげ，自分の失敗は自分の落ち度」という自己呈示が望ましいとされる。つまり日本人の「低い自尊心」は相互協調に則った「タテマエ」であり，内心では，自分の価値や能力の高さにについて，高い自尊心を持っていることも多々ある。そこで，日本人的な相互協調的自己観を取り入れた項目で尺度を作れば，西洋的な尺度では自尊心が低く出る日本の若者であっても，自尊心の測定値が高くなることが予想される。

　また，自尊心を，「顕在的自尊心」と「潜在的自尊心」とに分ける見方もある。顕在的自尊心とは，自ら意識することができる自尊心であり，自己記入式の質問紙等で測定される。潜在的自尊心とは，自ら意識することができず，内観するこ

第1章
態度・説得
択一問題
記述問題

第2章
集団過程・集合現象
択一問題
記述問題

第3章
自己過程・集団と自己
択一問題
記述問題

第4章
社会的認知
択一問題
記述問題

第5章
社会的影響
択一問題
記述問題

第6章
組織・リーダーシップ
択一問題
記述問題

第7章
攻撃・援助
択一問題
記述問題

第8章
対人魅力・対人行動
択一問題
記述問題

第9章
犯罪・非行
択一問題
記述問題

ともできないような自尊心であり，潜在的認知指標により測定される。IAT（潜在連合テスト）は，潜在的態度を測定することができ，かつ社会的望ましさ等のバイアスも排除できる指標である。顕在的には自尊心が低く出る日本人も，IATで測定すると，西洋人や他のアジア人と同様に高い潜在的自尊心を示すという研究がある。このように，測定の仕方を変えることで，日本人の若者の自尊心も，高い値が出ることが予想される。

4. 3. で挙げた論点をもう一度整理すると，①測定する側面としては，日本人に当てはまるとされる相互協調的自己観を取り入れた尺度を作る，②測定する方法として，潜在的な自尊心を測定する，の二点である。

　①については，従来の自尊心尺度とは異なり，周囲からの受容や周囲との調和という側面を取り入れて測定することが考えられる。具体的な項目としては，「自分は学校（職場）で周囲に受け入れられている」，「自分は自分のコミュニティ（学校，職場，地域）で居心地が良い」，「自分は周囲から頼りにされている」，「自分が困ったときは周囲の人が助けてくれる」，「自分は周囲の人たちの中で重要な役割を果たしている」などが考えられる。このような項目を十数個作り，五段階で答えてもらうことで，相互協調的な自己観に沿った自尊心を捉えることができる。

　②については，潜在的な態度を測定する方法が「尺度による実証」にそぐわないのでこれを直接論じることが困難であるが，①の観点で作成した尺度を，本人の自己評定だけでなく，親しい周囲の人による他者評定も行い，そのずれに着目するという手法が考えられる。他者評定の結果と比較することで，自己評定を行うときに生じやすい社会的望ましさやタテマエ的な自己呈示の影響を検討することができるであろう。

　この尺度では，周囲からの受容や周囲との調和に関連する項目を複数用意して，その合計点を尺度得点とすることを想定している。尺度の信頼性をチェックする方法はいくつかあるが，この場合，内的斉合性を用いることができる。すなわち，Cronbach の α 係数を算出して推定する方法である。

　妥当性については，既存の尺度との相関を取ることでチェックできる。たとえば，相互独立的－相互協調的自己観尺度，Rosenberg の自尊心尺度と相関を取り，前者とは相関が高く，後者とは相関が高くないことが示されれば，構成概念妥当性の点から，この尺度が，日本人的な自己観を反映した自尊心を測定しているといえる。

（3007字）

 記述のポイント

　問題文に付された図表が国際比較であることからも，「文化差」が解答のポイントになっていることに気づくことが重要である。「自尊心」に関しては「文化差」がポイントということで，解答例では Markus と北山の文化的自己観の概念を使った。このほか，文化差に関連する理解の

枠組みとして，Nisbett, R. E. の西洋の分析的思考と東洋の包括的思考も確認しておくとよい。問題文には，「必要に応じて，各図表を引用してもよい」とあるが，本解答例では引用しなかった。本問の場合は，図表は受験者が答えを書きやすくするヒントとしてサービスで挙げているにすぎないので，必ずしも，図表のデータを取り上げて解釈する必要はない。

　小問1. の解答例において，論述の設定上，便宜的に自尊心が高いほど適応的という書き方をした。実際のところ，今日では，自尊心が高いことが適応を高めるという因果関係ではないことが指摘されているので要注意である（本章の択一問題（5）の解説 p.39 を参照のこと）。

　なお，自尊感情と自尊心はほぼ同意味である。本書では一貫して「自尊感情」を用いているが，本解答例では，問題文の表記に合わせ「自尊心」とした。また，記述の分量がかなり多いが，これは取り上げた用語についてそのつど定義や説明をしているためである。読者が本番で記述する場合は，用語や概念の説明は状況によって省略ないし簡略化してもよい。たとえば，本解答例でいえば，文化的自己観の説明はもっと簡潔で構わない。

文　献

日本社会心理学会（編）　2009　社会心理学事典　丸善
山口　勧　2003　社会心理学—アジアからのアプローチ　東京大学出版会

（7）心理学と文化

頻出度：★★☆　　　難易度：★★★

解答例

　近年の社会的・文化的なグローバル化に伴い，心理学においても文化差や文化的背景を意識した研究が注目されている。しかし，文化への注目は，最近のことではない。二十世紀初頭，近代の科学としての心理学を確立したとされるヴントは，人間の高次の精神過程は実験的な手法では解明できないとして，民族心理学を提唱し，歴史的，文化人類学的な視点から，各民族の言語，慣習，神話，宗教などを研究した。これも文化に着目した心理学的な研究といえるが，当時の心理学はまだ人間心理の普遍的な法則の追究が前提であり，その中では西欧的文化を背景としたものが優位であり，それと異なる文化は未開であり劣っているという考えがあった。

　二十世紀半ばに提唱されたサピア・ウォーフ仮説は，人の思考様式はその人の母語の構造によって規定されることを主張した。ウォーフによれば，極地で生活するイヌイットは，雪を詳細に区別し，それに対応したいくつもの単語を持つが，雪という一般概念は持たない。サピアやウォーフによるこうした多くの逸話的な例は，今日では実証性の点から批判されることもあるが，西欧と西欧以外の文化を相対化する視点を提供した点で重要である。他方，バーリンとケイの基本色彩語彙の研究では，色の捉え方や一つの色名が表す色の範囲には文化的な違いがあるものの，色名の発展のしかたは文化普遍性を持つことが明らかにされた。つまり，あらゆるものごとが文化的相対性で説明されるわけではないことも指摘され

第1章
態度・説得
　択一問題
　記述問題

第2章
集団過程・集合現象
　択一問題
　記述問題

第3章
自己過程・集団と自己
　択一問題
　記述問題

第4章
社会的認知
　択一問題
　記述問題

第5章
社会的影響
　択一問題
　記述問題

第6章
組織・リーダーシップ
　択一問題
　記述問題

第7章
攻撃・援助
　択一問題
　記述問題

第8章
対人魅力・対人行動
　択一問題
　記述問題

第9章
犯罪・非行
　択一問題
　記述問題

ている。

1970年代頃からの社会の変化に対応して心理学においても文化的視点を取り入れた研究が行われるようになり，今日の文化心理学の隆盛につながっている。文化心理学の研究には，①人間の発達を文化・社会的文脈に関連させる研究と，②価値観や自己観の文化差，それらによって生じる認知・動機づけ・感情の違いや対人関係の違いの研究とに大別される。①の一例としてペアレンティングの文化的多様性が子どもの認知発達に与える影響についての研究が挙げられる。たとえばアタッチメント・スタイルの文化差の研究では，母子がいつも一緒に寝たり，母親がいつも子どものそばにいることをよしとする日本では，欧米に比べて相対的にアンビバレント型のアタッチメント・スタイルの子どもが多くなるという。②の一例としては，文化的自己観の研究が有名である。マーカスと北山は1990年代に，北米のヨーロッパ系アメリカ人文化と日本文化における対人関係の行動原理を研究し，両者の間には文化的自己観の違いがあることを指摘した。それが相互独立的自己観と相互依存的自己観である。北米人は相互独立的自己観が優勢である。つまり北米人にとって自己とは他者や周囲の状況から区別された個人であり，その行為の原動力は個人の意図や能力であり，自らが周囲に影響を与えるような対人関係を構築するというものである。他方，日本人に優勢なのは相互依存的自己観である。日本人にとっての個人とは周囲の人々や社会的状況と結びついた存在であり，自分の行動は周囲に影響を及ぼし，また同時に自分の行動も周囲から影響を受けるといった自己観である。一般に，日本人は，欧米人に比べて「自分の意見を言えない」，「周囲に合わせて意見を決める」などといわれるが，こうした傾向は相互依存的自己観に由来すると説明される。文化的自己観に関する心理学的知見は，自己評価のみならず，認知や感情経験，対人関係など多岐にわたり，文化と心理が関係することを実証的に示している。

これまで述べたような現代の文化心理学的な研究においてはもはや，文化による違いを優劣と結びつけることはない。今日，グローバル化が進展した結果，各方面で異文化間，民族間の差異が強調され，文化的摩擦や葛藤も起こりやすくなっている。葛藤解決という観点からも，文化心理学の成果を踏まえた他者の心理・行動の理解は重要であり，今後心理学における文化的アプローチはますます注目されるであろう。

(1628字)

 記述のポイント

本解答例のポイントは，歴史的な流れを意識したこと，文化的自己観を中心に書いたことである。ただし，この解答が最善ということではない。別の展開の仕方ももちろんありうる。

複数の用語から選択して記述する問題では，多く用語を使うほど得点が高くなるわけではない。「四つ以上」ならば最低4つ用いればそこはクリアである。用語をたくさん使うよりも，与えら

れた用語から何をどのような展開で論じるかが重要である。なお，本書では基本的に人名は原語表記であるが，本問の解答例では，問題文中で指定された用語の人名がカタカナであったため，解答例でも一貫してカタカナを用いた。

また，本問の用語にある「相互依存的自己」は，Markus と北山による概念であるが，心理学のテキスト等では「相互協調的自己」と訳されることが多い。原語では interdependent self であり，independent self（「相互独立的自己」）と対をなす。interdependent を「依存的」と訳すか「協調的」と訳すかの違いであり，意味は同じである。

文　献

増田貴彦・山岸俊男　2010　文化心理学（上・下）　培風館
下山晴彦（編）　2014　誠信心理学辞典［新版］　誠信書房

第4章
社会的認知

【択一問題】

(1) 印象形成①

正答： 4

頻出度：★★★　難易度：★☆☆

◆解　説：　基本的な知識で解ける問題。易しい。

A.　×　Anderson, N. H. のモデルである。

B.　○　Asch の印象形成のモデルはゲシュタルト・モデルとも呼ばれる。

C.　×　Bruner, J. S. と Tagiuri, R. の暗黙のパーソナリティ理論である。

D.　○　中心的特性と周辺的特性のことである。

(2) 印象形成②

正答： 1

頻出度：★☆☆　難易度：★★☆

◆解　説：　印象形成の初頭効果についての問題。内容はそう難しいものではないが、英文を読まないと解けないタイプの問題（問題によっては英文を全文読まなくても、心理学の知識があれば解けるものもある）であるため、★2つ。実験は、能力の帰属における初期情報の重要性を検討している。つまり、実験参加者は、学生が30題のうち15題を正答する場合、後の方に正答がまとまって出てくる場合よりも、正答が最初の方にまとまって出てくる条件で多く正答していると見積もった。それはトップダウンのスキーマ処理によるという内容である。以下、空欄に正答を入れて訳す。

＜訳＞

初頭効果—これは一般に、私たちが受け取る最初の情報が、全体の印象により大きな影響力を持つことであるが—は、いくつかの種類の印象形成の実験において、特に架空の個人よりもむしろ現実の個人を用いた研究も含めて、繰り返し見られてきた（Jones, 1990）。

たとえば、実験参加者は、一連の難しい多肢選択問題を解こうとしている男子学生を見て、彼の一般能力を評価することを課された（Jones, Rock, Shaver, Goethals, & Ward, 1968）。その学生は常に30題のうち15題を正しく解くのだが、正答がほとんど最初の方にくる場合は、正答が終わりの方にくる場合よりも、より能力が高いと判断された。そのうえ、その学生が何問解けたかを思い出すよう尋ねられると、最初の方にまとまった15回の正答を見た参加者は、平均して A：21問 と見積もった。しかし、最後の方に正答を見た参加者は、平均 B：13問 と見積もった。

初頭効果にはいくつかの要因がかかわっているが、それは主としてスキーマ処理すなわち C：トップダウン思考 の結果である。ある人の印象を初めて形成しようと試みるとき、私たちは積極的に記憶の中に入力されたデータと最もよくマッチするスキーマやステレオタイプを探す。そして、ある時点で私たちは最初の決定をする。この人は外向的だとか、この人は頭が良い（といった判断）とかである。その後はいかなる追加の情報もその最初の判断に同化させ、矛盾した情報は、私たちが知ったその人物を表すものではないとして無視する。

(3) 社会的認知の諸現象

正答： 1

頻出度：★☆☆　難易度：★☆☆

◆解　説：　国家公務員（国総・法専）よりも、地上でよくある出題形式の問題。容易。

1.　○　ただし、Rosenthal（1966）によれば、低学年（1，2年生）では効果が見られるが、高学年にはあまり効果がなかった。ピグマリオン効果はローゼンサール（ローゼンソール）効果とも呼ばれる。予言の自己成就、教師期待効果の呼び方もある。

2.　×　ゴーレム効果とは、自己成就的予言の一種で、ピグマリオン効果の反対の現象をいう。つまり、教師などが特定の生徒に低い期待を持つと、実際に成績が下がるなどである。

3.　×　ハロー効果は光背効果ともいう。他者がある側面で望ましい特徴を持っていると、それをその他者の全体的評価にまで広げてしまう傾向である。

4. × バーナム効果とは多くの人々に当てはまるようなパーソナリティについての一般的な記述を，自分に当てはまると思う傾向である。

5. × ゲイン−ロス効果は，獲得−損失効果ともいう。相手から受ける好意の総量は同じでも，否定的評価が好意的評価に変わる場合の方が，その逆の場合よりも，その相手に対する好意度が高まるというものである。

(4) 社会的認知の理論

正答： 4

頻出度：★★★　　難易度：★★☆

◆解　説：　対人認知についての標準的な問題であるが，当該領域の幅広い知識が必要。

1. × Higgins の対人認知のプライミング効果の実験である。事前課題は単語の暗唱ではない。事前課題では単語が提示されるが，実験参加者に求められるのは単語を読むことではなく，単語の背景の色の方を答えることである（プライム処理）。その後，ある男性についての紹介文を読んで印象を回答する。結果は，事前課題の単語がネガティブなものであれば，その男性の印象もネガティブに，ポジティブな単語であれば印象がポジティブになった（プライミング効果）。

2. × Fiske と Neuberg の連続体モデルでは，最後までカテゴリーに当てはめ続けるのではなく，再カテゴリー化に失敗すれば，カテゴリーベースから個人ベースの分析に入っていく。カテゴリーベースの処理と個人ベースの処理が連続的であるところが要点である。

3. × Macrae らの，ステレオタイプ抑制のリバウンド効果の実験である。第一課題でステレオタイプの抑制を教示された群は，次の，抑制を教示されない第二課題において，統制群と比較して有意にステレオタイプ的な記述をした。このリバウンド効果は，Wegner, D. M. の皮肉過

程理論（いわゆる「シロクマ効果」として知られる）で説明される。

4. ○ 分離モデルとは，情報処理の自動処理過程と統制的処理過程からステレオタイプ化を説明するモデルである。

5. × Gilbert らの 3 段階モデルにおいて，最も認知資源が求められるのは，第 3 段階の「状況要因を加味して推論を修正する段階」である。

(5) 社会的推論のバイアス①

正答： 5

頻出度：★★★　　難易度：★★☆

◆解　説：　社会的推論のみならず，認知心理学の知識も幅広く必要な問題。標準的な難易度である。

1. × 1 文目は妥当である。2 文目，Newell, A. と Simon, H. A. の GPS についての記述。「後ろ向きの解決法」とは副目標設定方略であり，ヒューリスティックである。

2. × 1 文目は妥当である。2 文目，係留と調整のヒューリスティック（anchoring and adjustment heuristic）である。利用可能性（availability）ヒューリスティックとは，その出来事をどれほど思いつきやすいかでその生起確率を判断するヒューリスティックである。

3. × 1 文目は妥当である。基本的帰属錯誤（基本的帰属のエラー）は，自己ではなく，他者の行動の原因を推測する際に生じる。

4. × 1 文目は妥当である。内集団びいきは，初対面の人どうしの集団でも生じる。最小条件集団の実験を想起すること。

5. ○ いわゆる「シロクマ効果」である。「ステレオタイプ抑制のリバウンド効果」の実験（Macrae, C. N. et al., 1994）が試験では頻出である。この効果を説明する「皮肉過程理論」も確認しておくこと。

(6) 社会的推論のバイアス②

正答：　1

頻出度：★★★　　難易度：★★☆

◆解　説：　社会的認知に関連する概念について細かい知識が必要。やや難。

1. ○　「公正世界の信奉」は，世界には正しい人は報われ悪い人は罰を受けるという秩序があると考える「公正世界仮説（just world hypothesis）」についての信念。犯罪や災害の被害者について，その人に落ち度があったからだと考える傾向は「犠牲者非難（victim derogation）」と呼ばれる。

2. ×　2文目，自己中心的バイアスではなく，セルフ・サービング・バイアス（自己奉仕バイアス）である。

3. ×　多元的無知（集合的無知）とは，皆が自分は他の人と異なる社会的態度や感情を持っていると思い，実は他の人たちも自分と同じ社会的態度や感情を持っていることを知らない状況である（神，2008）。傍観者効果を説明する概念の1つとしても挙げられる。1文目は合意性過大視バイアスを指すと思われる。なお，合意性過大視バイアスは，集団成員間のコミュニケーションの欠如ではなく，自分や自分に類似した身近な人を判断の根拠にする（利用可能性ヒューリスティック），あるいは自分の意見・態度・行動が正当であると思う（セルフ・サービング・バイアス）ことによると説明される（池上，2008）。

4. ×　基本的帰属のエラー（錯誤）とは，「他者の行動の原因を推測するときに，実際以上に内的要因の影響を高く評価する傾向」である。

5. ×　錯誤相関とは，目立つ情報が複数あることで，実際以上にそれらの間に関連性があると認知することである。したがって，1文目は「実際には集団間で少数派の割合に差異がなくても，小集団の方が少数派の割合が多いと認知する傾向」である。錯誤相関については，問題編「覚えておきたい基礎知識」p.73や，実践問題 択一（9），（10）を参照のこと。

(7) 社会的推論のバイアス③

正答：　1

頻出度：★★★　　難易度：★★☆

◆解　説：　認知的なバイアスやヒューリスティックについての問題。求められる知識はやや細かいが，難易度は標準的。以下，池上（2001）に基づいて解説する。

1. ○　これとは反対の「割増原理」というのもある。「一見不良そうな若者が電車内で老人に席を譲る場面を目撃すると，過度にその若者が親切で道徳心あふれる人だと思ってしまう」場合などである。

2. ×　1文目，2文目，コントロール幻想の説明は妥当。3文目は基本的帰属のエラーの説明である。コントロール幻想は，随伴性の錯覚で説明されることがある。すなわち，先行事象（行動）が後続事象（結果）をコントロールしている度合いを過大視する傾向である。

3. ×　1文目の具体例は錯誤相関ではなく，基本的帰属のエラー，つまり，外的な要因よりも，個人の内的（傾性的）要因を過大視する傾向である。2文目，例は妥当でないが，錯誤相関の定義は妥当。つまり，2つの目立ちやすい事象（例：マイノリティと例外的な事象）があると，そこに実際以上の関連性を認知することである。錯誤相関の具体例を挙げるなら「イスラム系の人はテロを起こしそう（注：日本人から見て）」，「精神障害を持つ人は凶悪な事件を起こしそう」等である。

4. ×　本選択肢は，「基本的帰属のエラー（錯誤）」を「行為者－観察者バイアス」に置き換えれば妥当な記述になる。

5. ×　2文目までは妥当。セルフ・サービング・バイアスの説明として，動機的説明と認知的説明の2つがある。前者は，自己高揚バイアスによる考えである。つまり，人は自尊感情を維持・高揚するべ

第1章
態度・説得
択一問題
記述問題

第2章
集団過程・集合現象
択一問題
記述問題

第3章
自己過程・集団と自己
択一問題
記述問題

第4章
社会的認知
択一問題
記述問題

第5章
社会的影響
択一問題
記述問題

第6章
組織・リーダーシップ
択一問題
記述問題

第7章
攻撃・援助
択一問題
記述問題

第8章
対人魅力・対人行動
択一問題
記述問題

第9章
犯罪・非行
択一問題
記述問題

く動機づけられているとする。後者は，認知的歪みによる説明である。つまり，人は一般に①失敗より成功を予期する傾向があり，期待に即して結果を解釈しやすい傾向，②失敗し続けたときよりも成績が次第に向上し成功に向かったときの方が努力と結果の共変を知覚しやすい傾向，③自分の行動と望ましい結果の同時生起には注目するが，自分の行動と望ましくない結果の同時生起は無視する傾向があること，の３つである。これらの認知的歪みの影響で，自己高揚バイアスが生じるという。

(8) 社会的推論のモデル

正答： 3

頻出度：★★☆　　難易度：★★☆

◆解　説：　それぞれのモデルと，モデルの背景に共通する想定される認知的処理過程についての知識が必要な問題。標準的な難易度の良問である。「認知資源をあまり必要としない過程」は自動的処理過程，「十分な認知資源を必要とする過程」は統制的（制御的）処理過程である。

A．精緻化見込みモデルでは，統制的処理を行うのは中心ルートである。精緻化見込みモデルについては，問題編第1章の「覚えておきたい基礎知識」p.4を参照のこと。

B．分離モデルでは，自動的処理と統制的処理の二段階でステレオタイプ的認知の説明をする。第一段階が「活性化」であり，自動的処理にあたる。第二段階が「適用」であり，こちらが統制的処理である。

C．Wegner の思考抑制に関するモデルは，皮肉過程（ironic process）理論とも呼ばれる。ステレオタイプ的思考を抑制しようとすると，かえって促進されてしまうステレオタイプ抑制のリバウンド効果もこのモデルで説明される。このモデルでは，「望ましくない思考をさがす過程」が自動的処理過程である。つまり，抑制すべき（望ましくない）思考が自動的に検

索されるため認知資源は使わない。「望ましくない思考とは関係のないことをさがす過程」が統制的処理過程である。抑制すべき思考について考えないように他の思考を意識的に検索するため，資源が必要となる。

(9) 錯誤相関①

正答： 2

頻出度：★★★　　難易度：★☆☆

◆解　説：　Hamilton, D. L. と Gifford, R. K.（1976）の錯誤相関の実験。問題文にすべて説明が書いてあるため，標準的な読解力があれば難なく正答できる。錯誤相関については，問題編「覚えておきたい基礎知識」p.73を参照のこと。

空欄Ａ：実験Ｘでは，提示された犯罪行為は10個であったが，結果の図のとおり，想起された犯罪行為者の数は過大視された。

空欄ＢとＣ：実験Ｙでは，大集団と小集団とで，望ましい行為と望ましくない行為の比率は等しかったが，小集団の方が望ましくない行為の数が過大視された。つまり，小集団の方が望ましくない行為とより結びつきやすいということであり，ステレオタイプが形成されやすいことを意味する。

(10) 錯誤相関②

正答： 4

頻出度：★★★　　難易度：★★☆

◆解　説：　Hamilton と Gifford の錯誤相関の実験。これまで択一で繰り返し出てきている。社会心理学のテキスト等によく紹介されているので，知っている人は図を見ただけで答えがわかるだろう。実験を知らなくても，錯誤相関の意味がわかれば，正答を推測しやすい。錯誤相関を知らなくても英語を読めば正答は出せる。あるいは，錯誤相関を知らず英文を読まなくても，テスト・リテラシーを

発揮してグラフのカッコ内の数字のパターンが選択肢4だけ違うことに気づけば，正答に達する。正答を入れてざっと訳すと以下のとおり。

<訳>
　錯誤相関というタームは，相互にそれほど関連のない2つの変数間に相関があると見ることである。HamiltonとGifford（1976）は，この錯誤相関という概念を社会集団の知覚に当てはめた。第一の研究では，グループA，グループBという2つのグループに，それぞれ望ましい，望ましくない行動特徴を伴わせて実験参加者に提示した。このとき，グループAは大集団，グループBは小集団である。これら2つのグループは，同じ比率で望ましい行動：望ましくない行動が振り分けられて提示された。その比率の分配は，<表4>に描かれている。すなわち，行動のタイプ（望ましいか望ましくないか）とグループのメンバー特性の間に関連性はない。
　HamiltonとGiffordは，頻度の低い（infrequent）行動（つまり，望ましくない行動）とマイノリティの（infrequent）集団（つまり，グループB）との関連が過大視されることを示した。その典型的な反応パターンの例が，<表4>のカッコ内に示されている。このパターンは特性的な錯誤相関効果を反映している，つまり，頻度の低いネガティブな行動をグループAよりも，グループB（マイノリティ）に帰属させる。その結果，相対的にグループBがネガティブな印象となる。HamiltonとGiffordは，統計的に稀なカテゴリー（望ましくない行動やマイノリティ）が特に目立って知覚されるために，この"目立ちやすいペア"のパターンが生じると論じた。これらのカテゴリーはこのように，より注目され，より効率的に符号化され，結果として，それほど目立たないカテゴリー（多数派）以上に記憶の中でアクセスされやすくなる（Tversky & Kahneman, 1973）のである。

(11) 基本的帰属のエラー

正答：　2

頻出度：★★☆　　難易度：★★☆

◆解　説：　問題文が基本的帰属のエラーについて述べていることがわかれば正答を出しやすい。本問も英文を読まねばならないタイプの問題であるため，★2つ。以下，正答を入れて問題文を訳しておく。

<訳>
　私たちが直面する主たる帰属課題の1つは，観察された行動がその人物に関する何かを反映しているか，その人物を観察した状況に関する何かを反映しているかを判断することである。前者は　A：傾性的帰属　と呼ばれる。私たちはその人に関する何かが，その行動の主たる原因であると推測する。
　Fritz Heider は帰属理論の創始者であるが，個人の行動は非常に説得力があるため，私たちはそれをその人を額面通りに表しているものと思い，それを取り巻く状況に十分な重みを与えないと指摘した。研究は Heider の観察を確証した。誰かが攻撃的にふるまうのを観察すれば，私たちはあまりに容易に彼または彼女が攻撃的なパーソナリティであると仮定し，その状況が誰においても同じような攻撃性を引き起こすと結論づけることはしない。　B：基本的帰属のエラー　は，行動に対する状況の影響を過小評価し，各人の個人的特性に責任があると仮定する際に生じる。
《中略》
　クイズゲームと呼ばれる実験は，参加者と観察者の双方がどのように同じ設定で同じ　B：基本的帰属のエラー　を作るかを説明する。一般知識をテストする質疑応答ゲームに男女のペアの実験参加者が募集された。ペアの1人のメンバーがランダムに質問者として割り当てられ，彼ないし彼女が回答を知っている10の難問を構成した。他の参加者は出場者となり，質問への回答を試みた。出場者が質問に答えられなかった場合は，質問者が答えを示した。研究の再現において，観察者がこのゲーム（コンテスト）を見た。ゲームが終わると，参加者と観察者の双方に，質問者と出場者が持っている一般知識のレベルを「平均的な学生」が持っているレベルと比較して評価するよう求めた。参加者と観察者は皆，質問者と出場者の役割はランダムであることを知っていた。
　C：質問者　は，自分自身と　D：出場者　の双方とも一般知識のレベルで平均的であると判断した。しかし　D：出場者　は，　C：質問者　を優秀であり，自分自身を平均的な学生より劣っていると評価した。　D：出場者　は，質問者，つまりどの質問をするかを決定し，答えのわからない質問を省略することができる立場の人が圧倒的に状況において優位であることを考慮に入れるのではなく，ゲームの結果を彼らの（そして　C：質問者　の）知識レベルに帰属させた。

(12) 感情と社会的判断

正答： 1

頻出度：★★☆　　難易度：★☆☆

◆解　説：　感情と認知的処理に関連する理論やモデルの問題。正答の選択肢である気分一致効果と感情情報機能説は基本知識である。難易度はやや易しいレベル。これまでおそらく出題されたことのなかった戸田のアージ理論が平成30年度になって突然出てきた。感情混入モデルは今後も出題される可能性がある。

ア．○　気分一致効果については，『特訓式試験にでる心理学』シリーズの「一般心理学編」を参照のこと。

イ．○　たとえば，生活満足度について尋ねる電話アンケートにおいて，その日の天気の良し悪しは気分を媒介して回答に影響を与えるが，アンケートの前に今の気分の原因が天気にあることを意識させると，そのような気分一致効果がみられなくなる。

ウ．×　1文目は妥当。2文目，感情の影響の受けやすさが一部逆になっている。正しくは，実質処理型とヒューリスティック型は感情の影響を受けやすく，直接アクセス型と動機充足型は感情の影響を受けにくい。感情混入モデル（Affect Infusion Model: AIM）（図4-1）は，社会的判断における感情の影響を，課題の質（構成的／再構成的）と処理に要する努力の量（多い／少ない）の2×2で4種類に分ける。「構成的」とは，新たな情報処理を行う必要がある場合で，感情が混入しやすい。「再構成的」とは，過去の経験や記憶に基づいて行われる場合で，感情が混入しにくい。

エ．×　怒りや恐怖のようなネガティブ感情も適応的に機能すると考える。たとえば恐怖や不安は，戸田によれば「緊急事態アージ」と呼ばれ，「逃げる」といった行動を動機づける。

		課題の質	
		構成的	再構成的
努力の量	努力（多い）	実質処理型 既存の知識と照合しながら，情報を構成的に解釈して行う判断。 感情が混入しやすい。	動機充足型 目的や動機を満たすことを最優先させる判断。 感情が混入しにくい。
	努力（少ない）	ヒューリスティック型 利用可能な情報の一部を手がかりに行う判断。 単純で個人的関心が低い課題，処理容量に制約がある際に行われる。 感情が混入しやすい。	直接アクセス型 既に記憶に貯蔵された確立した評価に基づいて行う自動的判断。 よく知っている典型的な判断対象，個人的関心や重要度の低い対象に用いられる。 感情が混入しにくい。

図4-1　感情混入モデル（池上，2001を改変）

文　献

Hamilton, D. L., & Gifford, R. K.　1976　Illusory correlation in interpersonal perception: A cognitive basis of stereotypic judgements. *Journal of Experimental Social Psychology*, **12**, 392-407.

池上知子　2008　社会的推論　池上知子・遠藤由美　グラフィック社会心理学第2版　サイエンス社　pp.43-65.

池上知子　2001　感情混入モデル　山本眞理子・外山みどり・池上知子・遠藤由美・北村英哉・宮本聡介（編）社会的認知ハンドブック　北大路書房　pp.154-155.

神　信人　2008　集合的無知　日本社会心理学会（編）社会心理学事典　丸善　pp.300-301.

Macrae, C. N., Bodenhausen, G. V., Milne, A. B., & Jetten, J.　1994　Out of mind but back in sight: Stereotypes on the rebound. *Journal of Personality and Social Psychology*, **67**, 808-817.

Rosenthal, R., & Jacobson, L.　1966.　Teachers' expectancies: Determinants of pupils' IQ gains. *Psychological Reports*, **19**, 115-118.

山本眞理子・外山みどり・池上知子・遠藤由美・北村英哉・宮本聡介（編）　2001　社会的認知ハンドブック　北大路書房

【記述問題】

(1) 単純接触効果

頻出度：★★☆　　難易度：★☆☆

解答例

　　特定の中性刺激に繰り返し接触するだけで，その刺激に対する好意的な態度が形成されること。Zajonc によって提唱された。対象は，視覚的，聴覚的な刺激でも現実の人間でもよく，閾下呈示でも効果が生じる。繰り返される商品CMや，近接性による対人魅力も，この原理で説明されうる。

　　また，単純接触効果を根拠に Zajonc は，感情は認知の関与がなくても成立するという，いわゆる感情先行説を唱えた。

(184字)

💡 記述のポイント

　単純接触効果は，汎用性の高い基本的な概念であるため，記述か択一かに限らず，十分に理解し説明できるようになっておくこと。定義は容易に書けるであろう。あとは残りの字数をどんな内容で埋めるかである。解答例では関連事項を羅列してから Zajonc の感情先行説の話にもっていったが，もっと違ったまとめ方も可能であろう。社会心理のテキストなどに紹介されている Zajonc の実験を具体的説明として挙げてまとめるのもよい。

(2) 印象形成

頻出度：★★☆　　難易度：★☆☆

解答例

　　Asch の印象形成の研究は，社会心理学における対人認知研究の古典かつ出発点の一つである。

　　性格特性用語のリストを刺激として実験参加者に提示し，その印象を評価させるという実験が様々なバリエーションで行われた。リストを構成する形容詞として，一方のリストに「温かい」，他方のリストに「冷たい」を入れ，それ以外はすべて同じ形容詞を用いたところ，全体の印象に大きな影響を与える中心的特性と，それほど影響を与えない周辺的特性があることが示された。また，同じリストの形容詞の提示順序を逆転させて提示したところ，最初に提示する形容詞が全体の印象に影響するという，初頭効果が示された。

　　こうした研究から Asch は，全体の印象は，各々の性格特性用語の加算的な総和で決まるのではなく，全体の印象の統合過程で個々の形容詞の意味合いが変容するというゲシュタルト・モデルを提出した。

(370字)

63

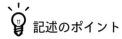 記述のポイント

　Asch の実験は誰でも知っているものであるがゆえ，より何をどう記述するかで差がつきやすい。どの内容を入れるか，どういった構成で書くかを慎重に考えてから書き始めること。キーワードとして「中心的特性・周辺的特性」「順序効果（初頭効果）」は入れること。
　Asch は 10 の印象形成の実験を行っており（Asch, 1946），その中では，上記の解答例で挙げたもののほか，同じ特性語でも，組み合わせる形容詞によって意味合いが変わること（「冷たい」や「温かい」も組み合わせる語によっては中心的特性ではなくなった）などが示されている。

文　献
....

Asch, S. E. 1946 Forming impressions of Personality. *Journal of Abnormal and Social Psychology*, **41**, 258-290.
宮本聡介　2009　対人認知の古典的モデル　日本社会心理学会（編）　社会心理学事典　丸善　pp.60-61.

（3）透明性錯誤

頻出度：－－－　　　難易度：★★★

解答例

> 　透明性錯誤とは，自分の思考や感情などの，外部から直接観察できない自分の内的経験が他者に見抜かれていると過大に見積もる傾向である。日常では，苦手な食べ物を口に入れたとき，自分は平静を装っても，周囲の他者は気づいているに違いないと思うなどがこれにあたる。
>
> 　透明性錯誤が生じる原因となる認知的特性として，自己中心性バイアスが挙げられる。つまり，他者の思考や判断を推測する際，自分の思考や判断を基準にして考える傾向である。先の例でいえば，「苦手な食べ物を口にしてはなはだしく不快な状態の自分」は本人には顕著な内的経験であるため，そこが推測の出発点になってしまう。このため，他者の視点を取る際の調整にバイアスがかかることになる。その結果，現実には周囲の他者には何も伝わっていなくとも，自分が気になっていることが他者には見抜かれてしまっているという錯誤が生じる。

（374 字）

 記述のポイント

　透明性錯誤と日常の例は書きやすいと思われる。ポイントは，透明性錯誤を説明する認知的特性として，自己中心性バイアスや，他者視点取得の失敗を用いることである。

文　献
....

工藤恵理子　2009　自己中心性　日本社会心理学会（編）　社会心理学事典　丸善　pp.28-29.
武田美亜　透明性錯覚―心の中を読まれているという誤解　心理学ミュージアム（日本心理学会）
　　https://psychmuseum.jp/show_room/illusion/（2019 年 12 月 1 日閲覧）

（4）印象形成の連続体モデル

解答例

1. 印象形成とは，特定の他者に関する情報をもとに，その人についての全体的
印象を形成する過程のことである。印象形成の過程について初めて理論化したの
が Asch である。Asch は，印象形成の特徴として，①ごく少ない手がかりから
その人物について生き生きとした全体的印象が作られること，②全体的印象に大
きな影響を与える情報（中心的特性）があること，③情報提示の順序によって全
体的印象が影響を受けること（提示順序効果）などを明らかにした。

　Asch を代表とする古典的な印象形成の研究では，他者の特徴を記述した情報
をもとにして，その人の全体的印象がどのように形成されるかということが問題
とされた。その後，社会的認知研究の進展の中で，特定の人物に出会った際に，
その人についての情報が処理される過程のモデル化が試みられるようになった。
そうした研究の一つが，Fiske と Neuberg の連続体モデルである。

2. 連続体モデルでは，対人情報の処理は，対象人物に関する情報を，順を追っ
て次々に処理していく過程であると考える。

　最初に想定されるのが，初期カテゴリー化の段階である。ここでは，対象人物
に目を向ける必要があるかどうかを判断する。その人物についてそれ以上情報処
理をする必要がないと判断されると，そこで情報処理は停止し，カテゴリー依存
型の印象形成がなされる。

　さらに処理が必要とされた人には注意が向けられ，次の確証的カテゴリー化の
段階に進む。ここでは，活性化されたカテゴリーと当該の人物の持つ特徴との対
応が検討される。このモデルにおける「カテゴリー」とは，単なる社会的カテゴ
リーだけではなく，認知者がその人物の特徴を理解するときに使う中心となる特
徴も意味する。活性化されたカテゴリー内容とそれ以外の特徴との対応がなされ，
カテゴリー内容と一致しないものがなければ，ここで処理が終了し，カテゴリー
依存型処理による印象形成がなされる。

　その後，さらにその人物についての情報処理が必要であると判断された場合，
再び確証的カテゴリー化の段階へ戻る。このとき，新たに入力された情報がそれ
までに活性化されているカテゴリーと一致しない場合は，別のカテゴリーやサブ
カテゴリーとの照合が試みられる。これが再カテゴリー化の段階である。再カテ
ゴリー化に成功すれば，やはりカテゴリー依存型処理となるが，当初のカテゴリー
処理よりもやや詳細な処理となる。

　再カテゴリー化に失敗した場合，ピースミール統合に進む。この段階では，そ
の人物についての特徴を，一つずつ吟味しながら印象を形成していく。このよう
な処理をピースミール依存型処理という。

　以上のように，連続体モデルでは，対象人物の印象は，カテゴリー依存型処理

からピースミール依存型処理による印象の連続体上のどこかに位置づけられること，その人物が認知者にとって関連のある存在になるほど，その人物について詳細に情報処理をしようとする傾向が強まることを説明する。

3. King牧師の願いは，連続体モデルに照らせば，対人情報の処理が，カテゴリー的な処理ではなく，ピースミール的な処理になってほしいということと解釈できる。

　Fiskeらによれば，連続体モデルでは，認知者にとって対象者との関連性が高まるほど，多くの注意がその人物に向けられ，カテゴリー依存型処理からピースミール依存型処理の方向へ移動する。その人物への注意が増加する要因として，①情報の形態と，②動機づけがある。①情報の形態とは，対象者の持つ特徴の中にカテゴリーの内容と一致しないものがあり，容易にカテゴリー化できないような場合である。②動機づけとは，対象者について正確に認知したいという動機づけである。

　以上を踏まえると，アフリカ系アメリカ人とその他の人種との間で，よりよい成果を上げるために，必然的に相手をより正確に理解しようと動機づけられる場面の設定を考慮すればよいと思われる。

　たとえば，学校や地域での活動を，アフリカ系アメリカ人とその他の人種がペアや少人数のチームで行い，その共同作業の成果によって評価される機会を増やすことである。これによりスポーツや学業等において，協力して課題を達成するために互いを正確に認知しようという動機がはたらきやすくなる。このとき，あらかじめ，「相手のことを正確に認知するように」，「相手の行動を予測するように」といった教示を与えるようにすると，必然的に「肌の色」のようなカテゴリーと一致しない情報に注意が向くようになり，より「人物の中身」に注意を向けるようになることが予想される。子供の頃からそのような経験を積み重ねることができるような体制を全国的につくり，実施していくことで，少しずつKing牧師の夢の実現に近づいていくであろう。

(1933字)

 記述のポイント

　FiskeとNeubergの連続体モデル（図4-2）についての正確な知識が求められる問題。小問2.で連続体モデルを正確に記述し，3.でこのモデルの知見と対応させて，「考慮すべきこと」の提案を具体的に書くことがポイントとなる。なお，本解答例は山本・原（2006）を大いに引用して書いた。

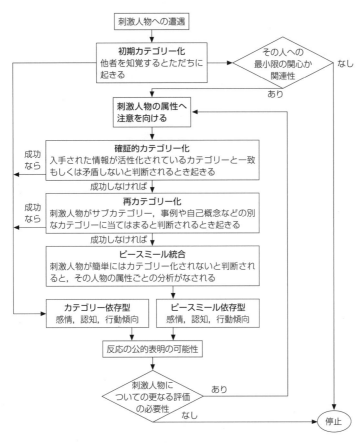

図4-2　FiskeとNeubergの印象形成の連続体モデル（山本・原，2006，p.46）

文　献

山本眞理子・原奈津子　2006　他者を知る―対人認知の心理学　サイエンス社

(5) 基本的帰属のエラー

頻出度：★★★　　難易度：★★☆

解答例

1．人の行動の原因帰属は，内的帰属と外的帰属に分けられる。前者は，行動の原因をその人の性格や能力，態度など内的要因に帰属することであり，後者は，その人が置かれた状況や他者からの影響など外的要因に帰属することである。基本的な帰属のエラーとは，このような帰属の場面で，外的要因を軽視し過度に内的帰属を行う傾向を指す。特に，行動が外的な力によって強制されたものであることが明らかであっても，その人の内的な属性に帰属されてしまうことも知られている。

第1章　態度・説得　択一問題　記述問題
第2章　集団過程・集合現象　択一問題　記述問題
第3章　自己過程・集団と自己　択一問題　記述問題
第4章　社会的認知　択一問題　記述問題
第5章　社会的影響　択一問題　記述問題
第6章　組織・リーダーシップ　択一問題　記述問題
第7章　攻撃・援助　択一問題　記述問題
第8章　対人魅力・対人行動　択一問題　記述問題
第9章　犯罪・非行　択一問題　記述問題

2. 基本的帰属のエラーが生じる理由は様々に検討されているが，それらのうち二つを取り上げる。

　第一に，このような帰属の場面では，状況などの外的要因が見えにくいことである。たとえば，書店で中学生が本を一冊万引きしたことが発覚した場合，人は即座に「問題がある子供（だから万引きをした）」と思う。つまり，その場で知覚されるのは，「本を盗む」姿だけである。実際には，クラスメートに強要されたとか，さまざまな外的要因が関わっている可能性もあるが，その場の人には見えない。このように，知覚されにくい要因は無視されやすく，知覚されやすい行動と行為者からその原因が推測されやすくなる。

　第二に，一般に他者の内的な特性を知ることが，対人認知における一つの暗黙的な目標になっているとも考えられる。他者の性格や能力，態度等を知ることができれば，再び同様な状況に置かれた場合，その他者の行動をある程度予測できる。先の例でいえば，書店員の側にとっては，店を訪れる客の特性を知ることで，不要な被害を避け，より望ましい店づくりが可能となる。書店に限らず，学校や職場や地域などで，特定ないし不特定の他者とともに活動する社会的場面では，他者の行動を予測できることは，さまざまな面でものごとを対処しやすくする。ゆえに基本的な帰属のエラーが生じると考えられる。

3. 基本的な帰属のエラーが問題になる状況の典型的な一例は，子供が非行や反社会的な行動を起こしたときである。2. で述べたように，中学生が書店で本を万引きしたとする。万引きは窃盗という犯罪であり，子供の問題行動の中でも重視される行動の一つである。このようなとき，周囲の他者，特に大人や教師は，中学生が万引きをした原因を，本人の性格や心の問題などに求め，カウンセラーや児童相談所に相談をもちかけるということが起こりうる。

　しかし，万引きには，本人の内的要因が原因ではなく，クラスメートに強要された，友人グループの同調圧力の影響があった，といった外的要因が関わっている可能性もある。本人は望んでいないのにいじめグループに命令されたり，グループから疎外されることを恐れて行為に及ぶということは，子供の社会では珍しいことではない。

　このような場面で基本的な帰属のエラーが働いてしまうのは，万引きという行動が目立つのに対し，状況要因である子供の人間関係や万引きに至る経緯は，周囲の大人には気づかれにくいためである。同時に，教育現場では児童生徒の特性や性格を把握して指導に役立てる，問題の再発を防ぐことを好んで行う傾向がある。ゆえに何か問題行動が起こると子どもの特性と結びつけることになりやすい。

　ここで，基本的な帰属のエラーが問題となる点を二つ指摘する。一つは，その問題の本質的な原因が見過ごされることである。学校にいじめがあって起こった万引きであれば，学校側はその状況を素早く把握し，対処していかねばならないし，友人関係の同調圧力が原因であれば，生徒指導による対応の必要がある。状

況要因が見過ごされれば，同様の問題が再び起こりうる。二つ目は，万引きの当事者である中学生への対応が不当に的外れなものになってしまう可能性である。不本意な万引きで補導された上に周囲から叱られ，非行傾向ありとしてカウンセラーや児童相談所へ通うよう指導されたりすれば，その子は大人や周囲の人間に対する信頼を失くしてしまうであろう。

　こうした問題を避けるためには，教育現場等で子供の問題行動が起こった場合，その原因については，人間関係を含む状況要因も考慮し十分に検討することである。犯人をつきとめて，その個人を罰し，指導するだけでは不十分であり，場合によってはかえって問題をこじらせてしまうことにつながる。一般に人は原因を過度に内的に帰属させる傾向があるということを，教育関係者や保護者が強く認識するとともに，当事者からもよく言い分を聞くという配慮が大事である。そうすれば，同様の問題の再発を防ぐことにつながるであろう。

(1863字)

 記述のポイント

　本書では，「基本的帰属のエラー」と表記しているが，本問の解答では問題文に合わせ「基本的な帰属のエラー」とした。

　基本的帰属のエラーは基本的な重要概念であるため，大多数の人にとっては解きやすい問題であると思われる。「基本的帰属のエラーが問題になりうる現実の状況」について，良い具体例を出して論じることがポイントになる。なお，本問では具体例を挙げることが求められるのは小問3．のみであるが，解答例ではあえて，小問2．で例を出し，小問3．で同じ例を展開させる形にすることで，論述全体の一貫性を出している。

文　献

外山みどり　2001　基本的な帰属のエラー　山本眞理子・外山みどり・池上知子・遠藤由美・北村英哉・宮本聡介（編）　社会的認知ハンドブック　北大路書房　pp.196-197.

(6) 原因帰属のバイアス

頻出度：★★★　　難易度：★★☆

解答例

1. 基本的な帰属のエラーとは，行動の原因を，社会的・物理的状況などの外的要因よりも，その人の態度，性格，能力などの内的要因に過度に帰属する傾向のことである。ある人が仕事でミスをすると，状況を考慮せずに，その人の能力が低いからだと推測するなどである。

　行為者−観察者バイアスとは，行為者は自分の行為の原因を外的要因に帰属し，

観察者は行為者の内的要因に帰属する傾向のことである。自分が仕事でミスをすると，自分の苦手な仕事だった，パソコンの具合が悪かったといった状況に帰属するが，他人は「能力が低いから失敗した」と行為者の能力に帰属するなどである。

　自己奉仕バイアスとは，課題遂行などの結果を自分にとって都合良く解釈するバイアスであり，特に，成功は自分の内的要因，失敗は外的要因に帰属する傾向である。二人のチームで仕事をしたとき，成功すれば自分の活躍のおかげと思い，失敗すればパートナーの落ち度のせいと思うなどである。

2. 1. で述べたいずれのエラーやバイアスにおいても，それが生じる原因として①認知的な要因，②動機的な要因による説明がなされている。以下，それぞれについて述べる。

＜基本的帰属のエラー＞

　①認知的要因：人は一般に目立つ対象に原因を帰属する傾向がある。ある人の行動を見聞きした場合，行動や行為者は注目されやすいが，そのときの状況は注目されにくいため，状況は原因として軽視されやすい。②動機的要因：人は他者の能力などの内面的な情報を得ようとする傾向がある。他者の内面的な情報が得られることは，その人の将来の行動を予測することにつながるため，頻繁に接する可能性のある他者について，その内面的情報を得ることが有用である。

＜行為者－観察者バイアス＞

　①認知的要因：行為者と観察者の間で認知や情報処理の違いがある。行為者には，自分よりも周囲の状況が目立って見え，観察者には状況よりも行為者が目立って見える。人は一般に目立つものに原因を帰属する傾向があるため，判断にずれが生じる。②動機的要因：判断の背景にある動機に違いがある。行為者は，自己を防衛し，自己の自尊感情を維持しようとする動機がはたらくため，成功は内的に，失敗は外的に帰属させようとする。

＜自己奉仕バイアス＞

　①認知的要因：人は失敗よりも成功を期待しやすく，その期待に即して結果を解釈しやすい。②動機的要因：人は自尊感情を維持・高揚するように動機づけられている。

　なお，自己奉仕バイアスでは，認知的要因よりも動機的要因による説明がより妥当であるとみなされている。

3. 二人の関係の悪化には，事業失敗の原因をめぐる認識の食い違いがかかわっている。行為者－観察者バイアスに当てはめれば，Ｂが行為者でＡが観察者にあたる。Ｂは事業失敗の原因を自分のミスではなく外的な要因に帰属しようとし，ＡはＢのミスに帰属しようとする。このために関係が悪化したと考えられる。

　このような認識のずれの背景にはたらく原因帰属の問題についてＡ，Ｂそれぞれの立場から，次のような説明が可能である。

Ａの原因帰属には，基本的帰属のエラーがかかわる。人は一般に目立つ事象に原因を帰属させやすい。事業の失敗において，Ｂのミスは目立つ要因である。Ａからみれば，事業の失敗における状況的な要因には目が向きにくく，Ｂのミスばかりが注目されやすくなる。したがって，Ａは，事業失敗の原因は明らかにＢのミスにあると判断したと考えられる。

　これに対してＢの原因帰属には，自己奉仕バイアスがかかわる。つまり，自分のミスのせいで事業が失敗したと認めることはＢの自尊感情を下げることになる。これを避けたいがために，自分のミスのせいではなく，別の外的要因に帰属させようとしたと考えられる。また行為者－観察者バイアスからみれば，事業が失敗した状況を詳しく知るのは行為者のＢであるため，自分のミスではなく，状況に原因があると判断したと考えられる。

　このような原因帰属の齟齬から悪化した２人の関係を改善するために必要なことは，「Ｂのミスで事業が失敗した」という事実について，Ａ，Ｂ両者で認識のすり合わせをすることである。つまり，生じたミスに関して両者が持つ情報，特にＢ側の状況要因を共有し，情報のずれをなくしていけばよい。

　具体的なアドバイスとして，①Ｂはミスをした状況と，その後どのように事業の失敗という結果になったかを，事実を細かに挙げてＡに説明する。②Ａは自分の認識とのずれをＢに伝え，互いに同じ情報を共有し認識を改める。③事業失敗について，再度，Ｂのミスだけが原因だったのかについて，状況要因と併せて両者でともに検討する，ということが提案できる。

(1910字)

💡 記述のポイント

　本問の３つのエラーやバイアスが，小問3.においてＡとＢにどのように関わるかを的確に捉えることが肝要である。行為者－観察者バイアスにおいては，行為者がＢで観察者がＡにあたる。基本的帰属のエラーはＡ，自己奉仕バイアスはＢに相当する。

文　献

山本眞理子・外山みどり・池上知子・遠藤由美・北村英哉・宮本聡介（編）　2001　社会的認知ハンドブック　北大路書房

第5章
社会的影響

【択一問題】

(1) 社会的勢力

正答： 1

頻出度：★★☆　　難易度：★☆☆

◆解　説：　英語文ではあるが，内容は社会的勢力を答えるというだけの基本的問題。French, J. R. P. と Raven, B. H. の5つの勢力（報酬勢力，強制（罰）勢力，正当勢力，専門勢力，参照勢力）と，のちに Raven が追加した情報勢力の全部で6つを必ず押さえておくこと。本問ではそれらのうち4つが出題されている。以下，各選択肢のポイントを訳しつつ解説する。

A. 専門勢力：その人の持つ優れた知識や能力に由来する勢力であること。外科医にはわれわれの生活を劇的に変化させるアドバイスをする力があるという例などから，これは専門勢力である。

B. 正当勢力：例として子供にとっての親のことが挙げられているが，うっかり報酬勢力と間違えないように。その人の形式的な地位や役割によって生じる勢力とあるので，正当勢力である。

C. 情報勢力：その人の持つ特定の知識内容に関連する勢力であり，その人が持つ価値ある情報が伝わってしまえば勢力もなくなる，とあるので情報勢力である。

D. 参照勢力：その人に対する尊敬，その人の魅力，その人のようになりたいと願う，などによって保たれる勢力とあるので，参照（関係，準拠）勢力である。

(2) 同調

正答： 3

頻出度：★★★　　難易度：★☆☆

◆解　説：　社会的影響に関する基本事項である。易しい問題。

1. ×　1文目は妥当。2文目の後半が妥当でない。ここは正しくは，「時間が経過して個別に再度判断を求められると，集団でセッションを行ったときに収斂した値が保たれた」である。つまり，自動運動でどのくらい光点が動いたかについて，最初の個人条件では，参加者各自が個人規範で推定値を報告したが，次の集団条件では，他の参加者と一緒に報告するうちに，推定値についての集団規範が成立する。再び個人条件に戻ったとしても，個人規範には戻らず，集団規範が内面化し，維持されるということである。

2. ×　3文目，「サクラの人数が…増えるにつれて同調率が上昇し続けた」のではなく，実際には，同調率は3～4人で最大になり，後は横ばいとなる。同調率が急激に下がるのは，サクラのうちの1人が正しい答えを報告する場合である。

3. ○　なお Sherif の自動運動の実験は情報的影響を，Asch の同調実験は規範的影響に相当する。

4. ×　少数者への同調が生じるには，少数者の「行動の一貫性」が重要な一要因である。

5. ×　社会的規範における記述的規範と命令的規範が逆。記述的規範とは多数者がどのように行動しているかであり，命令的規範とは多数者が何を支持しているかを意味する。

(3) 社会的影響①

正答： 5

頻出度：★★☆　　難易度：★☆☆

◆解　説：　読者もお気づきのように，本問は直前の問題（2）とよく似ている。優れた過去問を土台に作問することは，おそらく公務員試験にはよくあることなのであろう。過去問は解くべきである。

1. ×　Sherif の自動運動を用いた集団規範形成の実験である。最初の個人別の判断

ではそれぞれ独自の推定値であったが，集団で判断するようになると，徐々に集団としての推定値が決まってくる。これをSherifは集団規範の成立とした。この推定値の収斂は，Sherifの実験結果に示されるように，より極端な値になるものではなく，集団極性化とは別のものである。

2. × Mayoらのホーソン実験は，労働者の生産性や能率は，労働者個人の態度や感情といった人間的・社会的要素が大きく関わること，会社内の公式集団より，従業員同士の非公式集団（インフォーマルグループ）の影響が大きいことなどを明らかにした。ホーソン実験は，それまでの組織を機械のイメージで捉えるテイラーの科学的管理法に反する結果となり，組織観の大きな転換を導いた。

3. × 規範的影響と情報的影響が反対である。

4. × 2文目，権威主義的パーソナリティ特性をはじめ，ある特定のパーソナリティ傾向と服従しやすさとは関係がない（Milgram, 1974／山形（訳），2008）。

5. ○ 少数者が，確信に満ちて一貫して態度を変えないでいることが，周囲の多数派の態度を変容させる条件となることが明らかにされた。

(4) 社会的影響②

正答： 4

頻出度：★☆☆　難易度：★★☆

◆解　説：　社会的影響に関する英文である。社会的促進と社会的抑制の説明にあたるものを選ぶことが求められている。英語自体は難しくはない。社会的促進・抑制を説明する理論として，動因理論があることを想起できれば，迷わず4を選べるだろう。問題文と各選択肢の全訳と解説は以下のとおり。ちなみに，訳の1段落目は社会的促進・社会的抑制の説明である。

<訳>
多くの研究が，遂行成績は単独で作業をするときに比べて他者の存在がある方が促進されることを示してきた。しかしながら，多くのケースが示すように，結果は常にそうなるわけではない。他者の存在が遂行成績に逆の効果を示すことも明らかにされた。すなわち，他者の存在が時には，単独で作業するときよりも悪い成績を示すのである。

1. × リスキーシフトの説明である。人名はStoner, J. A. F. が入る。
<訳>
　　　　　は，人々は討議前よりもある状況での集団討議に参加した後でよりリスキーな行動を主張しやすくなることを見出した。

2. × 傍観者効果の説明。人名はLatané, B. が入る。
<訳>
　　　　　は，たとえある人がその状況が緊急事態で，誰かがとにかく助けを必要としていると判断しても，他者の存在によって責任の分散が生じ，（援助）行動を思いとどまらせることになりうることを見出した。もしそこにいる他の人々が援助可能であれば，各個人が援助の個人的な義務をあまり感じなくなる。

3. × 人名は集団生産性の低下の研究のSteiner, I. D. が入る。「協調の問題」とは他の実験参加者とタイミングを合わせるなどの相互調整の失敗のことで，協応ロス（またはプロセス・ロス）ともいう。なお，「分離して試みた研究者」はLatané, B. であろう。
<訳>
　　　　　の分析では，協調の問題と動機づけのロスが原因であると示唆された。これらの要因を実験的に分離して試みた研究者もいたが，どちらの要因も集団の生産性のロスに貢献していた。

4. ○ 社会的促進と抑制を説明するZajonc, R. B. の動因理論である。これが正答である。
<訳>
　　動因水準が薬物により操作された　　　　　の動物研究の分析に基づけば，優勢な反応は単純な課題ないししなじみのある課題での遂行成績を改善したが，複雑ないし新規の課題では成績を悪化させた。

第1章
態度・説得
　択一問題
　記述問題

第2章
集団過程・集合現象
　択一問題
　記述問題

第3章
自己過程・集団と自己
　択一問題
　記述問題

第4章
社会的認知
　択一問題
　記述問題

第5章
社会的影響
　択一問題
　記述問題

第6章
組織・リーダーシップ
　択一問題
　記述問題

第7章
攻撃・援助
　択一問題
　記述問題

第8章
対人魅力・対人行動
　択一問題
　記述問題

第9章
犯罪・非行
　択一問題
　記述問題

5. × 人名はDeutsch, M.とGerard, H. B.が入る。規範的影響と情報的影響の説明である。

<訳>

　社会的影響に対する2つの動機づけのアプローチを土台として，□□□□は，規範的な社会的影響は他者や他のグループや自身への肯定的な期待に同調することを含んでおり，それに対して，情報的な社会的影響は，他者が提供する現実のエビデンスとしての情報を受け入れることを含んでいると理論化した。

(5) 社会的影響③

正答：　4

頻出度：★★★　　難易度：★☆☆

◆解　説：　社会的影響に関する様々な理論や研究に関する問題。過去問をベースにした類題であるため，過去問を丁寧に学習していれば難なく正答が出せる。

1. ×　1文目は妥当。2文目，記述的規範ではなく，命令的規範とすれば妥当な記述になる。Cialdini, R. B.は，社会的規範の焦点理論において社会的規範を記述的規範と命令的規範に分けた。記述的規範とは，「多くの人が何を行っているか」に関する規範であり，命令的規範とは，「人々が何に賛成または反対しているか」に関する規範である。社会的規範の焦点理論では，焦点化された規範に人々の行動が方向づけられるとする。したがって，「ごみのポイ捨て」を是認する記述的規範がある状況では，これを是認しない命令的規範への焦点化が奨励されることになる。

2. ×　1文目は妥当。2文目，同調を規定する要因の1つに挙げられるのは，人数の多さではなく，集団内の意見の一致度の方である。Asch, S. E.の同調実験などを確認しておくこと。

3. ×　1文目は妥当。2文目，多数派への同調の影響と少数派への同調の影響の記述が反対である。少数派の影響に関しては，Moscovici, S.らの「ブルー・グリーン・パラダイム」を用いた実験が択一問題でこれまでも何度か出題されている。

4. ○　Diener, E. (1976) の没個性化の実験である。この実験では，選択肢に挙げた結果のほか，住所や名前を聞かれなかった子供は，住所や名前を聞かれた子供に比べてやはり2倍以上のキャンディを持っていくという結果も見られた。

5. ×　1文目，2文目は妥当。3文目，状況が曖昧な場合や他者との類似性が高い場合に，社会的証明の原理の影響力が強まる。なお，藤島 (2009) によれば，社会的証明の原理において，他者は多数派としての情報的影響を行使する存在である。また，「当店売り上げNo.1」のように明示的でなくとも，記述的規範が活性化すれば，人はその規範が示す行動を取りやすくなるという。

(6) 服従実験①

正答：　3

頻出度：★★★　　難易度：★★☆

◆解　説：　実験の細かいデータを知らなくとも，Milgramの服従実験の趣旨が理解できていれば容易である。なお，以下の解説は，Milgram (1974／山形 (訳), 2008) に基づく。

　<実験A>は，生徒役（サクラ）と教師役（参加者）の近接性を統制している。条件アが「遠隔条件」，条件イが「音声条件」，条件ウが「近接条件」，条件エ「接触近接条件」である。

　<実験B>は，実験者（権威）と教師役（参加者）の距離を統制している。条件オは「実験者近接条件」，条件カは「実験者不在条件」である。

　<実験C>は，集団の効果をみる実験条件である。

　<実験D>は，参加者が傍観者となる実験条件である。より正確には，命令を下すのは権威者ではなく一般人である。参加者が命令を拒否すると，もう1人の教師役（サクラ）が「あんたがやらないなら自分が代わりに電撃を与える」と提案し，参加者に電撃期間を記録するように頼むという条件である。

1. ×　条件アは，いわゆる「遠隔条件」で

あり，この条件で，40人中26人（約65％）が最強の450ボルトまで電撃を与えた。なお，代理状態（agentic state）とは，Milgramによれば，参加者が，電気ショックを与えることに葛藤を生じた挙句，「自分は実験を代行しているにすぎない」と思い込む状態のこと。

2. ×　450ボルトまで実験を続けた参加者の割合は，条件ウが条件エより高かった。Milgramによれば，生徒役と教師役（参加者）の近接性が高くなるほど，実験者の命令に服従する割合は減る。

3. ○　ただし，Milgramによれば，「実験者不在条件」でも，しばらくして実験者が部屋に戻ってくると，再び強い服従を引き出すことができた。

4. ×　協同で役割を遂行していたサクラ③が辞めた後，電気ショックを与えるのを拒む参加者は増えた。Milgramによれば，この条件の実験では，40人中36人が途中で全員脱落し，450ボルトまで与えた参加者は4名，与えた電撃の最頻値は210ボルトであった。また，Milgramによれば，「同僚たちの反抗の影響は，実験者の権威を損なうにあたってかなりの効果を発揮した」。

5. ×　Milgramによれば，参加者16人中ほぼ全員がサクラ④の行動に抗議し，うち5人は実際に電撃を止めさせようとするなど，生徒役を守ろうとした。相手が権威者でなく一般人であるため，抵抗なく抗議できたと考えられる。

（7）服従実験②

正答：　4

頻出度：★★★　　難易度：★★★

◆解　説：　Milgramの服従実験についての知識と選択肢の英文が理解できる程度の英語力が必要な問題。★2つとしたいが，英語という点で★3つとする。本文と選択肢をざっと全訳しておく。

＜訳＞

記憶と学習に関する研究に参加するために，2人が心理学研究室を訪れた。1人は「教師」，もう1人は「生徒」として計画されていた。実験者は，この研究が学習に対する罰の効果に関連するものであると説明した。生徒役は部屋に案内され，椅子に座り，腕は過度に動かないように固定され，手首に電極が付けられた。生徒役は単語のペアのリストを学ぶことになること，ただし1間間違えるたびに，強度が徐々に強くなる電撃を受けることになると説明された。

　この実験の実際の目的は教師役の方である。生徒役が固定されるのを見た後，教師役は中心となる実験室に連れてこられ，強い印象を与える電撃発生器の前に座った。その主たる特徴は一列に並んだ30のスイッチで，15ボルトから450ボルトまで，15ボルト刻みになっていた。そこには「弱い電撃」から「危険－耐え難い電撃」までの言葉の説明もついていた。教師役は別の部屋にいる生徒役への学習テストを行うよう言われた。学習者が正しく答えたら，教師役は次の項目に進む。もし生徒役が答えを間違えたら，教師役は電撃を与える。教師役は最も低いレベルの電撃（15ボルト）から開始し，生徒役が間違えるたびに，30ボルト，45ボルトと電撃のレベルを上げる。

A. ×
＜訳＞
　普通の人々は単に命令されたからといって，抵抗する個人に対して痛みを与えることをしない。他者を傷つけるか権威に従うかの選択に直面した際は，権威を拒絶する。

B. ○
＜訳＞
　多くの実験参加者は，電撃を受けている人がどれほど激しく嘆願しようと，電撃がどれほど痛そうに見えようと，そして犠牲者がどれほど出してくれと頼んでも，実験者に服従しようとする。

C. ×
＜訳＞
　実験室の中で観察されたのは攻撃性，すなわち破壊傾向であり，それは状況がその表出を許したために出てきた。実験では，他者を傷つけることを社会的に容認できるようになる状況が作り出されている。

D. ○
＜訳＞
　個人の道徳観によって行使される力は，人々が信じてきた社会的な神話ほどの効果もない。心理学実験の中で力を奮い起こしたとしても，

個人は容易に道徳による統制から引きはがされてしまう。

簡単に各選択肢の正誤について簡単に解説を加えておく。

選択肢 A が誤りであることは，実験の趣旨からみても自明であろう。

選択肢 B は妥当である。Milgram によれば，選択肢 B に記述されたような現象が，「われわれの研究で幾度となく見られたし，この実験を再現したいくつかの大学でも観察された」（Milgram, 1974 ／山形（訳）2008, p. 20）という。

選択肢 C は誤り。Milgram は実験室で確認されたことは攻撃性や破壊傾向ではないとし，状況が許したために攻撃性が出てきたという解釈を否定している（同書，p. 245 - 248）。

選択肢 D は妥当である。「個人の道徳観の力は，社会的な神話で思われているほど強いものではない」（同書，p. 22），「心理学の実験で動員できる程度の力でさえ，かなりのところまで個人の道徳的抑制を取り除いてしまう」（同書，p. 23）とある。

(8) 非人間化

正答：　1

頻出度：★☆☆　　難易度：★★☆

◆解　説：　問題文は Zimbardo, P. の，いわゆる「模擬監獄実験」に関する内容である。Milgram の服従実験は頻出であるのに対し，この「模擬監獄実験」はこれまでほとんど出題されてこなかった。そういう意味では珍しい問題である。伏せられた ▆▆▆▆ に入るのは，dehumanized（非人間化）（Zimbardo, 1972, p.4）である。ざっと訳すと以下のとおり。

＜訳＞

どこで現実が終わり，彼らの役割が始まったのか，もはやほとんどの参加者（あるいはわれわれ）にも明らかではなかった。大多数が実際

に囚人ないし看守となり，もはや役割演技なのかその人自身なのか明確に区別できなかった。彼らの行動，思考，感情のあらゆる側面において劇的な変化がみられた。1 週間も経たないうちに投獄という経験が，生涯の学習を（一時的に）打ち消してしまった。つまり，人間の諸価値が一時停止され，自己概念がおかしくなり，そして最も醜く，最も根源的な人間性の病理的側面が浮かび上がった。われわれがぞっとしたのは，他者をあたかも卑劣な動物であるかのように扱い，残酷さに喜びを見出す少年たち（看守）もいたことである。その一方で，他の少年たち（囚人）は従順になり，ただ逃亡，自分が生き残ること，看守に対する憎悪のことを考える 非人間化 したロボットのようであった。

A：非人間化 が起こるのは，ある人間が他の人間を，人間であるという道徳的秩序から除外されると考えるときである。A：非人間化 は，偏見，レイシズム，差別の中心的プロセスである。A：非人間化 は，他者に汚名を着せ，彼らを「スポイルされたアイデンティティ」として帰属する。

以上より，答えは「Dehumanization」以外にない。

(9) 没個性化実験

正答：　5

頻出度：★★☆　　難易度：★★☆

◆解　説：　万が一，没個性化の実験を知らなくとも，テスト・リテラシーで正答が出せる問題。

実験結果のグラフを選ばせる問題の場合，1 つだけ明らかに傾向が違うグラフがあれば，それが正答であることがこれまでの試験でも何度かあった。本問もその典型である。つまり，選択肢 5 のグラフだけ，学習者の好ましさに関係なく「匿名条件（＝没個性化）」の参加者は，「識別可能条件の参加者」よりも約 2 倍もの強い電気ショックを与えている。そういう手がかりを見つけて問題を解くのも 1 つのテクニックである。

文　献

Diener, E.　1976　Effects of prior destructive behavior, anonymity, and group presence on deindividuation and agression. *Journal of Personality and Social Psychology*, **33**, 497-507.

藤島喜嗣　2009　社会的証明の原理　日本社会心理学会（編）　社会心理学事典　丸善　pp.236-237.

神　信人　2009　相互依存性　日本社会心理学会編　社会心理学事典　丸善　pp.244-245.

Milgram, S.　1974　*Obedience to authority: An experimental view.* Harper & Row　山形浩生（訳）　2008　服従の心理　河出書房新社

遠矢幸子　2009　集団の構造　日本社会心理学会編　社会心理学事典　丸善　pp.332-333.

Zimbardo, P. G.　1970　The human choice: Individuation, reason and order versus deindividuation, impulse and chaos. In W. J. Arnold & D. Levine（Eds.）, Nebraska Symposium on Motivation. University of Nebraska Press. pp.237-307.

Zimbardo, P. G.　1972　Pathology of imprisonment. *Society*, **9**, 4-8.

【記述問題】

(1) 社会的促進

頻出度：★★★　　難易度：★☆☆

解答例

　　他者の単なる存在が，課題の遂行を促進することを社会的促進という。Triplett によって報告され，その後 Allport が社会的促進と名づけた。後の研究で，同じ条件でも遂行が阻害される現象が生じることが指摘され，それは社会的抑制と呼ばれた。

　　他者の存在が，ある場合は社会的促進となり，ある場合は社会的抑制となる理由について，統一的に説明したのは Zajonc の動因理論であった。他者の単なる存在が，遂行者の動因水準を上昇させ，それがその課題遂行において優勢な反応を生起させると考えた。つまり，課題が単純ないし習熟したものであれば遂行は促進され，課題が複雑ないし未習熟であれば遂行は抑制される。動因理論では，他者の存在がなぜ動因水準を高めるかについての説明がなかったが，その後，評価懸念や注意の分散，あるいは自己呈示などを通じて動因水準が高まると説明されている。

(367 字)

 記述のポイント

　　過去（平成 10 ～ 20 年）に，家裁で最低 2 回は出題された頻出問題の筆頭である。社会的促進については問題編「覚えておきたい基礎知識」p.93 を参照のこと。この用語を名づけた Allport は Allport, F. H. である。パーソナリティ研究の Allport, G. W. と混同しないこと。

　　本問は「社会的促進について」であるが，「社会的抑制」についても触れるべきである。それぞれの説明をしてから，Zajonc の動因理論で説明をするとちょうど 400 字で収まる。

(2) Zimbardo の没個性化実験

頻出度：－－－　　難易度：★★☆

解答例

　　匿名状態や高い集団凝集性下において，集団内の個人に，自覚状態や私的自己意識の低下が生じ，罪や恥の意識が薄れ，抑制が解かれて反規範的行動に至る過程を没個性化という。もとは Le Bon の群衆理論に基づくものであり，今日までさまざまな理論展開がみられる。

　　Zimbardo の実験では，マジックミラーで隔たれた別室にいる人に対して，実験参加者が課題への評価と称して電気ショックを与えた。このとき，実験参加者

は，名札をつけ，互いを見知っている個性強調条件と，フードとローブをかぶり名札はなく，互いがわからない匿名条件に分けられた。この結果，匿名条件の方が強い電気ショックを与えた。これらいくつかの実験から，Zimbardo は，没個性化は①匿名性が保証されている，②責任が分散されている，③覚醒状態にある，④感覚刺激が過多であるといった状況で引き起こされるとした。

(364 字)

 ## 記述のポイント

没個性化は，もとは Le Bon の群衆理論において示されたもので，のちに Festinger が社会心理学に導入した（吉澤，2009）。没個性化の実証に先鞭をつけた Zimbardo の一連の研究はよく知られるが，Zimbardo 以後，自己注意理論や社会的アイデンティティ理論の観点から，没個性化の研究は様々に展開された。今日では，没個性化をどのような過程として捉えるか，反規範的行動の説明において何が主たる要因となるか等について，新たな視点も提出されている。押見（1992），吉澤（2009）等で概要を確認しておくこと。

以上のような経緯により，語句説明で出題されるとすれば，おそらく本問のように，「Zimbardoの没個性化」などと記述しやすいように限定的な形になると思われる。

文　献
押見輝男　1992　自分を見つめる自分　サイエンス社
吉澤寛之　2009　没個性化　日本社会心理学会（編）　社会心理学事典　丸善　pp.238-239.
Zimbardo, P. G.　1970　The human choice: Individuation, reason and order versus deindividuation, impulse and chaos. In W. J. Arnold & D. Levine（Eds.）, Nebraska Symposium on Motivation.　University of Nebraska Press.　pp.237-307.

(3) 同調

頻出度：★★☆　　難易度：★☆☆

解答例

1. 集団内の期待や基準に合わせるように意見や行動を変えることを同調という。Asch の実験では，誤った反応をする多数派への同調が検討された。課題は，標準刺激と同じ長さの線分を，三つの比較刺激から選択することであった。実験参加者は八名，うち真の参加者は一名，残りはすべて実験者側の協力者（サクラ）であった。真の参加者は，協力者が全員同じ誤答をした全試行の三分の一で，協力者に同調して誤答した。誤りであることが明らかな，単純な課題であっても，多数派の一致した反応に対して同調が起こることが示された。
2. 同調を引き起こす原因として，多数派の斉一性が挙げられる。つまり，全員が一致して同じ行動を取る場合である。Asch の実験でも，協力者の中に，たった一人，正しい回答をする者がいれば，それが実験への途中参加者であっても，

第1章
態度・説得
択一問題
記述問題

第2章
集団過程・集合現象
択一問題
記述問題

第3章
自己過程・集団と自己
択一問題
記述問題

第4章
社会的認知
択一問題
記述問題

第5章
社会的影響
択一問題
記述問題

第6章
組織・リーダーシップ
択一問題
記述問題

第7章
攻撃・援助
択一問題
記述問題

第8章
対人魅力・対人行動
択一問題
記述問題

第9章
犯罪・非行
択一問題
記述問題

真の参加者の同調率が大きく下がることが示された。

　同調を起こりやすくする要因として，①人数，②集団の凝集性，③題材が挙げられる。まず①に関しては，多数派の同調圧力の大きさに，人数の多さはあまり関係がない。Asch の実験において，最も同調率が高まったのは，誤答をする協力者が三人から四人の条件であった。三，四人の多数派で，斉一的な反応をすることにより，同調が起こりやすくなる。②については，集団の成員同士が仲がよい，凝集性の高い集団であるほど，同調行動が多く生起する。③については，意見や態度に関する課題を用いると，同調が起こりやすくなることが指摘されている。

3. Moscovici らは，Asch と同様の方法を用いたブルー・グリーン・パラダイムと呼ばれる実験で，少数者が多数者の反応に影響を与えることを実証した。この実験では，六人の集団のうち二人の少数者が，青に見える色を，一貫して緑と答え続けたところ，残りの参加者のおよそ 32% がこれに同調した。こうした少数者への同調が生じる要因として，少数者の一貫した主張，主張内容の論理性，少数者が人種や性別で他の成員と類似していることが挙げられる。なお，少数者への同調は，リスクや葛藤を引き起こすこともあるため，うわべだけではない，真の態度変化が生じやすい。

(891 字)

 記述のポイント

　多数者への同調と少数者への同調について論じる問題。基本知識で十分にまかなえる。本問の場合，多数者への同調は Asch の線分の知覚を用いた実験，少数者の影響に関する研究といえば，Moscovici のブルー・グリーン・パラダイムの実験を挙げて書くのが模範的であろう。

文　献

Asch, S. E. 1952 Effects of group pressure upon the modification and distortion of judgments. In G. E. Swanson, T. M. Newcomb & E. L. Hartley (Eds.), *Readings in Social Psychology* (revised ed.). Henry Holt and Co. pp.2-11.
池上知子・遠藤由美　2008　グラフィック社会心理学第 2 版　サイエンス社
末永俊郎・安藤清志（編）　1998　現代社会心理学　東京大学出版会

第6章
組織・リーダーシップ

【択一問題】

(1) リーダーシップ

正答： 2

頻出度：★★★　　難易度：★★☆

◆解　説：　Leavitt のコミュニケーション・ネットワーク，Stogdill のリーダー特性の研究，Bales の相互作用過程分析など，古典的なものが多く出ているが，正答の選択肢である Lippitt, White のリーダーシップ・スタイルの研究を知っていれば正答が出せる。ただし，この選択肢は少し意地が悪い。受験者のほとんどが，この研究を「Lewin ら」の研究と覚えるからである。実際には Lewin, Lippitt, White の社会的風土（リーダーシップ・スタイル）の研究が先に行われており，それらの実験研究を受けて，Lippitt と White がそれぞれのタイプのリーダーの下での生産性や意欲等を調べる実験を行い，本にまとめた。そのあたりの経緯を知らないと正答の選択に悩むことになる。

1. ×　Stogdill の研究では，リーダーの特性と優れたリーダーシップの間に関係がないことが示された。

2. ○　3つのリーダーシップスタイルとは，民主型，専制（独裁）型，放任型である。

3. ×　Bales の IPA（相互作用過程分析）は，集団内メンバーのコミュニケーションの内容を把握するための分類である。Bales は，リーダーが存在しない集団の問題解決過程において，コミュニケーションの内容が「社会的・情緒的領域」と「課題的領域」に分けられることを見出した。

4. ×　定番の Fiedler の条件即応モデルである。高 LPC リーダーは，課題達成よりも人間関係を重視するタイプである。なお，「随伴性モデル」とは，contingency model の訳であり，「条件即応モデル」と同義である。

5. ×　Leavitt のコミュニケーション・ネットワーク（図 6-5，表 6-1）は，20 世紀半ば，電話など通信機器を用いたコミュニケーションが普及し始めた頃の古典的研究である。2000 年頃まではよく出題されたが，ここ 10 年ほどはまったく見かけなくなった。古い社会心理学のテキストには載っている可能性が高い。

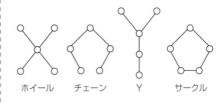

図 6-5　コミュニケーション・ネットワークの例
（岩淵，1997，p.90 を改変）

(2) 条件即応モデル①

正答： 4

頻出度：★★★　　難易度：★★☆

◆解　説：　条件即応モデル（条件即応アプローチ）は Fiedler だけではない。Hersey と Blanchard のライフサイクル理論のほかに，パス-ゴール理論も条件即応モデルの 1 つで

表 6-1　Leavitt のコミュニケーション・ネットワークの特徴比較（岩淵，1997，p.91 を改変）

ネットワークの型	特徴	課題解決の効率	リーダーの出現	メンバー満足度
サークル型	分散型	効率は低い	決まらない	全体が高い
チェーン型	部分集中型	中間的	中間的	中心部は高い，周辺は低い
Y 型	部分集中型	中間的	中間的	中心部は高い，周辺は低い
ホイール（車輪）型	集中型	時間短く，誤り少なく，効率高い	早く決まる	低い 中心部だけ高い

ある。Fiedler の理論は確かに頻出であるが、代表的な理論だけをばらばらに覚えるだけでは足元をすくわれるという教訓的な問題である。

1. ×　三隅の PM 理論の説明である。PM 理論は行動アプローチに含まれる。

2. ×　Stogdill のリーダーシップ特性研究である。特性アプローチである。

3. ×　Lewin や White と Lippitt のリーダーシップ・スタイル研究である。行動アプローチに含まれる。

4. ○　Hersey と Blanchard のライフサイクル理論である。条件即応アプローチに含まれる。

5. ×　Blake と Mouton のマネジリアル・グリッドである。行動アプローチに含まれる。

(3) 条件即応モデル②

正答：　3

頻出度：★★★　　難易度：★☆☆

◆解　説：　Fiedler の条件即応モデルは、ここ 10 年ではリーダーシップ理論の中で最頻出である。本問は最も基本的な知識を問う問題。易しい。高 LPC リーダーが関係志向、低 LPC リーダーが課題志向にあたることが理解できていれば、それに合ったグラフを選ぶだけである。Fiedler のモデルについては問題編「覚えておきたい基礎知識」p.112 参照。

(4) 条件即応モデル③

正答：　2

頻出度：★★★　　難易度：★☆☆

◆解　説：　定番のリーダーシップ理論の知識を問う問題であり、国 I 平成 23 年度、法専平成 29 年度の出題のバリエーションである。易しい。

1. ×　Stogdill, R. M. のリーダーシップ特性に関する研究である。Stogdill は、リーダーシップ特性に関する研究をレビュー

し、リーダーには選択肢 1 にあるような 5 つの優れた資質があるとした。

2. ○　Fiedler のコンティンジェンシーモデル（＝条件即応モデル）である。

3. ×　Hersey と Blanchard のライフサイクル理論である。

4. ×　三隅二不二の PM 理論である。

5. ×　Lewin や White と Lippitt のリーダーシップ・スタイルに関する研究である。

(5) 組織に関する諸理論

正答：　4

頻出度：★☆☆　　難易度：★★☆

◆解　説：　平成 24 年度に試験が新制度になって以降、リーダーシップ以外の産業組織心理学領域からの出題頻度は減った。本問も、タイトルでは「組織の管理や運営」と書いてあるが、ホーソン研究と人事評価のバイアス（ハロー効果、中心化傾向）以外は、いわゆる社会心理学の範囲のトピックで構成されている。標準的な問題。

1. ×　ホーソン研究では、物理的作業条件よりも、従業員の態度や感情などの人間的な要因が作業能率に重要な影響を与えること、またフォーマルグループ（公式集団）よりもインフォーマルグループ（非公式集団）の規範の方が生産能率に与える影響が大きいことが明らかになった。

2. ×　ハロー効果（光背効果・後光効果）とは、他者評価の際、1 つか 2 つ顕著に優れた特徴があると、その人全体を不当に高く評価する傾向のことである。中心化傾向の定義は妥当だが、相対評価よりも絶対評価を行う際に生じやすい。このほか、上司が自分の部下を評価する際に評価が甘くなる傾向である寛大化傾向も覚えておくこと。

3. ×　Milgram の服従実験では、多くの実験参加者が、自らの意志や価値観に反する命令に服従する結果となった。服従実験について詳しくは、問題編第 5 章の「覚えておきたい基礎知識」p.94 を参照のこと。

4. ○ 三隅の PM 理論については問題編「覚えておきたい基礎知識」p.112 参照。

5. × 集団思考は，個人の意思決定よりも質の低い決定がなされる場合を指す。集団思考について詳しくは，問題編第2章の「覚えておきたい基礎知識」p.29 を参照のこと。

(6) 産業・組織心理学

正答： 2

頻出度：★☆☆　難易度：★★☆

◆解　説：　報酬分配や人事評価，安全行動等，ここ10年では珍しい産業組織心理学らしい内容を扱った問題である。選択肢1と4は，それぞれの知識がなくとも基本的な論理力があれば記述が意味的におかしいとわかる。選択肢3と5は心理学を学ぶ受験者が知っているべき知識である。アセスメント・センター・メソッドを知らなくても，このようにして消去法で正答にたどり着ける。国総らしい，よく考えられた問題といえよう。

1. × 「分配的公平」とは，従業員に報酬を分配する際に感じられる結果の公平性である。「手続き的公平」とは，分配の決定手続きに関して感じられる手段の公平性である。また分配の公平原理である「衡平」とは，個人の貢献に応じて報酬を配分するという分配規範である。分配規範には，この衡平原理のほかに，全員に均等に配分する平等分配，必要に応じて配分する必要分配がある。したがって2文目，「同期入社の従業員に同額の報酬が与えられ」るのは平等分配であり，これは「衡平」に基づいた分配ではなく，分配的公平知覚は必ずしも高まらない。

2. ○ アセスメント・センター・メソッドは，もとをたどれば，第二次世界大戦時に独・英・米軍によって，敵国でスパイ活動を行う諜報部員を選抜するために，ありとあらゆる人材評価方法を集積することによって体系化されたものである（髙橋，2007）。

3. × 「ヤーキース＝ドッドソンの法則」（ヤーキーズ・ドットソンの法則）によれば，単純作業は高い覚醒水準，複雑な作業は低い覚醒水準が適している。『特訓式試験にでる心理学　一般心理学編』p.111 にもヤーキーズ・ドットソンの法則を扱った問題があるのでそちらも参照のこと。

4. × 産業現場における「リスクテイキング」とは，リスクを過小に見積もること，リスク効用を高く評価することが原因とされる。

5. × 「心理的財布」を「プロスペクト理論」に置き換えると妥当な記述となる。プロスペクト理論は Tversky, A. と Kahneman, D. が提唱した行動経済学の理論である。『特訓式　試験にでる心理学　一般心理学編』の p.35 〜 38 に行動経済学に関する出題が取り上げられているのでそちらも確認のこと。なお，心理的財布は小嶋外弘が提唱した概念で，「大学の教科書に 3000 円払うのは苦痛だが，趣味のアニメの DVD に 8000 円払うのは痛くない」などをよく表す。つまり，人は心の中であたかも複数の財布を持っているかのように，商品，サービスの種類，状況に応じて異なる価値尺度の財布を使い分けているとする概念である。

(7) 職務動機づけ

正答： 3

頻出度：★★☆　難易度：★★☆

◆解　説：　職務動機づけに関する理論である。標準的な問題。産業組織心理学のテキストには必ず載っている定番の理論ばかりである。地上心理の択一でも出題されることがあるため，確認しておくこと。

1. × 1文目は妥当。Atkinson の達成動機理論では，接近傾向は次の式で表される。

接近傾向＝成功動機×成功の見込み×課題達成の魅力，
ただし，課題達成の魅力＝1−成功の見込み

したがって2文目,「和」ではなく「積」であり, 成功の見込みと課題達成の魅力とがちょうど半々 (0.5) のときに, 最も接近傾向が高くなる。

2. × 1文目, McClelland の達成動機理論では, 仕事への動機づけは次の3つによって構成される。①仕事に取り組むときに, 優れた目標を立てて, それを高い水準で達成しようとする達成動機 (need for achievement), ②職場の仲間たちとの円満で充実した人間関係を求める親和動機 (need for affiliation), ③職場でより上位の職位や指導的な立場に就こうとする支配動機 (need for power：権力動機) である。仕事の成果にこれらのうちどの動機が影響するかは状況によって変化する。2文目, 達成動機の高い人は, 適度に高い課題を好み, 自らの結果のフィードバックを求め, 自ら高い目標を設定する。

3. ○ Herzberg の動機づけ－衛生理論についての記述である。職務への満足に影響をもたらす要因が2種類あることを指摘した。①満足要因 (動機づけ要因) とは, 満足感を高め, 仕事への動機づけを高める要因であり, 仕事そのものや承認, 達成など仕事の内容や結果にかかわるものである。②不満足要因 (衛生要因) とは, 不満を減らすが, 仕事への動機づけには関係のない要因であり, 組織の経営, 給与, 対人関係, 作業条件など, 職場環境や待遇にかかわるものである。

4. × Alderfer の ERG 理論 (図6-6) についての記述である。1文目は妥当, ERG とは, 生存 (Existence), 関係 (Relatedness), 成長 (Growth) の頭文字である。2文目, Alderfer と Maslow の理論の違いは, Maslow が低次の欲求が充足されて初めて高次の欲求が現れるとしたのに対し, Alderfer は, 実証データに基づき, 低次の欲求と高次の欲求は連続しており, 同時に現れることもあるとした点である。

5. × Locke と Latham の目標設定理論についての記述である。1文目は妥当。2文目, Locke らは, 困難で具体的な目標を設定することが動機づけを高めるとした。このときの「困難」な目標は, それが追求する価値のあるものとして人に受け入れられる必要がある。受け入れられれば, 目標達成に向けての努力の量や持続性が増すと想定される。また「具体的」な目標は, 目標を達成するための手段の検討を促す。このことにより, 課題の達成が可能となる。

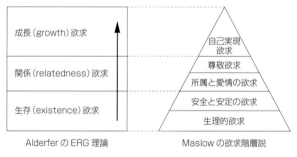

図6-6　Alderfer の ERG 理論と Maslow の欲求階層説 (山口, 2006, p.26)

84

文　献

岩淵千明　1997　集団のコミュニケーション構造　藤原武弘（編）　社会心理学　培風館　pp.83-106.

永野光朗　2007　心理的財布理論　山口裕幸・金井篤子　よくわかる産業組織心理学　ミネルヴァ書房　pp.144-145.

髙橋　潔　1998　企業内公平性の理論的問題　日本労働研究雑誌　p.460
　　https://db.jil.go.jp/db/ronbun/zenbun/F1999030209_ZEN.htm　（2019 年 11 月 14 日閲覧）

髙橋　潔　2007　アセスメント・センター　山口裕幸・金井篤子　よくわかる産業組織心理学　ミネルヴァ書房
　　pp.72-73.

山口裕幸　2006　ワークモチベーション　髙橋　潔・芳賀　繁・竹村和久　産業・組織心理学　有斐閣　p.26.

山口裕幸・金井篤子（編）　2007　よくわかる産業・組織心理学　ミネルヴァ書房

【記述問題】

（1）リーダーシップ

頻出度：★★☆　　難易度：★★☆

解答例

1. 集団とは，相互作用のある二人以上の人々が，共通の目標を持ち，そのメンバー間に地位や役割が生じるような集まりをいう。リーダーシップとは，集団における目標達成および集団維持のためにメンバーに影響力を及ぼす過程のことである。

　リーダーシップ行動に関する研究において明らかにされてきた二つの機能には，目標達成機能と集団維持機能とがある。前者は，集団の目標を達成するためにメンバーの注意を目標に向ける，問題をはっきりさせる，手続きをすすめる，といった行動である。後者は，集団を維持・強化するために，対人関係を快適に保つ，紛争を仲裁する，激励する，などの行動である。

　上記の二つの機能を取り入れたリーダーシップ理論の一つに，三隅のPM理論がある。リーダーシップ行動をP機能（目標達成機能）とM機能（集団維持機能）に分け，各々の強弱を組み合わせたPM，Pm，pM，pmという四つのタイプに分類するものである。PMは目標達成も集団維持にも配慮するリーダー行動，Pmは目標達成に重点を置き集団維持にはあまり配慮しないリーダー行動，pMは集団維持に重点を置き目標達成にはあまり配慮しないリーダー行動，pmはいずれにも消極的なリーダー行動である。上記四つのいずれのリーダーのもとで生産性やメンバーの満足度が高いかについての研究が数多く行われているが，生産性，満足度ともに高いのはPM型のリーダー行動であることが知られている。

2. 変革型リーダーシップとは，メンバーに集団外部に注意を向けさせ，変化の必要性を認識させ，自らリスクテイクをして組織変革へと方向づけていけるリーダーシップを指す。現代のように，グローバル化や情報革新，価値観の多様化など，組織を取り巻く状況が大きく変化する中では，組織の維持・発展のために，必要に応じて外部の状況に合わせて組織のありかたを変革する必要がある。そのような場合に求められるリーダーシップである。

　Bassの理論では，変革型リーダーシップを構成する要素として，①カリスマ性，②モチベーションの鼓舞，③知的刺激，④個別的配慮を挙げた。①カリスマ性とは，そのリーダーが信頼に値し，困難に打ち勝ってビジョンを達成できる存在であるという認識をメンバーが持つこと，②モチベーションの鼓舞とは，メンバーが目標を共有し，目標にコミットするような影響力を発揮すること，③知的刺激とは，リーダーが各メンバーに問題意識を持たせ，創造的に思考できるようにすること，④個別的配慮とは，リーダーが各メンバーを公正に扱い，満足するような配慮をしているとメンバーから認識されること，である。

従来の交流型リーダーシップ理論は，基本的に集団内部に目を向けており，メンバーとの相互作用を通じて，人間関係を維持しながら目標達成を図るものである。社会的，経済的に安定した状況が続く場合はこのようなリーダーシップで成果を上げることができるであろうが，変化の激しい現代社会においてはもはや十全とはいえない。しかしこのことは，現代において変革型リーダーシップのみが重要ということを意味しない。変革型リーダーシップとはそもそも，組織内部の変革を指向するものであるため，場合によってはメンバーに無理を強いたり，メンバーから反発を受けるようなことも起こりうる。ゆえに，変革型リーダーシップが効果を発揮するためには，まずは交流型リーダーシップによって十分に集団内部の凝集性を高めておくことが欠かせない。

　すなわち，変革型リーダーシップは，それまで交流型リーダーシップで効果を挙げていた集団が，集団を取り巻く状況の変化に応じてさらに生き延びていこうとする際に有効なリーダーシップであり，その点に意義があるといえる。

3. 日常的には，交流型リーダーシップに基づいた集団作りを行うことが有効であると考える。グループを形成した初期においては，PM理論でいうところのP機能，M機能双方を発揮することを意識する。すなわちプロジェクト開始以前の諸活動において，目標を明確にし，目標達成のためにメンバーが何をすべきか，役割分担を行う。同時に，各メンバーのパーソナリティや得意不得意を知り，メンバー間の関係を調整し，目標へ向けて協力できる体制作りを目指す。同時に孤立したリーダーにならないよう，自由に意見を出せる雰囲気作りを行う。

　プロジェクトは六か月間という比較的短期で完成させることが目標である。プロジェクト開始時のメンバーとリーダーの関係や状況に合わせてリーダーシップを発揮する必要がある。状況に応じて効果的なリーダーシップは異なるという立場でリーダーシップを考える理論に条件即応モデルがある。ここでは次のような三つの状況を想定して，条件即応モデルに沿って述べる。

　①メンバー間の関係もメンバーとリーダーの関係も良好な場合，②メンバー間やメンバーとリーダーの関係が不調の場合，③メンバー間やメンバーとリーダーの関係が良好な部分と不調な部分が混在している場合，である。

　①と②の状況においては，条件即応モデルでいうところの低LPCリーダー的な行動が有効である。すなわち，目標達成志向である。目標と手段を明確にし，各メンバーに役割を与えるなど，リーダーがイニシアチブを取って進めていく。①と②の中間である③の状況であれば，高LPCリーダー的な行動を取ることが有効である。すなわち，人間関係志向である。プロジェクトの進行はある程度メンバーの自発性に任せ，リーダーとしては進行が滞らないよう，人間関係の調整を重点的に意識しつつ，プロジェクトの完成まで導く。

　そして万が一，プロジェクトを進めている途中で担当部署やその上位組織を取り巻く状況が大きく変化するなどということがあれば，その時点ですぐに変革型

リーダーシップに切り替えることが必要であろう。メンバーの注意を外部の状況に向け，状況が変化したことを理解してもらう。そして今まで通りのやり方ではプロジェクトの円滑な遂行は困難であることを認識させ，プロジェクトの進め方を状況に合わせて変えるよう促していく。このとき，各メンバーのアイディアや意見を尊重することで，メンバーが自ら考え，変革する態度を発揮させることが有効であると考える。

(2546 字)

 記述のポイント

　小問1. と2. が専門知識を踏まえた記述，小問3. が現実的な問題への知識の応用という定番のパタンの問題である。小問3. は，小問2. の変革型リーダーシップ理論と従来の交流型リーダーシップ理論の違いを活かして書くこと。

文　献

Cartwright, D., & Zander, A. 1960 *Group dynamics: Research and theory*（2nd ed.）. Row Peterson　三隅二不二・佐々木薫（訳編）　1970　グループ・ダイナミックスⅡ　誠信書房
山口裕幸・金井篤子（編）　2007　よくわかる産業・組織心理学　ミネルヴァ書房

(2) チーム・エラーの発生と回避

頻出度：★★☆　　難易度：★★★

解答例

1.「①エラーを検出する段階」の失敗にかかわると考えられる現象として，社会的手抜きが挙げられる。社会的手抜きとは，同じ作業を共にするメンバーがいる場合，個々人の作業に対する動機づけが，単独で作業をする時よりも低下する現象である。共に作業するメンバーの数が多いほど低下の度合いも大きくなる。通常チーム・エラーを検出するためには，各メンバーが自分の作業を進めながら常に他のメンバーの作業をチェックする必要がある。このようなときに「誰か他のメンバーがチェックしているから自分はやらなくてもいいか」と，他のメンバーへの注意を緩めてしまうことが社会的手抜きとなる。すべてのメンバーがそのように少しずつ動機づけを低下させてしまえば，メンバーの誰かにミスやエラーがあっても，見過ごされてしまう。
　社会的手抜きが起こる背景には，責任の分散がある。チーム・エラーの検出に際して，他にもメンバーがいることで，個々人の責任感が希薄になり，個々人が最大限の努力を払わなくなるのである。
　「②エラー指摘の段階」の失敗にかかわると考えられるのは，対人葛藤の回避である。チームのメンバーのエラーを指摘することは，その人を傷つけたり，チー

88

ム内の人間関係にわだかまりが生じる可能性がある。これを避けるために，エラーに気づいても意図的に指摘しないようにする。特に，相手が先輩や上司など，目上であったり権威のある人の場合にその傾向が起こると考えられる。

　これは，Thomas, K. W. の葛藤解決方略の類型における「回避 avoidant」に相当する。Thomas は，葛藤解決の方略を，協調性と自己主張の二つの次元の組み合わせから，以下の五つの類型で表した。協働（協調性高・自己主張性高），譲歩（協調性高・自己主張性低），競合（協調性低・自己主張性高），妥協（協調性中・自己主張性中），回避（協調性低・自己主張性低）である。これらのうち回避は，自己主張性が低く，協調性も低い方略である。他のメンバーのミスやエラーに気づき，指摘すべき場面であっても，問題を放置してなかったことにしてしまう。また，先に述べた社会的手抜きもまた，この段階の失敗にかかわっている。つまり，ミスやエラーについて「自分がわざわざ指摘しなくてもいいか」のように，責任感の希薄化と動機づけの低下が生じることで，指摘がなされないまま，問題が先送りになりやすくなる。

　「③エラーの修正の段階」の失敗にかかわると考えられるのは，上記と同じ葛藤解決方略における「競合」あるいは「回避」という行動パターンである。人は自己評価を維持・高揚させたいという動機を持っており，自分の考えや行動は妥当であり正当であると思いたがる傾向がある。チームのメンバーからミスやエラーを指摘されることは，場合によっては自己評価への脅威となるため，それを認め，修正することとの間に葛藤が生じる。

　「競合」とは，自己主張性が強く，協調性が低い方略であり，他者を犠牲にして，自らの利益を確保する，支配的な方略である。つまり，人によっては，特に自分よりも地位が低い部下や専門分野の異なるメンバーに指摘されると，自己評価を低下させたくないために，指摘されても自分が正しいと譲らない，相手に強く圧力をかけて指摘を撤回させるといったことも起こりうる。

　また，「回避」が起こる可能性もある。ミスやエラーを指摘されても，自己評価を低下させたくないために，言われたことを認めて修正するのではなく，言われたまま放置し，問題を先送りするような場合である。

2. チーム・エラーを回避するために，第一に，社会的手抜きが生じないようなしくみ作りについて，第二に，チームにとってより望ましい葛藤解決方略を取るための方策について論じることとする。

　第一に，社会的手抜きについてであるが，この現象は，集団で課題を遂行する際に，各人の遂行量がわからない場合に生じやすい。そこでまず，そのチームの作業の過程でミスやエラーが起こりやすい場面，状況，手続きに関する情報を収集し，リスト化する。そのリストをメンバーで共有し，エラーが起こりやすい全てのポイントで，当事者一人ひとりが必ず声を出して確認しあうことを課す。これにより，エラー検出における社会的手抜きを避けるだけでなく，未然防止にも

第1章
態度・説得
択一問題
記述問題

第2章
集団過程・集合現象
択一問題
記述問題

第3章
自己過程・集団と自己
択一問題
記述問題

第4章
社会的認知
択一問題
記述問題

第5章
社会的影響
択一問題
記述問題

第6章
組織・リーダーシップ
択一問題
記述問題

第7章
攻撃・援助
択一問題
記述問題

第8章
対人魅力・対人行動
択一問題
記述問題

第9章
犯罪・非行
択一問題
記述問題

つながる。さらに毎日終業時のミーティングで，各人の声かけの遂行を確認し，エラーの有無にかかわらずその遂行を評価する。

　第二に，葛藤解決方略については，先のThomasの類型における「協働」が最適な方略である。つまり，互いの主張を満足させるべく，統合的な解決に向かうことである。このための方策としては，まず，「回避」も「競合」も，チームの課題達成には全く望ましくないことをメンバーで共有しあうことである。その上で，エラー指摘の回避に対してはメンバーにアサーション訓練を行う。アサーションは主張性のことであり，他者の立場を尊重するのと同様に自分の立場も大事にし，双方が望む結果を最大限に得られるような言動を意味する。アサーション訓練は主張性を習得するためのソーシャル・スキル訓練の一つである。他方，エラー修正における競合に対しては，まず，エラーを指摘されることは個人の価値の低下とは無関係であることをメンバーで共有する。このことを前提に，エラーの指摘を受け入れ，修正することはチームの評価につながると同時に，その個人の評価にもつながるようにする方策が有効と考えられる。

（2222字）

 記述のポイント

　小問1.で「個人内において生じる現象ではなく，他者とのかかわりにおいて生じる現象」という縛りがあるのが，本問の難易度を挙げている。チーム・ワークに特化した知識がなくとも，通常の心理学の知識を使って解ける問題ではある。とはいうものの，本解答例では，全般的に山口（2008）を引用した。またThomasの葛藤解決方略は稲富（2007）を引用した。

文　献

稲富　健　2007　対人葛藤への対処　山口裕幸・金井篤子　2007　よくわかる産業組織心理学　ミネルヴァ書房　pp.118-119.
山口裕幸　2008　チームワークの心理学　サイエンス社

第7章
攻撃・援助

【択一問題】

（1）攻撃行動

正答： 5

頻出度：★★★　　難易度：★☆☆

◆解　説：　定番の攻撃行動の理論についての出題。頻出の理論ばかりだが，細かい知識を問うている部分もあるので要注意。

1. ×　Lorenz は，「脳の下垂体に攻撃中枢があることを明らかに」はしていない。2文目は妥当。水圧モデルは，攻撃行動が表出されるかどうかは，生体の内的衝動と攻撃反応を引き起こす解発刺激の関係で決まると考える。つまり内的衝動（攻撃ポテンシャル）があまりに高くなると，解発刺激がなくても水があふれ出すように攻撃行動が自然発生する，というモデルである。

2. ×　攻撃行動を動機づけるのは特定の不快感情ではなく不快感情全般である。Berkowitz が，冷水に手を浸した実験参加者は温水に手を浸した参加者よりも強い攻撃行動を示したという実験（直後の問題（2）も参照のこと）において，冷水に手を浸すという嫌悪的な経験が不快感情を生じ，それが攻撃的に関連する認知を活性化したため攻撃の動機づけが高まったとしている。

3. ×　Tedeschi は攻撃行動の社会的機能説を提唱した。社会的機能説では，人の無意識な攻撃行動の選択ではなく，意図的，戦略的な攻撃行動に焦点を当てているところがポイントである。

4. ×　1文目は妥当。2文目，「自己成長的な性の本能エネルギー（生の本能，エロス）」ではなく，正しくは「自己破壊衝動（死の本能，タナトス）」である。Freud によれば，死の本能は生の本能と矛盾・対立するため，外部に転化される。この外部に転化された自己破壊衝動が攻撃行動となる。

5. ○　また Dollard らは，欲求不満が別の手段で発散されれば（たとえば暴力的な映画を観てカタルシスを得るとか），攻撃行動は生じなくなるとしている。すなわち，攻撃行動は欲求不満による不快感情の発散の手段ということになる。

（2）Berkowitz の理論

正答： 1

頻出度：★★☆　　難易度：★★☆

◆解　説：　Berkowitz の攻撃行動の理論である 認知的新連合理論 （空欄 A）に関する実験の問題。社会心理学のテキストにしばしば紹介されているため，よく知られている実験と思われる。知らなくても，問題文を読み取れれば正答を選ぶことは難しくない。

Berkowitz といえば，「攻撃－手がかり説」が，いわゆる「武器効果」としてメディア等でよく取り上げられるために広く知られるが，後に，攻撃の手がかりがなくても，不快情動が生じれば，自動的な処理過程を経由して攻撃の動機づけが高まるという考え方（認知的新連合理論）へ発展した。この自動的な処理過程がプライミング（本実験の場合，「観念プライミング」ともいう）である。

温水と冷水とでは，冷水に手を浸す条件で攻撃性が高まった。これは冷水による不快感情が原因と考えられる。さらに，冷水に手を浸すことによって生じる不快感情は同じでも，「罰の機能」で作文を書いた場合は，「罰」という攻撃的観念を媒介として プライミング （空欄 B）が生じ，「氷と雪」で作文を書く場合よりも攻撃性が高まったと考えられる。ゆえにグラフは ア （空欄 C）が正しい。

（3）攻撃性・攻撃行動の研究

正答： 2

頻出度：★☆☆　　難易度：★★★

◆解　説：　攻撃行動に関連する認知過程な

どの比較的新しい知識が求められる。難しい。ただし，正答の選択肢である Baumeister の自尊感情と攻撃性の関係（比較的広く知られている）の知見を知っていれば，正答を導くこと自体は難しくない。

1. × Olweus（1979）は，男子における攻撃行動に関する 16 の研究をレビューし，攻撃性は児童期から初期青年期にかけての 2 時点間の相関は高く，年齢が上がるほど安定性が増加することを指摘した。

2. ○ Krahé, B.（2001／秦・湯川（訳），2004）によれば，Baumeister らは，自尊感情（自尊心）の低さと攻撃性に関連なく，むしろ，肥大した，かつ不安定な自尊感情を持つ者が，自尊感情を脅かされると攻撃行動に出る可能性が高いとした。

3. × 1 文目は妥当。2 文目，「反すう（rumination）」はむしろ怒り感情を持続し，増幅することにすらつながる。攻撃行動を起こしにくくするのは，「反すう」ではなく「熟慮（reflection）」である。「熟慮」は，Strack, F. らの「熟慮・衝動モデル（reflective-impulsive model）」によれば，既有の様々な知識に基づいて，行動の結果やその達成可能性を評価して行動を選択することである。

4. × 1 文目は妥当。敵意的帰属スタイルは敵意的帰属バイアスとも呼ばれる。2 文目，敵意的帰属バイアスに関する研究のメタ分析から，攻撃的な人はそうでない人に比べて，他者が自分に敵意を持っているかどうかが曖昧な状況下で，このバイアスが強く表れることが明らかにされている。

5. × 養育者によるネグレクトや身体的な罰，DV の目撃等は，攻撃性の形成を促す発達的環境要因となることが指摘されている（大渕，2011）。DV の目撃や養育者からの身体的暴力は攻撃スクリプトの学習に関連すること，ネグレクトや身体的暴力は，自己や他者に対する信頼にかかわるスキーマである内的作業モデルの形成に影響を及ぼすことが考えられる。

（4）援助要請のモデル

正答： 3

頻出度：★☆☆　　難易度：★☆☆

◆解　説： このモデルを見たことがない人でも，常識の範囲で解ける。易しい。なお，本問は問題冊子のまま一字一句転記しているが，問題文冒頭の「高木（1989）が提唱した」は「相川（1989）が提唱した」の誤りと思われる。高木修が監修した社会心理学のテキスト（『対人行動の社会心理学』 北大路書房）に相川によるこの図が載っているために，問題作成者が混同したのであろう。

　図をよく見れば手がかりがたくさんある。【判断ステップ】の説明を的確に読み取ったうえで，フローチャートの矢印が Yes か No かを間違えないように進めていけばうまくいく。

　アは，No のときに「問題の棚上げ」とあるので，E「問題は重要か，緊急か？」が入る。

　イは，Yes のときに「独力で問題解決する」とあるので，D「問題の解決能力があるか？」が入る。

　ウは，No のときに「問題を甘受する」とあるので，B「援助を要請するか？」が入る。

　次はオを先に見た方が早い。

　オは，Yes のときに「援助を要請する」という 1 つの結論に至るので，ここは A「援助要請の方略はあるか」が入る。ここがよくわからない人は，【判断ステップ】の［説明］を正確に読もう。「選定された援助者に対して……」とあるので，この段階ではすでに援助者のあてが定まっている。

　最後にエだが，ここは最後に残った C「適切な援助者はいるか？」が入る。

文　献

八田武俊　2014　怒り反すう特性と攻撃性の関連性の検討　東海心理学研究, 8, 40-44.

Krahé, B.　2001　*The social psychology of aggression.* Psychology Press.　秦　一士・湯川進太郎（編訳）　2004　攻撃の心理学　北大路書房

Olweus, D.　1979　Stability of aggressive reaction patterns in Males: A review.　*Psychological Bulletin*, **86**, 852-875.

大渕憲一　2011　新版 人を傷つける心—攻撃性の社会心理学　サイエンス社

齋藤路子・沢崎達夫・今野裕之　2008　自己志向的完全主義と攻撃性および自己への攻撃性の関連の検討—抑うつ, ネガティブな反すうを媒介として　パーソナリティ研究, **17**, 60-71.

【記述問題】

(1) 攻撃性の理論

頻出度：★★☆　　　難易度：★☆☆

解答例

　　人間の攻撃性や攻撃行動に関する学説は複数あるが，ここでは，攻撃行動をわれわれに生得的に備わった衝動であるとする（1）内的衝動説，何らかの理由で生じた不快な情動を発散するものであるとする（2）情動発散説，攻撃の社会的な機能に注目した（3）社会的機能説の三つを取り上げて説明する。

　　（1）内的衝動説：精神分析学者のFreudと比較行動学者のLorenzの学説について説明する。

　　Freudは，彼の精神分析の理論において，人間には，死の本能（タナトス）と呼ばれる自己破壊衝動が備わっていることを主張した。死の本能は，生命を発生前の状態に戻そうとする意志のことであるが，これは，やはりもう一つの本能である生の本能（エロス）と対立する。そこで人間は自己の生命を守るべく死の本能による破壊衝動を外部に転化したため，それが他者への攻撃性となったとFreudは考えた。

　　攻撃が生得的であるという点で，Freudと類似した考えを動物行動の観察から主張したのがLorenzである。Lorenzもやはり，攻撃性は生き物に生まれながらに備わった衝動であると考えたが，Freudと異なるのは，攻撃性が，個体の生存のみではなく，種の存続にも役立つ有益な行動であるとみなした点である。食物や配偶個体をめぐっての争い等で，他個体への攻撃がしばしば観察されるが，強い個体や種ほど生き残っていくということである。またLorenzら比較行動学者の研究では，攻撃衝動自体は生得的に生じるが，それだけで攻撃行動が生じるのではなく，特定の解発刺激が外部から与えられる必要があることが指摘された。

　　（2）情動発散説：この説に関しては，Dollardらのフラストレーション－攻撃仮説とBerkowitzの認知的新連合理論を取り上げる。

　　Dollardらは，攻撃行動の背景にはフラストレーションがあり，フラストレーションがあれば攻撃行動による発散が生じるという仮説を立てた。この説では，攻撃行動の目的はフラストレーションの原因となった問題の解決ではなく，フラストレーションに基づく不快感情の発散である。したがって，攻撃以外の行動，たとえばプロレスの試合を見る，暴力的なゲームで遊ぶなどといった行動でカタルシスが得られれば，攻撃行動自体は抑制されることになる。

　　Dollardらの仮説を実験的に検討し発展させたのがBerkowitzである。当初Berkowitzは，フラストレーションなどによって不快な情動状態にある人の手元に，銃などの攻撃性を帯びた手がかりが提示されることで攻撃性が高まると考

えた。これが攻撃一手がかり説である。その後，武器等の手がかりとは関係なく不快情動は一般的に攻撃性を喚起するという説（不快情動の一般的攻撃誘起）を経て，必ずしも不快情動状態でなくとも，プライミング等によって攻撃スクリプトが活性化すると自動的に攻撃行動が動機づけられるという認知的新連合理論を提出した。

（3）社会的機能説：ここでは大渕の社会機能説について説明する。攻撃には葛藤解決の方略という社会的機能があるとする立場である。大渕は，人に共通する攻撃の四つの目標を挙げた。それらは次のとおりである。①回避・防衛：危害にさらされているという認知のもとで，自己を守るために攻撃が生じることがある。脅威の知覚，選択肢の制限，悪意の帰属，恐怖心といった要因により攻撃スキーマが活性化する。②影響・強制：子供に勉強させるなど，人に社会的影響を及ぼしたり強制する際に攻撃が選択されることがある。成功期待が高く，コストが低いと攻撃が選択されやすくなる。③制裁・報復：他人の不正をただしたり，正義や公正，秩序を回復する際に攻撃行動が選択されることがある。不公正や違反を知覚したり，自分が被害が受けて公正を回復したい場合に攻撃が動機づけられる。④自己呈示：強いイメージを印象づけたり，弱いイメージを払拭するために攻撃が選択されることがある。印象操作をしたり自己のアイデンティティを防衛・維持する必要があるときに動機づけられる。

(1625字)

💡 記述のポイント

　攻撃性に関する理論を2つ以上取り上げて説明するというシンプルな問題である。基本知識があれば書ける。易しい。攻撃行動の諸理論については，問題編「覚えておきたい基礎知識」p.125を参照のこと。

　なお，本解答例において，内的衝動説，情動発散説，社会的機能説という分類の仕方は大渕（2011）による。

文　献
大渕憲一　2011　新版 人を傷つける心—攻撃性の社会心理学　サイエンス社

第1章
態度・説得
択一問題
記述問題

第2章
集団過程・集合現象
択一問題
記述問題

第3章
自己過程・集団と自己
択一問題
記述問題

第4章
社会的認知
択一問題
記述問題

第5章
社会的影響
択一問題
記述問題

第6章
組織・リーダーシップ
択一問題
記述問題

第7章
攻撃・援助
択一問題
記述問題

第8章
対人魅力・対人行動
択一問題
記述問題

第9章
犯罪・非行
択一問題
記述問題

(2) 緊急事態の援助行動

頻出度：★★☆　　難易度：★☆☆

解答例

1. 緊急事態の援助行動の意思決定過程は，次の四段階で説明される。まず，「①援助の必要性の知覚」である。誰かが緊急の援助を求めているかどうかを認知する段階である。ここで援助が必要と判断されれば，「②個人的責任性の吟味」の段階に進む。自分がその人を援助するという責任を引き受ける責任があるかを判断する。そこで責任があると判断されれば，「③コストと報酬の査定」の段階である。援助する価値があるかどうかが検討される。援助にかけるコストに見合った報酬があると判断されれば，「④援助方法の決定」の段階に進み，自分の能力や状況を考慮して，自分がどのような方法で援助をするかを決める。援助方法が決まれば，結果として援助行動が実行される。

2. 上記の①から④の各段階において考えられる援助行動の抑制要因は以下のとおりである。

　①援助の必要性の知覚：援助を必要とする対象者にそもそも気づかない，あるいは援助を必要としていないと判断する場合は援助は抑制される。路上で男女がもめていて女性が叫び声をあげた場合，面識のない男女と想定されれば援助の必要性を感じるのに，恋人同士のけんかと想定される場合は援助の必要がないと感じる場合などである。

　②個人的責任性の吟味：自分には援助をする責任はないと判断されれば援助は抑制される。傍観者効果が示すように，その場に自分以外にも援助可能な他者がいるとわかれば，自分が助ける責任はないと判断する可能性がある。また，駅の待合室などで，持ち主が場を離れた隙に荷物が持ち去られるという場面で，先だって持ち主から荷物を見ていてくれと頼まれれば，荷物を守ろうとするが，依頼がなければそのまま見て見ぬふりをするような場合である。

　③コストと報酬の査定：コストがかかるわりに報酬が少ない場合は援助は抑制される。災害の場面で，二次災害を防ぐために，助けを求める人がいても救助活動が打ち切られるような場合である。川に落ちて流された人を助けなければと思っても，泳ぎがまったく不得手であれば，その場で飛び込んで助けにいくことは自分が命を落とす可能性があるため，そのような救助は控えられる。

　④援助方法の決定：援助の方法がない場合，援助は抑制される。上記の三段階を経て援助を決定したとしても，援助方法が決まらなければ，援助は実行されない。上記③の例で，川に落ちた人を救助しようと決めたとしても，自分は泳げない，助けるためのロープや浮き輪などの道具もない，助けを呼ぶ通信手段もない，というような場合である。

3. 第一に，緊急に援助を必要とする人がいることを周囲の人に気づいてもらう必要がある。周囲にいくら大勢の人がいても，緊急事態であるかどうかが曖昧で

第1章
態度・説得
　択一問題
　記述問題

第2章
集団過程・集合現象
　択一問題
　記述問題

第3章
自己過程・集団と自己
　択一問題
　記述問題

第4章
社会的認知
　択一問題
　記述問題

第5章
社会的影響
　択一問題
　記述問題

第6章
組織・リーダーシップ
　択一問題
　記述問題

第7章
攻撃・援助
　択一問題
　記述問題

第8章
対人魅力・対人行動
　択一問題
　記述問題

第9章
犯罪・非行
　択一問題
　記述問題

あれば、「これは酔っ払いだから助ける必要がないのだな」のように、多数無知的な状況となり、傍観者効果が生じて、援助が遅れてしまうからである。そこでまず大きな声で周囲に声をかける。漫然と大声で知らせるだけでは責任の分散が起こってしまうので、近くにいてこちらに気づいた人たち一人一人に対して、手伝ってくださいと依頼をする。このようにすることで、周囲の人に援助を必要としていることを認知させると同時に、依頼という行為を通じて、個人的な責任性を喚起させる。

　第二に、緊急事態であることが周囲の人に伝わり、依頼を受けて足を止めてくれる人が出てきたら、すぐに「あなたは救急に電話をしてください」、「あなたはハンカチかタオルを濡らしてきてください」、「あなたは倒れた人に声かけをして励ましてください」など、一人一人に具体的で単純な指示をする。これにより、援助にはそれほど時間や手間のコストがかからないことを明確にすると同時に、具体的な援助方法が伝わるので、さらに、援助行動の実行を促すことが可能となる。

　以上のように、緊急事態であることを知らせ、援助可能な人たち各々に向けて、具体的で単純な援助行動を依頼することで、援助場面で起こりがちな傍観者効果的な行動を回避し、効率よく協力して援助を進めていけるであろう。

(1651字)

 記述のポイント

　直後にある問題（3）の法務省専門職員平成26年度の出題と類似した問題である。本問は解答として何を書くべきかが明確に提示されている。援助行動が生起するまでの意思決定過程を知っていれば、そのまま小問3.まで容易に書き進められる。なお、援助行動生起の意思決定過程のモデルはいくつかあるが、解答例では遠藤（2008）を参考にした。

　もし、試験本番で、援助行動の意思決定過程を知らず、それなのに社会心理学以外の選択がない場合（家裁の二次試験はその場で2科目選択する）は、腹を決めて、自身の持つ援助行動に関する知識を総動員して、3段階から5段階の過程を推測で書いてもかまわない。援助行動の心理学的基礎知識があれば、それほどおかしなものにはならないと思われる。事実、過去に、別テーマの問題であったがそのように記述をしてそれなりに点数を取り、合格した人もいる。

文　献

　遠藤由美　2008　対人行動　池上知子・遠藤由美　2008　グラフィック社会心理学第2版　サイエンス社　pp.179-202.

（3）援助行動生起のプロセス

解答例

　　援助行動の研究においては，Latané らが提唱した傍観者効果がよく知られる。傍観者効果とは援助が期待される緊急事態が生じている場で，認知される他者の数が多いほど，援助行動が抑制されるという現象である。これは1964年にニューヨークで実際に起こったキティ・ジェノヴィーズ事件が基になっている。女性が暴漢に襲われているのを周囲の住民が皆気づいていたにもかかわらず，誰も助けず警察への通報もしなかったという事件である。この事件について，当時は都会人が冷淡になったためにこのような結末になったと論じられた。しかし Latané らは，類似の状況を再現した実験を通じて，援助の抑制は，状況要因によるところが大きいことを示した。

　　今日では援助行動が抑制される要因として，次の三つが考えられている。一つには，援助可能な他者が周囲に多く存在することによる「責任の分散」，二つ目は，周囲にいる他者の意見がわからないために援助するほどではない状況なのだと誤って判断してしまう「多数無知」，三つ目は自分が援助に失敗するところを他者に見られることに対する「評価懸念」である。

　　本稿では，Latané の研究と援助行動に影響を及ぼすこれら三つの要因を基に，周囲に不特定多数の援助可能な人がいる場合の緊急事態において援助行動が生じるプロセスについて述べる。

　　まず援助行動が起こるには，そこに援助が必要な事態が生じていることを確実に認知する必要がある。しかし，それだけで援助行動がすぐさま起こるわけではない。たとえば，繁華街の片隅で女性が暴漢に襲われているところを目撃したとする。その女性に対する援助行動が起こるまで，上記で挙げたような「抑制要因」をクリアして初めて，援助行動が生じる。

　　具体的には，Latané らの実験でも検証されたように，現場の周囲に，いざとなれば援助可能な大人たちが三々五々，存在していたらどうだろうか。「自分が助けなくても，他の人や関係者が助けるだろう」などと判断する「責任の分散」が起こるであろう。

　　援助が生じるためには，周囲の人に個別に声をかけ，すぐに援助すべき緊急事態であることの認識を共有する必要がある。そうすることで，「責任の分散」を封じ，さらには，「多数無知」をも避けることができるだろう。さらに，襲われている女性を助けるという事態に関しては，腕に覚えのある人であっても，「もし助けられなかったら恥ずかしい」あるいは「かえって自分が被害を受けるのは避けたい」といった「評価懸念」が起こる可能性がある。これを防ぐためにも，援助可能な大人が互いに声を掛け合い，連携・協力して，「声をかける」「警察を呼ぶ」「大声で周囲の注意をひきつける」といった様々な角度から，できる範囲

での援助方略を，分担して同時多発的に講じることが重要となるであろう。

　以上のように，援助行動が生じるプロセスとしては，①援助の必要性の認知：援助が必要な事態を認知する，②援助の責任の共有：周囲に他の人がいれば，事態の目撃者が個別に声をかけ，援助の必要性と責任を共有する。③援助方法の決定：可能な複数の手段で，複数の人ができることから分担して援助行動を開始する。以上のような流れが考えられるだろう。

（1308字）

 記述のポイント

　本問では，「Latané と Darley の研究を踏まえて」とあるので，「援助行動に影響を及ぼす要因」としては Latané の傍観者効果の「援助の抑制要因」に触れること。そこで，援助の抑制要因とされる，責任の分散，評価懸念，多数無知を用いて「多面的に」説明することがまずは基本となる。

　援助行動のプロセスについて，援助行動の生起過程のモデルを用いる場合も，傍観者効果の援助の抑制要因と関連づけるように書くとよい。また援助行動の生起過程のモデルを用いないで書く場合も，「傍観者効果の知見に基づいた援助行動が抑制されないで生じるためのプロセス」として，具体的な場面を設定して書くことも可能と思われる。

　なお，援助行動の促進要因として，共感性や自身と他者の関係性が指摘されている（浦，2009）。これらを援用して書くこともできるだろう。

文　献

中島義明（編）　1998　心理学辞典　有斐閣
浦　光博　2009　援助行動　日本社会心理学会（編）　社会心理学事典　丸善　pp.220-221.

第8章
対人魅力・対人行動

【択一問題】

(1) 対人魅力①

正答：　**1**

頻出度：★★★　　難易度：★★☆

◆解　説：　対人魅力に関する代表的な研究を扱った標準的な問題。選択肢のDは，対人魅力における態度の相補性の要因について少し詳しい知識が必要である。

A.　○　態度が類似している人に魅力を感じるという，いわゆる「類似性－魅力仮説」である。本選択肢の理由の説明は，強化理論によるものである。

B.　○　本選択肢のように，近接性が対人魅力や好意の要因となる理由は，単純接触効果によって説明される。

C.　×　Dionらが検討したのは，「良い者は美しい」ではなく，「美しいものは良い」ステレオタイプ（"what is beautiful is good" stereotype）である。すなわち，美しい者はそうでない者よりも社会的に望ましい性格を持っており，より有能な夫や妻を持ち，職業的に成功するなど社会的によりよい生活を送っているというステレオタイプである。

D.　×　MeyerとPepperによれば，相補性よりも類似性の高い夫婦の方が互いに相手を好んでいるという結果になった。Winchの性格の相補性仮説はよく知られるが，この仮説を支持する証拠は多くはない。

(2) 対人魅力②

正答：　**5**

頻出度：★★★　　難易度：★☆☆

◆解　説：　対人魅力の古典的かつよく知られた研究ばかりで構成された基本的な問題である。

1.　×　いわゆる「コンピュータ・デート実験」である。人は自分の容貌が同程度につりあった相手を好意的に思うという，対人魅力のマッチング仮説（つり合い仮説）を検証する目的で行われたが，結果はそうはならなかった。自分の身体的魅力の程度に関係なく，誰もが身体的魅力の優れた人を好ましいと感じたのである。この傾向は性別による差もなかった。

2.　×　ここで挙がっている例は，「認知的斉合性理論」によるものである。

3.　×　いわゆる「つり橋実験」である。「実験者が男性の場合も女性の場合も同程度」が誤り。この実験は，カナダのカピラノ渓谷のつり橋で行われ，橋を渡り終わった男性に実験者が声をかけて実験に参加してもらうという方法がとられた。女性が実験者の場合，つり橋条件では参加者18人の男性のうち50%の男性が電話をかけてきた。男性が実験者の場合は，参加者7人のうち電話をかけてきたのは2人であった。

4.　×　単純接触効果は，複数回接する対象への好意度が増すことをいう。この実験では呈示回数が増加するほど，顔写真の人への好意度が上昇した。

5.　○　Newcombによれば，3か月後には部屋の近さに関係なく態度の類似した者どうしが仲良くなった。

(3) 対人関係

正答：　**5**

頻出度：★★★　　難易度：★★☆

◆解　説：　ClarkとMillsの共有関係（共同的関係）はこの年度が初出題。それ以外はポピュラーなものばかりである。標準的な問題。

1.　×　共有関係と交換関係の定義の部分が反対である。共有（communal）関係は，相手の幸福を願うために自発的に利得を提供するもので，家族や恋人，友人がこれにあたる。交換（exchange）関係は，返報を期待して相手に利得を提供する者

である。初対面やビジネスの相手に向け
られるのは交換関係である。

2. ×　DuttonとAronはつり橋実験の結果
について，生理的喚起の誤帰属により，
異性に対する好意が高まると解釈した。

3. ×　Walsterのいわゆる「コンピュータ・
デート実験」では，マッチング仮説（つ
り合い仮説）は否定され，相手の身体的
魅力が大きな影響力を持つことが示され
た。その後，Murstein, B. I. によって行
われた現実のカップルに対する調査では，
マッチング仮説が支持された。

4. ×　単純接触効果は，対象を十分に知っ
ている場合には生じにくい。対象に対す
る最初の評価や印象は中立的であるほう
が起こりやすいとされる。

5. ○　Rubinの恋愛尺度と好意尺度である。
問題編「覚えておきたい基礎知識」p.139
を参照のこと。

(4) 社会的交換理論

正答：　3

頻出度：★☆☆　　難易度：★★☆

◆解　説：　社会的交換（理論）がテーマと
して出題されるのは珍しい。これを機会に
Homans, Adams, ThibautとKelleyの交換
理論を整理しておくとよいだろう。社会的交
換理論とは，対人相互作用を様々な資源の交
換として考え，個人間および集団間の関係を
交換関係から説明しようとする理論的立場で
ある（森，2009）。

1. ×　Hardinの共有地の悲劇は社会的ジレ
ンマの一例。「それぞれ他者の利益を損な
わないように」，「家畜に牧草を食べさせ
ることを互いに自制し続けたため」が妥
当でない。共有地の悲劇とは，個人利益
を追求するために，各自が所有する家畜
に，共有地の牧草をたくさん食べさせよ
うとしたことで，牧草が枯渇して家畜が
育たず，結局皆が損害を被ったという話
である。

2. ×　ThibautとKelleyの交換理論は，「社

会的バランス理論」ではなく「相互依存
性理論」と呼ばれる。相互依存性理論では，
コストに対する報酬の比が個人の期待（比
較水準）を上回る場合に，当事者は関係
に満足し，他の関係におけるコストと報
酬の比（選択比較水準）が比較水準を上
回った場合，現在の関係を解消して他の
関係へ移行すると考える。

3. ○　この選択肢の記述は，『社会心理学事
典』（2009）のp.240からほぼそのまま
採用されている。

4. ×　Adamsの衡平理論によれば，自分が
投入したコストと得られた成果の比を考
える際，この比が他者と比べて等しいと
きに衡平であると感じる。他者と比べて
自分だけコストが高かったり，逆に自分
だけ成果が高かったりするとそれを不衡
平と感じて，不満や罪悪感などの深い感
情から自他の成果や投入への認知を変え
たりして，衡平状態を回復しようと動機
づけられるという。

5. ×　2文目，Axelrodの「TFT戦略（Tit-
for-Tat戦略：「目には目を」戦略）」は囚
人のジレンマゲームで優勝した方略とし
て有名である。初回は相手に協力，その
後は，前回の相手の行動をそのままお返
しするという戦略であり，繰り返しのあ
る囚人のジレンマゲームにおいて，最も
人々から協力行動を引き出しやすいモデ
ルであることが証明されている。

(5) 恋愛の三角理論

正答：　1

頻出度：★☆☆　　難易度：★★☆

◆解　説：　知能の鼎立理論を提唱した
Sternbergの「恋愛の三角理論（triangular
theory of love）」からの出題である。英文が
ある程度読めれば，常識の範囲でも妥当な単
語が入れられる内容である。なお，恋愛の三
要素とは，「親密性，情熱，コミットメント」
である。問題編「覚えておきたい基礎知識」
p.139も参照のこと。
　以下，ざっくりとではあるが，表とともに

全訳を付す。

<訳>

　情熱的な愛と友愛との違いが紹介された後，よく似た，しかしもっと異なった分類が提案された。1つは，これらを， A：親密性 ， B：情熱 そしてコミットメントに分けるものである（Sternberg, 1986）。 A：親密性 は，情動的な要素であり，近さと感情の共有を含む。 B：情熱 は，動機的な要素であり，性的魅力と「恋に」落ちているというロマンティックな感情をかきたてるものである。コミットメントは，認知的な要素であり，個人が関係を持ち続けようとする意図を反映している。これらの要素を異なる仕方で結びつけると，表1に示すような8種類の関係が表せる。見てわかるように， B：情熱 的な愛は，心酔した愛とロマンティックな愛の2つのタイプに分けられる。どちらも高い B：情熱 と低いコミットメント

によって特徴づけられるが，のぼせあがった愛は A：親密性 が低く，他方，ロマンティックな愛は A：親密性 が高い。友愛は A：親密性 とコミットメントが高いが， B：情熱 性が低いことで特徴づけられる。

表1　恋愛の3要素の組み合わせから提示される8つの恋愛の類型

	A：親密性	B：情熱	コミットメント
愛がない状態	低い	低い	低い
好意	高い	低い	低い
心酔した愛	低い	高い	低い
ロマンティックな愛	高い	高い	低い
空虚な愛	低い	低い	高い
友愛	高い	低い	高い
愚かな愛	低い	高い	高い
完全な愛	高い	高い	高い

文　献

森久美子　2009　社会的交換　日本社会心理学会（編）　社会心理学事典　丸善　pp.240-241.

Sternberg, R. J.　1986　A triangular theory of love. *Psychologial Review*, **93**. 119-135.

【記述問題】

(1) 対人魅力と関係の発展・維持・崩壊

第1章
態度・説得
択一問題
記述問題

第2章
集団過程・集合現象
択一問題
記述問題

第3章
自己過程・集団と自己
択一問題
記述問題

第4章
社会的認知
択一問題
記述問題

第5章
社会的影響
択一問題
記述問題

第6章
組織・リーダーシップ
択一問題
記述問題

第7章
攻撃・援助
択一問題
記述問題

第8章
対人魅力・対人行動
択一問題
記述問題

第9章
犯罪・非行
択一問題
記述問題

頻出度：★☆☆　　難易度：★★☆

解答例

1．対人魅力を規定する要因として，①近接性，②類似性，③相補性を取り上げる。

①近接性：人は近くの人を好きになる。近くにいる人の方が互いに顔を合わせる機会が多く，単純接触効果が生じやすいこと，会うのにかかるコストが少なくて済むことなどが理由として挙げられる。また，Festinger の実験でも，隣どうしの部屋の学生が最も親しくなりやすいことが実証された。

②類似性：人は自分に似た性質を持つ人を好きになる。一般に，相手が自分と同じ意見だと，自分の考えの合意的妥当化ができる。またバランス理論等に照らしても，態度や価値観が同じであれば両者の関係は常に正（＋）を維持できる。また，Byrne と Nelson は，態度の類似率が高まるほど相手に対する好意度が高まることを実証している。

③相補性：人は自分にない性質を持つ人を好きになる。一方が人を守りたい欲求を，他方が守られたい欲求を持つといったように，補い合う欲求を持つ二人が互いに魅力を感じるという説である。Winch らの研究では相補性仮説が支持されているが，追試では必ずしも相補性仮説が支持されていない。

2．人間関係の発展，維持，崩壊について，婚活パーティで知り合った若い男女を具体例として論じる。

Murstein は，SVR 理論を提唱し，配偶者を選ぶ過程を三つの段階に分けた。第一が，S（刺激）段階である。相手から受ける刺激が重要とされる。相手を見て，その外見や声，行動などに魅力を感じる段階である。ある男女が，婚活パーティでたまたま隣どうしに座ったことがきっかけで，互いに知り合い，相手に魅力を感じたならば，それが S 段階にあたるが，この場合，「たまたま隣どうし」というところは，1．で述べた「近接性」の要因も関わっている。

第二は，V（価値）段階である。二人の価値観の一致や共有が重要とされる。婚活パーティを経て交際が始まると，徐々に互いの考え方や態度がわかってくる。このとき，共通の対象に興味を持ったり，対象への態度が類似していれば，楽しく過ごすことができ，合意的妥当性も保証されるため，関係は維持される。また V 段階は，1．で述べた「類似性」に対応する。

第三は，R（役割）段階である。互いの役割を補い合うことが重要とされる。二人の交際が進み，結婚が現実味を帯びてくると，役割だけでなく，甘えたい夫と甘えさせたい妻のように，態度や欲求が補い合う関係であるとより関係がかみ合うことが予想される。この R 段階は，1．で述べた「相補性」とも対応している。

103

以上のように，SVR理論は，配偶者を選択する上で重要な要因が，関係の進展によって異なることを示している。

　ところで，実際に交際する二人が，R段階で役割を補い合う関係になったとしても，関係の維持においては，その役割は何であってもよいということはない。たとえば，男性は仕事を中心にした主たる生計維持の役割で，女性の役割は，仕事に加え家事や育児や男性の身の回りの世話までだとしたら，女性の方が不満がつのり，結婚生活はやがて破綻してしまうかもしれない。

　このように，結婚を意識して交際を始めた二人であっても，関係が途中で破綻してしまうこともある。親密な二者関係の維持と崩壊は，社会的交換理論によって説明できる。社会的交換理論では，人の相互作用においては，コストを低く，報酬を高くすることが，その相手との関係を持続させることになると考える。社会的交換理論の一つ，ThibautとKelleyの相互依存性理論では，交際を継続するかどうかは，報酬とコストの比を，個人に固有の比較基準と比べることで決まる。個人の期待（比較水準）を上回れば，関係に満足し，交際は継続される。期待を下回り，関係に不満があっても，代替となる別の関係に移行した時に期待される成果が現在の水準を上回らなければ，やはり，関係は継続される。しかし，別の関係での基準（選択比較水準）が，個人の期待（比較水準）を上回る時，現在の関係を解消し，その別の関係に移行することになる。

　たとえば，交際を始めたばかりの男女において，外食の際，男性が女性Aの食事代を毎回支払っても（コスト），女性Aの側にお礼（報酬）の一言もない場合，女性Aに不満を感じる。その他の面でも，相互依存性理論の観点から，男性の女性Aに対する不満が多々あったとする。これは，SVR理論でいうならば，R段階において，二人の役割が，「男性は奉仕する役割，女性は奉仕される役割」に定まってしまったということである。他方，この男性が，別の婚活パーティで知り合った別の女性Bとも，ひそかに同時並行で交際していたとする。この男性から見て，女性Bが女性Aよりも多くの面で報酬とコストの比が彼の期待を上回っていた場合，相互依存性理論に基づけば，男性は，女性Aとの関係を終わらせ，女性Bとの交際を進めることになる。

(1971字)

記述のポイント

　小問1. と2. を通して一貫性が出るように意識して論じること。小問2. では，「少なくとも1つの用語」とあるので，最低1つ用いていれば問題ない。たくさん用語を使えば点が高くなるというわけでもない。本問は特に，1つの用語でも十分に論を展開できるタイプの問題である。解答例ではSVR理論を軸として，社会的交換理論を補助的に用いたが，他の理論を軸に据えることもできるし，いくつかの理論を組み合わせて論じてもよい。本問のように様々な展開がありうる論述の場合，どのように書くかは自由であるが，途中でぶれないよう，使用する用語と構成を十分に考えてから書き始めること。

文　献

池上知子・遠藤由美　2008　グラフィック社会心理学第2版　サイエンス社

松井　豊　1993　恋ごころの科学　サイエンス社

奥田秀宇　1997　人をひきつける心　サイエンス社

日本社会心理学会（編）　2009　社会心理学事典　丸善

第9章
犯罪・非行

【択一問題】

(1) 犯罪・非行理論①

   正答：　**1**

頻出度：★★☆　　難易度：★★☆

◆解　説：　定番の社会学的な犯罪理論を中心とした問題。標準的な難易度。

1.　○　Shaw と McKay の非行地域論の研究は 1920 〜 30 年代にアメリカで行われたものである。犯罪・非行が多発するこれらの遷移地帯を，McKay は「非行地域（delinquency area）」と呼んだ。

2.　×　Lombroso は犯罪者は生まれながらのものであり，彼らに普通の人と異なる一定の身体的特徴があるという生来的犯罪者という概念を提唱した人物。本選択肢は Merton のアノミー論の考えが混ざっている。Merton はアノミーへの対処を適応と呼び，文化的目標（富の獲得）を受け入れながらも合法的な手段では達成できない人々が，犯罪を犯すことで目標を達成しようとすると考えた。

3.　×　Hirschi の社会的絆（ボンド）理論における社会的絆の構成要素は，「愛着（attachment）」，「関与（commitment）」，「包摂（involvement）」，「信念（belief）」である。なお，問題編「覚えておきたい基礎知識」にもあるように，「関与」は「投資」，「包摂」は「巻き込み」「没入」と訳されることもあるので要注意。社会的絆理論については問題編「覚えておきたい基礎知識」p.150 を参照のこと。

4.　×　Sutherland の分化的接触理論の考えでは，犯罪に関する学習は，人間どうしのかかわりの中でコミュニケーションを通じて行われるものであり，映画や新聞などのマス・コミュニケーションの影響は重要視されていない。

5.　×　Healy ではなく，Glueck 夫妻（Glueck, S. & Glueck, E.）の多元因子論に基づく早期非行予測に関するアプローチである。なお，Healy は，アメリカの精神医学者であり，力動心理学的な立場から，非行原因として，幼児期以降の対人関係の中で作られる情緒障害を挙げ，幼児期に充足されなかった願望や対人関係での劣等感等を解消するための行動として非行が生じるという情緒障害非行理論を提唱した。

(2) 犯罪・非行理論②

   正答：　**3**

頻出度：★★☆　　難易度：★★☆

◆解　説：　犯罪・非行領域からの出題は既に述べた通り，社会学的な理論が多い。代表的な人名と理論は必ず押さえておくこと。易しい。

A.　「否定的同一性」とは，Erikson が自我同一性（アイデンティティ）拡散の特徴について述べたうちの 1 つである。

B.　Becker の「ラベリング理論」についての記述。彼の著作『アウトサイダーズ』の中の，ラベリング理論の考え方を表す一節である。

C.　やはりラベリング理論の立場である Lemert の逸脱行動に関する記述である。なお，本選択肢の「第一次的逸脱」とは，犯罪者や非行少年といったアイデンティティを持たずに行われる逸脱行動である。

　選択肢にある他の人名について簡単に触れておく。Matza は，非行少年は伝統的世界と非行的世界との間を漂流（drift）していると捉える「漂流理論」である。Cohen は「非行サブカルチャー論」を提唱した。Sutherland は，「分化的接触理論」の立場である。

(3) 犯罪・非行理論③

   正答：　**3**

頻出度：★★★　　難易度：★☆☆

◆解　説：　Hirschi の社会的絆理論（social bond theory：絆理論，ボンド理論ともいう）の基本知識を問う問題。易しい。

　Hirschi の絆理論は，統制理論（コントロール理論）に含まれる。なお，緊張理論とは，Merton のアノミー理論に代表される立場である。アノミー理論では，文化的目標と制度化された手段との間のバランスが崩れた緊張状態をアノミーと呼び，それが人を犯罪へと駆り立てると考える。

　絆理論における社会的絆（社会的ボンド）の構成要素は，「愛着（attachment）」，「関与（commitment）」，「包摂（involvement）」，「信念（belief）」である。

(4) 防犯心理学

正答：　1

頻出度：★☆☆　　難易度：★★★

◆解　説：　心理学としては珍しい問題。「割れ窓理論」は知っている人もいるだろうが，これもどちらかというと社会学の知識である。難問。

1. ○　「環境設計による犯罪防止（CPTED）」とは，監視性，領域性を高める（見通しを良くし侵入されにくくする）等，環境を適切にデザインすることで犯罪や犯罪不安を減らそうとする考え方。「自然監視性」を重視している。またこうした考え方は犯罪・非行の研究において，犯罪原因論から犯罪機会論への転換をもたらした。

2. ×　高低差をつけたり芝生を植えるだけでも効果がある。また，環境犯罪学における日常活動理論のように，町の見通しを良くし，住民や通行人などの日常生活における自然監視を重視するという考えもある。

3. ×　「割れ窓理論」は，環境犯罪学の主要理論の1つ。1枚の割れたガラスという無秩序を放置することが，やがて治安の悪化という大きな無秩序になることを意味する。「割れ窓」という名称は，Zimbardo, P. G. の自動車放置実験の知見にちなんでいるという（島田, 2014）。

ゼロ・トレランスは，割れ窓理論から派生した運動である。また「地域を守るのは住民ではなく，警察をはじめとする行政機関であるという姿勢を強く打ち出している」が誤り。むしろ住民のかかわりが重要である。

4. ×　割れ窓理論については，上記選択肢3.の説明を参照のこと。

5. ×　1文目，「犯罪被害に遭う危険性の高い場所について認識する必要がある」が間違い。犯罪被害防止教育は，割れ窓理論に基づき，地域住民に，犯罪者から身体や財産を守り，犯罪者を寄せつけない地域づくりの方法を身につけさせる教育である。小宮（2005）は，小学校での犯罪被害防止教育において，領域性（犯罪者の力が及ばない範囲を明確にすること）と監視性（犯罪者の行動を把握できること）についての意識と能力を高める必要があるという観点から，「地域安全マップの作製」を行った。2文目，地域安全マップとは，犯罪が起きやすい場所（犯罪者が入りやすい場所，犯罪者の行動が見えにくい場所）を解説し表示した地図であって，犯罪が起きた場所を表示した地図でもなければ，不審者が出没した場所を表示した地図でもない。

(5) プロファイリング

正答：　1

頻出度：★☆☆　　難易度：★★★

◆解　説：　プロファイリングの初歩的な知識と，センター試験の英語長文が読める程度の英語力が必要な問題である。やや難しい。

　プロファイリングとは，「アメリカのFBIが『犯罪現場の分析から犯人の主要な人格的特徴や行動特徴を特定する手法』に対してこの名称を用いて以来，犯罪捜査において行動科学を応用し，事件に関する情報分析から可能性の高い犯人像を導き出す手法をプロファイリングと呼ぶようになった」（渡辺, 2005）。以下，簡単に全訳する。

第1章　態度・説得　択一問題　記述問題

第2章　集団過程・集合現象　択一問題　記述問題

第3章　自己過程・集団と自己　択一問題　記述問題

第4章　社会的認知　択一問題　記述問題

第5章　社会的影響　択一問題　記述問題

第6章　組織・リーダーシップ　択一問題　記述問題

第7章　攻撃・援助　択一問題　記述問題

第8章　対人魅力・対人行動　択一問題　記述問題

第9章　犯罪・非行　択一問題　記述問題

<訳>

　個人の特性のプロファイリングは犯罪者のプロファイリングと関連する。特性のタイプは人口統計的な特性，たとえば犯罪者の性，年齢，民族，教育歴や雇用歴を含めてプロファイルされる。このアプローチは犯罪がどのように実行されたかがその個人の特性と関連していると考えるわけで，そこでプロファイラーは，犯行の仕方から犯人の特性を推定することが可能になる。

　このタイプのプロファイリングの方法は，大きく3つの分野に分けられる。第一は，A：統計的 プロファイリングと呼ばれるものである。このアプローチの目的は，犯行場面で示された行動と犯罪者の特性の A：統計的 な関係を作り出すことであり，これは解決済みの膨大な B：データベース を用いて行われる。

　第二のアプローチは，臨床的プロファイリングである。臨床的プロファイリングでは，犯罪の B：データベース を使うのではなく，既に逮捕された犯罪者の捜査において得られた臨床的な経験から犯罪者の特性の推定を行う。彼らは A：統計的 プロファイラーと似たようなふるまいをするが，しかしその推定は彼らの個人的な経験に基づいており，かつ，もちろん，それらの正確な想起に基づく。

　第三のアプローチは，FBI方式である。連続殺人犯との面接をもとに，FBIプロファイラーは，犯行とその犯罪者の特性において異なると考えられる犯罪者の C：タイプ論 を明らかにした。その1つの例が，無秩序型殺人と秩序型殺人のタイプの区別である。このアプローチは徐々に発展してきたが，他のプロファイラーから，経験的なベースに基づくという点で批判されている。なぜなら，わずかな数の犯罪者からそれらの C：タイプ論 が最初に作られたからである。

(6) 子供への司法面接法

正答： 1

頻出度：★☆☆　　難易度：★★★

◆解　説：　子供を対象とした司法面接法に関する出題はこの年度が初出である。専門知識が要求される特殊な問題だが，今後も出題される可能性がありそうである。仲（2016）等で基本事項を確認しておくこと。

　司法面接とは forensic interviews の訳であり，「法的な判断のために使用することのできる精度の高い情報を，被面接者の心理的負担に配慮しつつ得るための面接法」と定義される。諸外国では，司法面接法は家事事件における子供への意向調査や，被疑少年の取り調べ，知的障害を持つ被疑者への取り調べにも生かされている。これらの面接の趣旨は，①正確な情報をより多く引き出すことを目指していること，②被害者や目撃者となった子供への負担を最小限にしようとしていることである。司法面接の特徴は以下の4つにまとめられる（仲，2016）。

・記憶の変容や汚染が起きないように，供述が変遷しないように，できるだけ早い時期に，原則として一度だけ面接を行う。

・面接を繰り返さないで済むように，録画・録音という客観的な方法で記録する。

・面接は，子供に圧力をかけたり，誘導・暗示を与えたりすることのないように，自由報告を主とする構造化された方法を用いる。

・複数の機関が連携して，一度で面接を行うか，面接の録画を共有できるようにする。

　以下，仲（2016）より，MOGPとNICHDプロトコルの構成の概要を示す。

【MOGP（Memorandum of Good Practice）】
イギリス内務省・保健省が2002年に公刊した司法面接のガイドラインである。MOGPの様相面接（phased approach）は，必要に応じてフェイズ間を移行するという面接法。

第一フェイズ：ラポール（話しやすい関係性）を築く。子供の認知能力や言語能力を観察し，面接者のコミュニケーションのレベルを調整する。

第二フェイズ：「今日は何を話しに来ましたか」などの問いにより，自由報告を求める。被面接者からできるだけ多くの情報を得る。

第三フェイズ：必要に応じた質問を行う。できるだけオープン質問で報告を促す。足りないことがあればWH質問を行い，それでも不明であればクローズド質問を行う。子供が話してくれたらまたオープン質問に戻る。クローズド質問をするときに「Xに叩かれましたか」のように被

疑者の名前は入れない。

第四フェイズ：クロージングを行う。面接で得た情報を確認し，「他に何か話しておきたいことはありますか」などと尋ね，「もっと話したくなったらここに連絡してください」と連絡先を渡して終了する。

【NICHDプロトコル】 アメリカの国立小児保健・人間発達研究所（NICHD）で開発された司法面接法の一種である。アメリカ，オセアニア，イスラエル，北欧等で広く用いられている。同プロトコルは，面接で使うべき教示や質問が具体的な形で示されているため，A4の用紙で十数枚に及ぶ。

あいさつ・説明：面接者が名前を名乗ってあいさつし，録画，録音をすること等を説明する。

グラウンドルール：「本当のことを話す」「質問の意味がわからなければわからないという」など面接で守るべき約束事を告げる。子供と会話をしながら，グラウンドルールの練習課題を行う。

ラポール：「〇〇さんは何をするのが好きですか」のように子供にオープン質問をする。たとえば好きなことに関する出来事について話してもらうと面接の練習になる。

出来事を思い出して話す練習：「今日，朝起きてからここに来るまでにあったことを話してください」などエピソード記憶を話してもらう練習をする。

本題への移行：面接の実質的部分となる。基本的にオープン質問で尋ねる。

出来事の分割：子供に対する関係者の加害は，複数回の出来事が含まれている可能性があるため，時間・場所が特定できる，特定の出来事について話すように求める。

ブレイク：ある程度情報が収集できたらブレイクを取る。ブレイク中もカメラは切らないでおく。

面接の続き：補充の質問や確認の質問を行う。

クロージング：子供に礼を述べ，ほかに面

接者が知っておいた方がよいこと，子供が言いたいことはないか，質問はないかを尋ねる。

1. ○ エピソード記憶は意味記憶よりも発達が遅く，4歳頃から思春期まで続く。意味記憶は頑健だがエピソード記憶は変容しやすい。このため，面接が行われるのは原則的に一度だけである。

2. × 司法面接法は心理カウンセリングの理論に基づいているとはいえない。ラポールを取る場合も，親密で受容的，共感的な関係という意味はなく，あくまで話しやすいリラックスした関係性のためである。心に寄り添い，共感しながら話を聞いたり，子供の思いをくみ取って代弁することはない。

3. × 司法面接法では，基本的にオープン質問で子供の自由報告を最大限求めようとするところが特徴である。クローズド質問や誘導質問（「〜でしょう」のような「はい」を誘発する質問。タグ質問ともいう）は，質問に含まれる命題への黙従が生じたり，質問に含まれる命題が記憶を汚染する可能性があるためである。自由報告が得られないときに，WH質問やクローズド質問を用いる。

4. × 司法面接は，複数の機関が連携し，原則1回で行うため，録画・録音を用いる。面接は1対1で行い，映像と音声はモニター室に転送される。モニター室にバックスタッフとして福祉機関の職員や司法関係者，必要に応じて医療職や心理職が控える。

5. × 子供は，実際に自分の身体を触ったのが「Bおじいちゃん」ではなかったとしても，この選択肢の質問のような聞き方をされると，「Bおじいちゃんに身体を触られた」のが事実だと思ってしまう傾向がある。被面接者（子供）が話していない事柄を含む質問は，暗示質問となるため，避けなければならない。

文 献

安香　宏　1980　犯罪心理学　心理学事典　平凡社　pp.701-703.

Becker, H. S. 1963 Outsiders: Studies in the Sociology of Deviance. New York: The Free Press. 村上直之（訳）
　　1993　新装 アウトサイダーズ―ラベリング理論とはなにか　新泉社

Erikson, E. H. 1959 *Identity and the life cycle*. International Universities Press. 小此木啓吾・小川捷之・岩男寿
　　美子（訳）　1973　自我同一性―アイデンティティとライフ・サイクル　誠信書房

小宮信夫　2005　犯罪は「この場所」で起こる　光文社

麦島文夫　1980　非行　心理学事典　平凡社　pp.717-719.

中島義明（編）　1998　心理学辞典　有斐閣

仲真紀子　2014　子どもの証言　誠信心理学事典［新版］　誠信書房

仲真紀子　2016　子どもへの司法面接　有斐閣

岡邊　健　2014　犯罪・非行の社会学　有斐閣

島田貴仁　2014　環境と犯罪　下山晴彦（編）　誠信心理学辞典［新版］　誠信書房　pp.828-830.

渡辺昭一　2005　犯罪者プロファイリング　角川書店

【記述問題】

(1) 社会的絆理論

解答例

　　かつての犯罪の研究は「人はなぜ犯罪を行うのか」という観点から行われてきた。しかし，人は，幼少から苦労をしたり，貧困に苦しんでいるからといって犯罪を行うわけではない。また，子供を殺された親が「犯人をこの手で殺してやりたい」と発言したとしても，実際に犯人を殺したりはしない。Hirschi は，このように，「多くの人はなぜ犯罪を行わないのか」という問いを立て，社会的絆理論を提唱した。

　　Hirschi は，人が犯罪を行うことを押しとどめるものを「社会的絆」と呼んだ。この絆には，①愛着，②投資，③没入，④信念の四つがある。

　　①愛着 (attachment)：親や友人や学校や地域などへの愛着が犯罪を抑制する。たとえば，ある中学生が図書館で，置いてある他人の物を盗むといったことがふと頭に浮かんだときに，「こんなことをしたら親や友達はどう思うだろうか」，「学校をやめなければいけなくなる」などと思い直し，その行動を思いとどまるといった場合である。

　　②投資 (commitment)：自分自身や自分の将来への投資が犯罪を抑制する。オリンピック出場を目指して日々努力している高校生が，コンビニエンスストアで万引きをしたら，たった一回のそのような行動によって，これまでの投資はすべて無駄になる。自分を向上させるために勉学やスポーツ，技能取得に励んでいる人は，犯罪のような，自らを貶める行動はしないということである。

　　③没入 (involvement)：何かに巻き込まれて没頭することは，犯罪を抑制する。学校や仕事，家事や育児，趣味の活動などで忙しくしている人は，犯罪を計画し実行するような暇はない，ということである。無職者の犯罪が多い理由は，この「没入」に関係しているともいわれる。

　　④信念 (belief)：「私は犯罪を行うような人間ではない」，「法や決まりを守ることは大切だ」のように，所属する集団や社会の規範を尊重し，信念を持っている人は，犯罪には至らないということである。

(799 字)

記述のポイント

　Hirschi の社会的絆理論を説明するという基本的な問題。絆理論の要点は，問題編「覚えておきたい基礎知識」p.150 を参照のこと。心理・人間科学系の専門記述問題で犯罪・非行領域の出題頻度は低いが，過去に警視庁（心理）や自治体の警察（心理）で，「生来的犯罪者観」などの語句説明が出題されていたことがある。

　なお，本解答例の「没入」の説明で「無職者の犯罪が多い」と書いたが，事実である。警察庁の

「平成29年の犯罪」（https://www.npa.go.jp/toukei/soubunkan/h29/h29hanzaitoukei.htm, 2019年9月5日閲覧）の，罪種別犯行時の職業別検挙人員によれば，刑法犯総数215,003人のうち，「その他の無職者（無職者のうち主婦，失業者，年金等生活者，利子配当家賃等生活者，浮浪者を除く）」は，53,276人で最多，総数の24.7%を占める。

　　Hirschiの4つの社会的絆の訳語については，「解答・解説編」択一問題（1）の解説 p.106 を参照のこと。

文　献

原田隆之　2015　入門 犯罪心理学　筑摩書房
越智啓太　2012　犯罪心理学　サイエンス社

発行所　（株）北大路書房

〒603-8303　京都市北区紫野十二坊町 12-8
電 話（075）431-0361（代）　　FAX（075）431-9393
振 替　01050-4-2083

●解答用紙 練習用サンプル（国家総合職二次試験）

各試験種の解答用紙の様式の詳細については，問題編 pp.163-165 で必ず確認してください。

32w × 28L

実際の解答用紙の大きさで練習する場合，162％で拡大コピーをしてください。なお，コピー後の用紙サイズが実際の解答用紙と異なる場合があります。

●解答用紙 練習用サンプル（家庭裁判所調査官補二次試験）

実際の解答用紙の大きさで練習する場合，115％で拡大コピーをしてください。なお，
コピー後の用紙サイズが実際の解答用紙と異なる場合があります。

●解答用紙 練習用サンプル（東京都，特別区，警視庁）

24L

実際の解答用紙の大きさで練習する場合，115％で拡大コピーをしてください。なお，コピー後の用紙サイズが実際
の解答用紙と異なる場合があります。

ISBN978-4-7628-3107-

北大路書
http://www.kitaohji.cc

SOCIAL PSYCHOLOGY
DEVELOPMENTAL AND EDUCATIONAL PSYCHOLOGY
PERSONALITY AND CLINICAL PSYCHOLOGY
FUNDAMENTAL PSYCHOLOGY
STATISTICS AND PSYCHOMETRICS